贝页
ENRICH YOUR LIFE

图书在版编目 (CIP) 数据

纳税的安全：企业上市的税务痛点与解决之道/胡浩然著. — 上海：文汇出版社，2025.2.
ISBN 978-7-5496-4396-7

Ⅰ.F812.423

中国国家版本馆CIP数据核字第2025D8M472号

纳税的安全：企业上市的税务痛点与解决之道

作　　者 / 胡浩然

责任编辑 / 戴　铮

封面设计 / 汤惟惟

版式设计 / 汤惟惟

出版发行 / **文汇**出版社

　　　　　上海市威海路 755 号

　　　　　（邮政编码：200041）

经　　销 / 全国新华书店

印刷装订 / 上海普顺印刷包装有限公司

版　　次 / 2025 年 2 月第 1 版

印　　次 / 2025 年 2 月第 1 次印刷

开　　本 / 720 毫米 × 1000 毫米　1/16

字　　数 / 234 千字

印　　张 / 19.5

书　　号 / ISBN 978-7-5496-4396-7

定　　价 / 79.00 元

推荐序

在市场经济的浩瀚湖海中，企业如同一艘迎风破浪的航船，有效的税务安全解决方案便是那指引航道的璀璨灯塔。在迷雾重重的市场环境中，随着经济浪潮的涌动，企业在经营的征途上所面临的税务挑战逐渐成为焦点。这部《纳税的安全》，便在这股时代潮流中应运而生。

本书以深邃的视角，全方位、多维度地审视税务问题，深入探讨了企业在经营结构与资本结构中遭遇的税务挑战。作者不仅揭示了税务问题与企业经营活动的内在联系，更以细致的笔触，剖析了企业运营的多个关键领域，构建了一个全面的企业纳税安全管理坐标系。这一坐标系不仅涵盖了传统的税务合规性问题，还包括税务策略的创新、税务风险的评估与应对，以及税务筹划的前瞻性思考。

本书的作者胡浩然先生，作为高顿咨询的独家讲师，以其在税务系统和企业管理咨询领域数十年的深厚积累，以及精深的专业知识和敏锐的洞察力，赋予了本书独特的生命力。他以笔墨为剑，直指税务安全工作中的痛点与难点；以案例为镜，映照出企业管理实践中的不足与风险。将复杂的税务问题转化为生动的故事，使读者在阅读中获得深刻的启发与借鉴。

高顿咨询，作为财税领域的专业培训机构，一直以培养财税专业人士为己任，为他们的成长与发展提供坚实的支持。此次，我们有幸与胡老师携手，将税务安全的理念和实践智慧传递给更广大的读者。我们希望通过本书，帮助企业建立起一套完善的税务管理体系，使其不仅能够应对当前的税务挑战，更能预见并适应未来市场的变化。此外，本书还特别强调了税务教育的重要性。在快速变化的税务环境中，企业和个人都需要不断学习并理解、适应且遵守新的税务规则与政策。高顿咨询通过提供高质量的税务教育和培训服务，帮助企业、个人提升税务知识水平，更好地掌握税务筹划和风险管理的技巧，以应对这种环境的变化。

本书不仅为企业提供了一部清晰的税务管理指南，更为个人提供了一个深入理解和掌握税务知识的平台。我们相信，通过阅读本书，读者将更充分地理解税务管理的重要性，掌握税务筹划和风险管理的技巧，从而在市场经济的大潮中，稳健航行，实现长远发展。

陈常霖

高顿咨询 CEO

自序

全景视角下的企业纳税安全管理

随着市场经济的发展，企业经营过程中的纳税安全问题受到社会各界，尤其是企业界越来越多的关注。然而，实践中，税务问题的特点是小众而细碎，零乱而复杂。这种特点往往使从业者迷失在一个个具体的业务问题中，在一城一池的得失中疲于奔命。懂税法者众，而懂税务管理者寡。构建企业经营者与管理者的系统的税务安全管理观成为亟待解决的问题。

基于上述问题，笔者有一个核心观点——税务不在税务里，而在经营中。税务问题产生于经营过程，税务问题的解决也要从经营过程入手。

越过表象，我们发现看似零乱的税务问题，其实主要产生于企业经营过程中的7个经营结构环节与7个资本结构环节，前者包括人力资源、资产配置、技术研发、对外采购、生产运营、市场营销、服务配套；后者包括资金融通、股权结构、分红转增、股权转让、限售股解禁、股权激励、并购重组。以上"7加7环节"构成了企业税务问题的源头。

处理这些问题，需要关注5个关键节点：基础税政、风险控制、税负管理、整体协同、监管应对。

本书将企业发展分为5个阶段，初创期、成长期、扩张期、成熟期、海外期。在企业发展的不同阶段，以上"7加7环节"共14个环节往往会呈现出不同的问题。例如，在人力资源环节，初创期的主要问题表现在员工工资、个税申报基数与社保基数不符上；到了成长期，主要问题表现在高管的个税过高上；到了扩张期，主要问题表现在核心员工股权激励的个税问题上。同理，就分红转增环节而言，初创期和成长期的主要问题表现在分红个税上；而到了扩张期，随着投资人的进入和股份制改革等事项的发生，主要问题就会集中表现在公积金转增注册资本或股本是否会增加个税上。

那么，做好企业纳税安全管理的根本目标是什么呢？

有人说是为了节税，有人说是为了安全，笔者认为这些都是手段，不是目标。企业纳税安全管理的根本目标只有一个——服务企业健康发展，保证企业及个人的财富安全。任何不以这个为根本目标而展开的税务管理行为都不得要领。

全景视角下的企业纳税安全管理，就是要在实践中构建一套以"服务企业健康发展，保证企业家财富安全"作为原点，以企业经营过程中的"7加7环节"作为第一维度，以企业发展的5个阶段作为第二维度，以税务管理的5个关键节点作为第三维度的企业纳税安全管理三维坐标系。

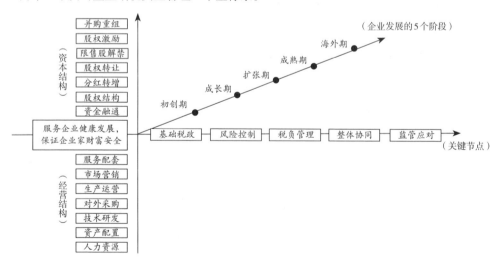

图1　企业纳税安全管理三维坐标系

如何构建这套体系呢？我们选择用一个特殊的视角——正处在上市过程中的公司——来诠释。

在企业发展的各阶段中，上市过程中对税务问题的处理最具代表性。在证券监管的透视镜之下，企业的所有税务问题都无所遁形，而为了顺利上市，企业一定会竭尽全力保证税务安全。在编写本书的过程中，笔者前后分析了约500家准上市公司及上市公司的公告，选取了其中100余份具有代表性的公告进行深入分析。这些公告内容基本都涉及前述坐标系中的主要方面。

全书分为"经营结构"和"资本结构"两个部分。笔者希望通过观察这些正在上市的企业的正确做法，为读者提供针对税务难题的可行的处理思路与解决方法，更希望帮助关注税务安全体系建设的读者构建出符合自身需求的纳税安全管理体系。

百密一疏，本人经验不可避免有局限之处，若由此造成疏漏，向读者诸君表示歉意，欢迎批评指正。

胡浩然

2024 年 8 月

目　录

上篇　经营结构

下篇　资本结构

第十四章　并购重组

纳税的安全

上篇
经营结构

第一章　人力资源

一、高管个税：任何"避税大法"都会在上市前被打回原形

不知道从什么时候开始，流行给企业的高管筹划个人所得税。作为高管，如果你的公司不给你筹划个税，你都不好意思跟人打招呼。其实，"工资、薪金所得"的数额，是秃子脑袋上的虱子——明摆着，哪有什么合规的筹划方法，不过是一些把戏。公司一旦启动上市，任何高管的个税"避税大法"在上市前都会被打回原形。以下是一些常见的公司避税方式。

方式1：亲友代领

怡和嘉业于2021年9月17日发布招股书披露：

公司2018—2020年部分董事、监事及高级管理人员通过其近亲属（友）代为领取薪酬共计705.8万元。公司于2020年11月已经终止了全部相关人员代领薪酬安排，并且相关人员已经于2020年12月缴纳该期间代领薪酬涉及的个人所得税合计141.9万元。根据《中华人民共和国个人所得税法》《中华人民共和国税收征收管理法》，公司及其上述相关董事、监事及高级管理人员存在被税务部门予以行政处罚的风险。截至

本招股说明书签署日,公司已停止相关人员代领薪酬安排,相关人员已经主动缴纳了报告期内代领薪酬涉及的个人所得税,公司及相关人员未因前述事项受到税务部门的行政处罚。如果税务部门进一步追责,公司及相关人员可能会被处以行政处罚,将对公司的经营产生不利影响。

上述这种亲友代领的方式,也算老"套路"了。在以数治税的今天,个人所得税申报信息全部在云上共享,并与社保、公积金、低保等信息打通。笔者就见过某公司借用他人身份为高管发工资,结果导致被借身份的人无法领取低保;还有一个公司通过近亲属为高管代领薪酬,亲属3人每人发5,000元工资,结果触发工资发放为整数的税务风险预警,导致被检查。

方式2:账外发放

九州风神于2021年8月6日发布公告披露:

经核查发行人31名管理人员的265个银行账户,发行人2018—2019年度,使用财务总监和出纳共3张个人卡(由公司控制)对废料收入、薪酬发放等款项进行结算,其中通过该等个人卡发放工资薪金共258.95万元。公司称,相关人员补缴了通过个人卡领取薪酬涉及的相关个人所得税,该等个人卡均在2019年9月月末前注销,相关收入、成本和费用均已反映在公司财务报表中。

通过财务个人账户账外收款,账外发放,"好不痛快"。但这样做一方面涉及企业私户收款,账外经营偷税问题,另一方面涉及个人所得偷税问题,可谓"错上加错"。

方式3:发票报销

天振科技于2021年6月30日发布招股书申报稿披露:

2018年公司高管夏剑英通过其控制的关联公司，以开具咨询费发票报销形式领取公司薪酬合计24万元，发行人对高管以发票形式领取工资，实质为高管降低个人所得税负这一事项，已经进行了整改，并补齐了相应事项涉及的企业所得税、个人所得税及增值税等，共计5.62万元。

开咨询费发票套现这种方式风险太大，公司也不可能解除与该高管的劳动关系，让其变成供应商。

方式4：小微企业

有屋智能于2021年9月22日发布招股书披露：

考虑到在天津市、兰州市永登县、上海市等地注册该类公司享有一定的节税空间，具体做法是通过小微公司领薪，为员工节省个税税负。因此自2018年起，公司员工、前员工或亲属在上述城市相继设立18家小微公司（8家个体户、8家个人独资企业、2家合伙企业）——公司通过向上述小微公司进行采购交易的方式，为部分员工发放多份薪酬（以对应领薪人员为公司及其分、子公司提供劳务的并非实质提供劳动），2018—2020年体外发放薪酬总额共计7,307.11万元，涉及人员共2,061人。

"个""独"核定避税，天使恶魔一线之隔。8家个体、8家个独、2家合伙，天津、兰州、上海等地，这筹划真是费尽了心思。

方式5：代发工资

商米科技于2021年11月19日发布公告披露：

2018年1月至2019年3月发行人存在体外代发薪酬事项，即通过委托第三方代发工资合计3,523.76万元：其中3,323.22万元为发行人将自有资金通过基本户转账给代发公司（包括一家"个独"上海玛雷），代发公司打款给代发人员，最终由代发人员发放给员工；其中200.54万元为实际控制人母亲陈楚香将自有资金直接发放或通过子公司出纳发放给员工。公司称，体外代发工资、薪金原因为希望减少个人所得税税款。

第三方代发工资，无非按生产经营所得核定征收，搞得冠冕堂皇，到头来可能事与愿违。

方式6：股东代发

菲鹏生物于2021年10月27日发布公告披露：

2017年至2020年2月期间，员工持股平台百奥科技（有限合伙企业）曾以发行人现金分红代发行人向骨干员工发放薪酬补贴等费用。上市前夕，发行人已按照权责发生制原则对2017—2020年度财务报表进行了调整，真实且完整地反映了前述代垫费用，并已于申报前向百奥科技归还了全部代垫费用；除已注销子公司济宁领先对应的代扣代缴税额2.93万元（应缴纳未缴纳）以外，发行人、广东菲鹏因体外代付薪酬所产生的个人所得税和滞纳金均已补缴完成，并取得了主管部门出具的完税证明——补缴工资、薪金所得个税1,365.32万元，滞纳金491.42万元。

直接套现不方便，向合伙企业股东分红之后，由合伙企业发放，企图瞒天过海，李代桃僵！

方式7：员工分担

盘古智能于2021年10月13日发布公告披露：

2018—2020年4月间，通过个人卡对公司部分薪酬较高的员工进行了税收筹划，即通过部分薪酬较低员工代领相关薪酬，公司发放工资后上述员工将相关薪酬转入公司个人卡，再由公司通过个人卡支付给薪酬较高的员工。按2019年发生金额共128.20

万元、减免税率10%（个人所得税率从45%减少至35%）测算，筹划方案带来税收减免12.82万元。

员工拿着微薄的工资，还得替人背高收入的锅，税计到自己名下了，钱给了别人。

二、五险一金：缴纳与不缴纳的边界在哪里？

自2019年社保归税以来，社会上出现了很多对社保和公积金的误解，所有误解中最重要的一个就是，所有员工必须像缴税一样完全按规定缴纳社保。针对这个误解，出现了两种不同的处理态度：一是完全"清零"派，即所有员工不论什么情况，缴纳社保的人数一个不能少，一分钱不能差。二是完全"躺平"派，即企业该用工用工，员工该上班上班，什么是五险一金没听说过。其实，这两种极端的做法都不妥。从企业的角度来看，五险一金的成本确实很高，有时还会对经营业绩产生很大影响。即使企业承受得住，如果员工人数众多且构成复杂，很多时候要实现全额缴纳确实会存在很多现实难题。从执法部门的角度来说，无论是税务机关还是上市审核部门，在五险一金问题上，都有灵活判断的能力。鉴于此，我们有必要探讨一下灵活缴纳五险一金的边界到底该如何把握。

保洁行业第一股玉禾田的公告就展现了针对这种情况的"中庸"处理方式。以下为发审委关于缴纳五险一金问询的问题：

发行人人工成本在主营业务成本中占比较高。截至2019年6月30日，发行人及子公司员工人数较多，发行人称除去自购社保的员工，公司期末应为全日制员工缴纳社保及公积金金额（且占当年利润总额）的比例较大。请发行人代表说明:（1）报告期内人均薪酬的合理性，以及是否存在人为压低人员薪酬或体外支付人员薪酬的情形;（2）员工"五险一金"缴纳的具体情况，未全部或全额缴纳社保及公积金的原因及合理性，相关主管部门出具证明文件的依据是否充分，是否存在潜在纠纷;（3）员工自购社保的具体情况、形成原因及合理性、真实性，是否存在纠纷或潜在纠纷，未为该部分员工办理社保是否符合相关规定;（4）报告期内发行人应缴未缴社保及公积金金额对当年利润的影响;（5）发行人未为部分符合法定条件的员工购买社会保险和住房公积金的合法合规性，是否存在被处罚的风险。请保荐代表人说明核查依据、过程，并发表明确核查意见。

从这个问询中我们能嗅出，社保公积金以及员工薪酬问题一般不是上市关注的重点，但在以下3种情况中，这个问题值得被重点关注，甚至它会影响到审核结果：①企业的员工人数较多；②这个问题在其前期及不规范的后续整改时的成本较高；③企业的业绩规模为平均水平。如果这3种情况同时出现，就要格外关注这个问题了。究其本质，上市关注的不是社保和薪酬问题，而是企业的经营业绩和持续盈利能力。玉禾田在招股书中披露的回答，相当"老到"，如下：

全日制员工缴纳情况：截至2018年12月31日，发行人全日制员工人数为50,295名，其中已达退休年龄的员工人数为27,042名，适龄员工人数为23,253名。适龄员工中，由于部分员工社保有在原单位缴纳、自行购买或政府相关部门予以购买几种方式，导致公司客观上无法为其申报缴纳，该部分员工中，自购社保人数为1,781名，除去自购社保的员工，公司期末应为全日制员工缴纳社保的人数为21,472名。发行人为适龄全日制员工缴纳养老保险的人数为19,646名。

5万多名员工中，只有不到2万人交了社保，其他3万人呢? 公告继续披露：

公司的主营业务为物业清洁和市政环卫，主要员工为一线服务人员，对学历、技能要求相对不高，从事该行业的一线服务人员年龄总体偏高，距离退休年龄的时间较近，且流动性较大，社会保险和住房公积金缴费时间难以连续。根据《社会保险法》的规定，参加养老保险的个人，达到法定退休年龄且累计缴费满十五年的，可按月领取基本养老金。而对于发行人的很多员工，其无法累计缴费满十五年，因此无法享受缴纳社会保险和住房公积金所带来的收益，所以员工缴纳社会保险和住房公积金的积极性不高。公司重视并遵守国家关于员工社会保险及住房公积金制度方面的规定，为员工提供全面的社会保障。在员工招聘时与求职者就公司在社会保险、住房公积金的规定及缴纳情况进行详细沟通，并向其宣传国家相关法律法规，以获得员工的支持和认可，积极推动公司适龄全日制员工参加城镇社保和住房公积金。因此，在报告期内，公司适龄全日制员工的社会保险和住房公积金的纳税比例逐年增加。

这段话说得直白点便是，社保的具体情况很复杂，公司也面临诸多难处。但不论有多难，公司都一直在努力，并取得了一定成果。至于剩下未交的，有以下原因：

（1）部分新员工入职，正办理社保参保手续，但截至统计时点2018年12月31日尚未办理完成。（2）部分员工接近退休年龄，社保费用无法缴费满十五年，同时缴纳社保费用将降低其每月的可支配收入，因此其不同意缴纳社保和住房公积金并向公司出具放弃缴纳社会保险和住房公积金的书面声明。（3）公司一线服务人员较多来自农村，部分为已参加"新农保""新农合"的农村户籍人员，因其养老、医疗有所保障，不愿重复购买城镇职工社会保险，且根据现行养老保险政策规定，同时参加'新农保''新农合'与职工养老保险、职工基本医疗保险，不能重复领取、享受基本养老金和医疗保障。为尊重该部分员工意愿，公司已采取补贴"两新"费用的方式，满足员工养老保险和医疗保险的需求。

根据《中华人民共和国社会保险法》第二十条及第二十四条之规定，国家建立和完善新型农村社会养老保险制度及新型农村合作医疗制度，因此"两新"亦为我国社会保障体系的组成部分。根据《国务院关于解决农民工问题的若干意见》（国发〔2006〕5号）的规定："有条件的地方，可直接将稳定就业的农民工纳入城镇职工基本医疗保险。农民工也可自愿参加原籍的新型农村合作医疗。"根据建设部、财政部、中国人民银行发布的《关于住房公积金管理若干具体问题的指导意见》（建金管〔2005〕5号），"有条件的地方，城镇单位聘用进城务工人员，单位和职工可缴存住房公积金"，据此，部分农村户籍员工自愿选择缴纳"两新"以及公司积极敦促农村户籍员工缴纳"两新"符合国家相关政策的规定，公司未为部分农村户籍员工缴纳住房公积金的行为亦未违背相关指导意见的精神。

这段话意在表达，社保制度在应用中会有与实际情况不匹配的情况，再者，农村的"新农保""新农合"也属于社保，并非只能在企业交"城市职工养老保险""城市职工医疗保险"。

不仅如此，该行业里还有大量的"非全日制用工"。接着看：

二、关于非全日制员工缴纳社保的情况，可以参阅《中华人民共和国社会保险法》第十条第二款、第二十三条第二款规定，未在用人单位参加基本养老保险、职工基本医疗保险的非全日制从业人员，可以参加基本养老保险与职工基本医疗保险，由个人按照国家规定缴纳相关费用。由于《中华人民共和国社会保险法》和《关于非全日制用工若干问题的意见》等法律法规没有具体涉及非全日制从业人员缴纳失业保险、生育保险问题，因此，根据现行法律及相关政策，对于这一情况，没有法定强制性要求，用人单位无须为非全日制从业人员缴纳失业保险、生育保险。

综上，关于非全日制员工，公司具有为其购买工伤保险的义务，而不具有购买养老保险、医疗保险、失业保险以及生育保险的强制性责任。同时，发行人已取得非全日制员工关于其"放弃购买社会保险和住房公积金，公司仅需按非全日制员工规定购买工伤保险"的承诺。发行人按照规定在取得非全日制员工书面同意情况下，为他们购买工伤保险，若有些地方无法购买，则选择商业保险（意外伤害险和雇主责任险）予以替代，以降低工伤风险。截至本招股说明书签署日，发行人已为全部非全日制员工购买工伤保险或商业保险，以保障其合法权益。为保障发行人职工合法权益，同时也为减少发行人的经营管理风险，报告期内发行人为员工购买了意外伤害险和雇主责任险。

由上可看出，该公司为这些非全日制工都买了工伤保险；实在买不上的，则买了商业保险。

至于公积金，从法律规则上来讲，其定性跟五险完全不同，社保是基本法律规定的社会必须履行的责任；而某种程度上来说，公积金是相关规章制度规定的、企业必须提供给员工的福利，它不属于税务局的管理范畴。

对于城镇员工来说，公积金自然是最佳福利，而对于农民工和一些特殊人群来说，公积金的福利效果并不明显，因为他们不太可能会用公积金买房，再者公积金也不能便捷地提取出来。最关键的是，公积金目前还没有实现全国联网，部分公司的员工流动性较大，也决定了这部分员工缴纳公积金的意愿不强。综上，如果企业提供员工宿舍、发放住宿补贴或者提供替代福利，并且员工声明公司可不为其缴纳公积金，公司在一定程度上是被允许不缴纳公积金的。目前上市审核的标准是，企业公积金参缴比例应该超过员工总数的70%。

总结一下：

当企业上市时，五险一金并非一定要完全缴纳；但是，对于不缴纳的，企业必须有明确的、符合规定的理由。常见的理由如下：

1.部分新员工入职，正在办理社保参保手续。

2.部分员工接近退休年龄，社保费用无法缴费满十五年；缴纳社保费用将降低其每月的可支配收入。

3.来自农村的员工已参加"新农保""新农合"，公司采取补贴"两新"费用的方式，满足员工养老保险和医疗保险的需求。

4."非全日制用工"法律并不强制要求其参加社保；至于工伤保险，公司能交则交，实在不行，购买意外伤害险、雇主责任险等商业保险。

5.住房公积金在某种程度上属于福利，不属于税务机关管理的范畴。上市审核的标准是，参缴比例超过员工总数的70%。

说一千道一万，五险一金的审核，重点在于上市环节。而发审委这种关注背后，还是企业担心因为补缴而影响利润。

三、差旅费包干：税务处理与上市审核关注点迥异

员工差旅费是一个非常具体又备受关注的问题，它存在于涉税处理上的诸多环节中，故需要考虑全面。下文电旗股份案例中看起来十分精致的差旅费安排，竟成了证券监管部门关注的重点，活脱脱一幕"我赢了全世界，却输了你"的人间大戏。

证券监管部门对电旗股份就职工差旅费包干提出了问询，电旗股份发布公告予以披露：

最近三年及2020年一季度，发行人主营业务成本中项目出差费用分别为8,407.03万元、9,092.25万元、10,663.13万元、2,310.81万元，主要是项目人员的差旅包干费。

我们知道，员工差旅费通常包括城际交通费、住宿费、市内交通费、餐费、通讯费、杂费等。这诸多名目管理起来比较费神。公司一方面要控制支出标准，另一方面要顾及员工的积极性。为了便于管理，一般情况下，城际交通费、住宿费这两项相对固定，且易于查证和取得发票的支出，企业多采用实报实销的方式。而其他名目则难处理得多，企业倾向于采用"包干制"。这样的组合管理方式可以做到平衡各方利益。

电旗股份也是这样处理的。以下是公告披露：

项目出差费用主要是项目人员差旅包干费。为了保证项目员工出差工作和生活的需要，鼓励员工努力创造效益，节约成本，同时增加员工收入，鼓励员工跨省工作，公司制订了《EFLAG中国国内差旅管理规定》，对项目员工出差期间的生活费、住宿费、通讯费实行包干制并做出详细规定。

差旅包干费标准的A类城市指北京、上海、深圳、广州；B类城市指A类城市以外的其他城市。考虑到A类城市消费水平较高，A类城市的标准要比B类城市高；另外，公司将新疆和西藏定义为特殊边远城市，除正常差旅费用外，增加其边疆艰苦补贴。同时还基于员工出差到家庭所在地城市、家庭所在地省份、跨省出差工作的情况，制定了相应的差旅包干费标准。月平均差旅包干费按30.5天计算。

通过制定不同级别的标准，能鼓励员工积极提高技术技能，不断晋级，从而获得相应的待遇，形成良性的技术人员储备，使得公司在竞争中保证技术实力。

此外，公告还披露了相关报销标准：

公司制定差旅包干费标准时，进行了充分的行业市场调研。招聘员工时，与员工就薪资、福利、差旅标准等已达成一致。按照公司的差旅包干费标准，各级别的差旅包干费标准的中位数如下：

单位：元/（人·月）

级别	B类	A类	员工数量（截至2021年6月30日）
41级	2,135.00	2,745.00	149
42级	3,660.00	4,270.00	335
43级	4,880.00	5,490.00	511
44级	6,100.00	6,710.00	362
45级	7,320.00	7,930.00	268
46级	8,540.00	9,150.00	105
47级	9,760.00	10,370.00	33
48级	10,980.00	11,590.00	8

那么问题来了：

问题1：这些差旅费补贴是否需要发票报销？

问题2：这些差旅费补贴是否允许在企业所得税前扣除？

问题3：这些差旅费补贴是否要缴纳个人所得税？

问题4：这些差旅费补贴是否并入社会保险基数？

让我们逐个分析。

问题1：这些差旅费补贴是否需要发票报销？

答：因为补贴随工资一起发放，记在工资表里，所以不需要发票，因为不是实报实销。至于出差的真实性，我们在前面提过，城际交通费与住宿费这两项是实报实销的，车票、住宿发票足以证明员工是真的去过外地。

问题2：这些差旅费补贴是否允许在企业所得税前扣除？

答：这曾经是一个饱受争议的问题，对此，税企双方各执一词，直到《国家税务总局关于企业工资薪金和职工福利费等支出税前扣除问题的公告》（国家税务总局公告2015年第34号）横空出世：

列入企业员工工资薪金制度、固定与工资薪金一起发放的福利性补贴，符合《国家税务总局关于企业工资薪金及职工福利费扣除问题的通知》（国税函〔2009〕3号）第一条规定的，可作为企业发生的工资薪金支出，按规定在税前扣除。

34号公告明确了一个原则：差旅费补贴既然跟工资一起发放、跟工资一块交了个人所得税，那就在企业所得税前扣除。企业税负与个人税负是一枚硬币的两个面，一定是此消彼长的关系。但这也引发了下一个问题。

问题3：这些差旅费补贴是否要缴纳个人所得税？

答：照理说，既然叫差旅费，那就应该是员工为公家办事的支出，这本应与个人所得税没有关系。所以，当年的《国家税务总局关于印发〈征收个人所得税若干问题的规定〉的通知》（国税发〔1994〕89号）明确规定：

独生子女补贴、托儿补助费、差旅费津贴、误餐补助不属于工资、薪金性质的补贴、津贴或者不属于纳税人本人工资、薪金所得项目的收入，不征税。

然而，在企业看来，既然差旅费津贴不征个人所得税，那就别怪我"耍大刀"了！——工资100元/天，差旅费8,000元/天。

电旗股份也不含糊，公告披露：

为适应公司发展要求，充分发挥薪酬的激励作用，公司根据法律法规和政策规定并结合发行人实际情况制定了科学、合理的薪酬体系。报告期内，发行人业务人员收入（基本工资+奖金+五险一金+差旅包干费）中，基本工资+奖金+五险一金约占45%~48%，差旅包干费约占52%~55%。发行人的工资结构体系及金额适应发行人自身的实际情况且符合行业特点，具有合理性。

可见，发行人业务人员一半以上的收入来自差旅包干费，公司也是够"大手笔"的。

此外，征税机关出台了差旅费不征税的具体标准。中央国家机关及部分征税机关出台的规定如下：

表1 中央国家机关及部分征税机关出台的差旅费报销标准

机关名称	政策	备注
中央国家机关	伙食补助费按出差自然（日历）天数计算，按规定标准包干使用。财政部分地区制定伙食补助费标准。市内交通费按出差自然（日历）天数计算，每人每天80元包干使用	该政策并非直接涉及个税扣除，但实务中税务机关往往以此为参考
青岛地税局	伙食补助费：出差人员的伙食补助费，按出差自然（日历）天数实行定额包干的办法，每人每天补助标准为市外50元，市内（青岛四市）20元。 公杂费：出差人员的公杂费（交通、通讯等支出），按出差自然（日历）天数实行定额包干的办法，每人每天补助标准为市外50元，市内（青岛四市）10元。 企业不超过上述标准且凭借相关出差票据实发放给个人的伙食补助费和公杂费部分，不计征个税；对超标准部分和以此为名义给所有员工发放的补贴，要依法计征个税	该政策强调出差补助需要凭相关出差票据实际发放，但并未说清楚就是指对应的补助。 （青地税二函〔2014〕2号）
福建地税局	根据现行个人所得税法和有关政策，企业参照国家机关规定标准发放的出差人员交通费、餐费补贴，不计征个税。驻村干部按规定取得的驻村补贴，应属于差旅费津贴、误餐补助，不属于工薪所得应税项目，不计征个税	参照国家机关标准发放。 （闽地税所便函〔2013〕1号）
广西地税局	对于除国家机关和事业单位以外的其他单位的出差人员，其差旅费的税前扣除限额按以下规定办理： ①差旅费实行实报实销办法的，出差人员取得的出差补助在以下限额内免征个税：区内出差的每人每天100元、区外出差的每人每天120元。超出限额的部分，并入当月发放的工资、	相比于该地区2012年文件，该政策对于实行实报实销办法的，出差补助免税标准每天提高40元；实行包干使用办法的，区内提高150元，区外提高170元。 （桂地税公告2014年第6号）

机关名称	政策	备注
	薪金所得，计征个税。 ②差旅费实行包干使用办法的，出差人员在凭合法票据扣除实际发生的城市间交通费和市内交通费后，取得的出差补助在以下限额内免征个税：区内出差的每人每天430元、区外出差的每人每天470元。超出限额的部分，并入当月发放的工资、薪金所得，计征个税	
宁波地税局	对企业按当地财政部门规定的标准、根据职工实际出差天数或误餐顿数发放给出差人员的差旅费津贴、误餐补助，不属于工资、薪金性质的津贴和补贴，不计征个税；对一些单位超过财政部门规定标准发放给职工的差旅费津贴和误餐补助以及其他借差旅费津贴和误餐补助等名目发放给职工的补贴、津贴，均应并入当月工资、薪金所得项目，计征个税	执行财政部门标准。 （甬地税一函〔2010〕20号）
河北地税局	对实行差旅费包干的企业，其经销人员按差旅费包干收入办法取得的收入，按扣除据实报销差旅费用后的差额，与当月工薪所得项目合并计算，计征个税	仅适用于包干制。 （冀地税发〔2009〕46号）
广州地税局	国家机关、企事业单位、社会团体、民办非企业单位按照粤财行〔2007〕229号规定，以出差自然（日历）天数和标准（每人每天50元）计算，为自行负担出差伙食费的员工发放或报销的出差伙食补助费，不计入员工个人工资、薪金所得项目收入。对超标准发放或报销的出差伙食费补助，则应将超标准的部分并入员工个人当月工资、薪金所得，计征个税；对出差期间个人未负担伙食费用的，应将出差伙食补助费全额并入个人当月工资、薪金所得项目，计征个税	仅规定伙食补助费的处理方式。 （穗地税发〔2009〕148号）

机关名称	政策	备注
大连地税局	境内外差旅费津贴标准,执行纳税人所在单位的董事会决议(或内部管理方案)规定的标准。没有董事会决议(或内部管理方案)的,比照另外文件规定的标准执行。标准内津贴不并入个人工资、薪金所得,不计征个税	单位自定标准内不征。(大地税发〔2003〕222号)
厦门地税局	差旅费津贴不属于工资、薪金性质的收入,不予计征个税。上述差旅费津贴是指按照或参照厦财文〔2001〕85号和财行〔2001〕73号规定的限额发放的伙食费、公杂费(含市内交通费、通讯费等)。采取以有效凭证实报实销方式报销伙食费及公杂费的,其另外取得的差旅费津贴,以及超过上述两份文件规定限额发放的部分必须并入工资、薪金收入,计征个税	(厦地税函〔2002〕76号)

问题4:这些差旅费补贴是否并入社会保险基数?

答:社保是许多企业压力的主要来源之一,如果差旅费不计入社保基数,如电旗股份这般,员工一半以上收入来自差旅费的情况,对企业来说岂不美哉?

让我们考证一下。《关于规范社会保险缴费基数有关问题的通知》(劳社险中心函〔2006〕60号)规定:

根据国家统计局的规定,下列项目不计入工资总额,在计算缴费基数时应予剔除:……(六)出差补助、误餐补助……

果然不出所料!电旗股份这超大额度的差旅费补助是可以不计入社保基数的。

在企业所得税、个人所得税、社保等方面,电旗股份的上述处理方式都是奏效的,而且理由无可辩驳:"鼓励员工努力创造效益,节约成本,同时增加员工收入，鼓励员工跨省工作。"

让人意外的是，"按下葫芦浮起瓢"，在税务处理上，看似完美的薪资构成竟然在上市审核时出了问题。证券监管部门认为，从上市核查的角度来说，收入核算不是难点，成本和费用的精细化核算是难点。公司会对员工的工作效率进行考核，对每个项目的人工构成、单位成本和实现的毛利率情况进行核算，但如何考核员工的工时，如何判断员工薪酬的合理性等问题，在包干模式下，可能都会被掩盖，或者说得不到一个明确的答案。电旗股份的业务模式就是做项目，所以员工经常出差。在这种情况下，实报实销相关成本费用的模式可以实现对每个项目成本的精准核算，而包干模式则很难做到。另外，员工的多项工资薪酬包含在差旅包干费里，这也造成很多应该计入销售费用、管理费用的支出，会因为包干而被计入成本，从而造成成本和费用核算不准确。

由此可见，虽然发行人做出了解释，但能否被监管部门认可，真要打上一个大大的问号了。

四、灵活用工平台：从"天才"堕落成"魔鬼"

是时候说说灵活用工平台了！笔者将带你看看这个很有特色的家伙是如何从"天才"堕落成"魔鬼"，又是如何完成自我救赎的。

（一）四大法器

一切要从"税务筹划"这四个字说起。自20世纪30年代英国人率先给这个概念以合法地位以来，税务筹划就一直是一门科学——妥妥的高智商游戏。但不知从什么时候起,在我们这片土地上突然冒出无数"筹划大师",这些人本着"万物皆可筹划"的精神,出没于抖音、快手、小红书、微信、知乎等自媒体平台。他们口吐莲花,四处传"道",硬生生把科学变成了邪教。其操作手法也如出一辙,不外乎核定征收、财政奖励、门征代开、委托代征这四大法器。

这四大法器在筹划大师的手中上下翻飞,所向披靡,风光无贰。但要说设计思路最为精妙,将这四大法器用得最好的,非灵活用工平台莫属。

(二)天才设计

让我们设想一个情景。假如你是一个互联网外卖企业管理者,旗下有400万名外卖员。如果你不想你的人事经理疯掉,我猜你一定不会让企业和外卖员建立劳动关系,所以就只能建立劳务关系。可是在劳务关系下,外卖员是要给企业开发票的,就算外卖员都是税务高手,都给企业开了发票,那企业如果每个月都收到400万张发票,人事经理是好了,财务经理疯掉了。

这种由新型组织形式与相对滞后的税收征管方法之间的错配所产生的问题在全世界都是难题,但灵活用工平台这一天才的发明以一种近乎完美的方式解决了这个难题,具体步骤如下:

第一步,企业与灵活用工平台签订劳务外包协议,并向平台支付服务费用,平台开具发票给企业。

第二步,灵活用工平台与外卖员签订劳务外包协议,双方是劳务关系。

第三步,灵活用工平台事先取得税务机关委托代征零散税源的授权,在向外卖员支付费用的同时代扣个人所得税,个人所得税按照"生产经营所得"核定征收。

第四步,灵活用工平台将代扣的税款交给税务机关,由税务机关代开发票给平台冲抵成本。

第五步,地方政府根据灵活用工平台的税收贡献给予一定的财政奖励。

五步操作，把四大神器组团用了一遍。最后，企业取得了发票，平台收到了奖励，个人降低了税负，政府拓展了税源。四喜临门。

笔者时常觉得，第一位设计灵活用工平台的人足以称得上"天才"。

（三）星火燎原

由于灵活用工平台运行原理简单、操作便捷、应用场景广泛，各地纷纷效仿研发。到2021年，十几个省批准成立的灵活用工平台有5,000家之多。形式上也从单一的灵活用工平台逐渐演变出无车承运平台、私车公用平台、员工福利平台、工资代发平台、医药科技平台等等。虽然各平台适用场景不同，但运行原理完全一致，前端差异化，后端标准化，一时风光无限，星火燎原。数钱数到手软的平台经营者们往往没有意识到，危机已经悄然临近。

剧情发展到这个阶段，不出意外的话，往往该出意外了！

（四）全国清理

2021年，公安部对外发布了一段被称为"704专案"的抓捕视频，视频中的抓捕对象为一家名为布角科技的互联网公司。这个布角科技，正是一家灵活用工平台，它涉嫌利用招商引资政策大肆虚开增值税发票，被公安部直接督办。704专案引燃了全国范围内清理灵活用工平台的导火索，两年下来，存活者十无一二。

其实，灵活用工平台之所以有如此广泛的应用场景，根本原因在于"核定征收"。正如前文提到的，企业税负与个人税负是一枚硬币的两个面，任何试图割裂二者的方法都是"耍流氓"。可灵活用工平台就把这个流氓耍到了无以复加的地步。一方面，个人所得税是核定征收的，最高税负不超过3.5%；另一方面，企业所得税是查账征收的，最高税负25%，用3.5%抵25%，这个账谁都能算得清楚。

平台将这种方法美其名曰"征管创新"，其实质却是低税负套现。虚开、偷税、套现、洗钱，大量虚假的外包合同涌向灵活用工平台，而平台经营者并无核实这些合同真假的能力，加之平台本身存在牟利需求，于是，天才的灵活用工平台变成了灵活套现平台。

笔者时常替税法先贤们感叹不值，他们用300余年的时间扣在一起的企业所得税和个人所得税，被"不肖子孙们"用一个核定征收就给破局了，难以想象。

（五）万法归一

天使和魔鬼时常藏在同一个躯壳里，灵活用工平台就是如此，它的一半是天使，一半是魔鬼。一方面，它滋生了大量偷税现象；另一方面，它也成功地为一众企业解决了新业态与旧制度的错配问题，就像前面提到的互联网公司发票问题，人们暂时还找不到比灵活用工平台更高效的解决办法。如果有一种方法，能发挥它天使的一面，又能压制它魔鬼的一面，让它更多地发挥自身的积极作用，岂不妙哉！

笔者还真看到了这种尝试。很多地区对灵活用工平台进行了改良，我们姑且称这些经改良的平台为"新灵活用工平台"，其最大的特点是，要求个人所得税一律按"劳务报酬所得"代扣代缴。这就抓住了虚开套现的命门，毕竟没有了核定征收造成的税负差，虚开套现成本大大增加了，得不偿失了。如此一来，这些新灵活用工平台就充分解决了发票问题，灵活用工的集中管理变得便利，回归了它的天使本色。

这就是灵活用工平台的精彩故事，一波三折，跌宕起伏之后，又重回主流。如佛法所讲："一切有为法，如梦幻泡影，如露亦如电，应作如是观。"

人间正道，万法归一！

五、劳务派遣还是劳务外包：商法财税四重奏要弹好

这个世界上有很多事，真的没法用"对"和"错"去评判，比如劳务派遣。

根据2014年3月1日起施行的《劳务派遣暂行规定》，用工单位应当严格控制劳务派遣用工数量，使用的被派遣劳动者数量不得超过其用工总量的10%；用人单位以承揽、外包等名义，按劳务派遣用工形式使用劳动者的，应遵照本规定的条例。

这条规定的初衷是保护劳动者权益，劳务派遣是三方劳动关系，一旦劳动者出现工伤，派遣方和用工方相互推诿，最终吃亏的还是劳动者。严格限制劳务派遣用工总量，保护劳动者权益，动机无疑是好的。但是，凡事有堵就要有疏，把劳务派遣用工数量限制在10%以内，增加了劳动密集型企业的用工成本，必须给它们一个出口，否则，好措施很可能会出现相反的效果。有堵无疏，一禁了之，是造成大部分好措施得到坏结果的根源。由于上市审核对劳务派遣用工比例要求严格，一些企业却铤而走险，唱出一幕幕假外包、真派遣的大戏。

这不，朗威股份首次公开发行时，就收到监管机构的灵魂拷问：

报告期内，为保障生产稳定持续进行，针对季节性缺工、人员流动性大的问题，发行人与春申人力合作，由春申人力为发行人提供劳务中介服务。其中2019年度，发行人与春申人力签署了《外包服务合同》，但实际合作过程中，由春申人力为发行人招聘员工，相关员工由发行人在经营场所统一进行管理。发行人与春申人力之间的结算，也并非按照外包的工作成果计算，而是将春申人力代为招聘的员工工资（按照发行人统一的工资制度进行工资核算）、相应员工的保险费和招聘管理费用由发行方统一支付给春申人力，其中员工工资部分再由春申人力支付给相应员工。

1.结合"劳务外包用工"实质上属于"劳务派遣用工"情况，说明发行人劳动用工相关信息披露是否准确、完整。

2.部分劳务供应商未取得资质即实质开展劳务派遣业务是否合法合规，上述主体是否存在被处罚风险？

劳务外包是一种业务经营模式，发包单位与承包单位之间是民事关系，主要受民事法律调整，承包方与劳动者之间是民事关系；劳动者虽然有可能直接与发包单位在工作中发生实际的接触，但法律上并不存在直接关系。

劳务派遣是一种非标准劳动关系的用工形式，属于劳动法意义上的概念，其对应的概念是直接用工。

劳务外包与劳务派遣的本质区别在于，劳动过程中对劳动者的指挥管理权的归属以及劳动风险的承担不同，·具体情况如下：

表2　劳务外包和劳务派遣的区别

项目	劳务派遣	劳务外包
适用的法律不同	劳务派遣属于劳动法意义上的概念，对应概念是直接用工，适用《劳动合同法》	劳务外包是一种业务经营模式，以意思自治为核心，对应概念是直接经营，发包单位与承包单位是民事关系，受民事法律调整
对劳动者的指挥管理权的归属不同	劳务派遣情况下，用工单位对被派遣劳动者的劳动过程享有完整的指挥管理权，用工单位的各种规章制度适用于被派遣劳动者	劳务外包中，指挥管理权由承包单位行使；发包人不直接对从事外包劳务的劳动者进行管理，发包人的各种规章制度并不适用于劳动者。但发包单位基于安全、消防、质量等因素，可对劳动者行使一定间接管理权
劳动风险的承担者不同	劳务派遣中的核心要素是劳动过程，劳务派遣单位对被派遣劳动者的工作结果不负责任，劳动结果风险由用工单位承担	劳务外包中的核心要素是工作成果，发包人关注的是承包人交付的工作成果，承包人只有在工作成果符合约定时才能获得相应的外包费用，从事外包业务劳动者的劳动风险与发包人无关

续表

项目	劳务派遣	劳务外包
用工风险的承担者不同	劳务派遣作为一种劳动用工方式，用工单位系劳务派遣三方法律关系中的一方主体，需承担一定的用工风险	劳务外包中，承包人招用劳动者的用工风险与发包人无关，发包人与承包人自行承担各自的用工风险，各自的用工风险完全隔离
经营资质要求不同	劳务派遣单位必须是严格按照《劳动合同法》规定设立的、获得劳务派遣行政许可的法人实体	劳务外包中的承包人一般没有特别的经营资质要求
会计处理方式的不同	在劳务派遣中，被派遣劳动者的工资总额纳入用工单位工资总额的统计范围	劳务外包中，承包人在发包人支付的外包费用中向从事外包劳务的劳动者支付劳动报酬，劳动报酬不纳入发包人的工资总额

此外，二者在税务处理的方式上也有很大不同。

首先，从增值税上看，《财政部 国家税务总局关于进一步明确全面推开营改增试点有关劳务派遣服务、收费公路通行费抵扣等政策的通知》（财税〔2016〕47号）有如下规定：

一般纳税人提供劳务派遣服务，可以按照《财政部 国家税务总局关于全面推开营业税改征增值税试点的通知》（财税〔2016〕36号）的有关规定，以取得的全部价款和价外费用为销售额，按照一般计税方法计算缴纳增值税；也可以选择差额纳税，以取得的全部价款和价外费用，扣除代用工单位支付给劳务派遣员工的工资、福利和为其办理社会保险及住房公积金后的余额为销售额，按照简易计税方法依5%的征收率计算缴纳增值税。

小规模纳税人提供劳务派遣服务，可以按照《财政部 国家税务总局关于全面推开营业税改征增值税试点的通知》（财税〔2016〕36号）的有关规定，以取得的全部价款和价外费用为销售额，按照简易计税方法依3%的征收率计算缴纳增值税；也可以选择差额纳税，以取得的全部价款和价外费用，扣除代用工单位支付给劳务派遣员工的工资、福利和为其办理社会保险及住房公积金后的余额为销售额，按照简易计税方法依5%的征收率计算缴纳增值税。

选择差额纳税的纳税人，向用工单位收取用于支付给劳务派遣员工工资、福利和为其办理社会保险及住房公积金的费用，不得开具增值税专用发票，可以开具普通发票。

…………

纳税人提供人力资源外包服务，按照经纪代理服务缴纳增值税，其销售额不包括受客户单位委托代为向客户单位员工发放的工资和代理缴纳的社会保险、住房公积金。向委托方收取并代为发放的工资和代理缴纳的社会保险、住房公积金，不得开具增值税专用发票，可以开具普通发票。一般纳税人提供人力资源外包服务，可以选择适用简易计税方法，按照5%的征收率计算缴纳增值税。

其次，从企业所得税上看，《国家税务总局关于企业工资薪金和职工福利费等支出税前扣除问题的公告》（国家税务总局公告2015年第34号）规定：

企业接受外部劳务派遣用工所实际发生的费用，应分两种情况按规定在税前扣除：按照协议（合同）约定直接支付给劳务派遣公司的费用，应作为劳务费支出；直接支付给员工个人的费用，应作为工资薪金支出和职工福利费支出。其中属于工资薪金支出的费用，准予计入企业工资薪金总额的基数，作为计算其他各项相关费用扣除的依据。

劳务外包涉及的合同是纯粹的经济合同，并不存在特殊规定，所以劳务外包支出直接计入相对应的成本费用据实扣除。

我们看到，在上市的过程中，很多企业因为10%的劳务派遣比例限制，将劳务派遣大规模改为劳务外包，甚至出现前一年劳务派遣用工比例达到67%，但下一年变为0的情况。通过了解劳务派遣与劳务外包的异同，我们知道了，这一改变不仅是变个合同而已，对于用工单位来说，需要弹好商务、法务、财务、税务四重奏，形式充分，实质完整，内外兼修，方可达到理想效果。具体来说，要做到以下几个方面：

1.明确签订的是劳务外包合同，而不是劳务派遣合同。确定合同约定的是民事法律关系，而不是劳动法律关系。

2.明确劳动者的管理权由承包单位行使。万不可让用工方一边外包劳务，一边行使管理权。

3.明确用工风险。既然是劳务外包，那么风险应该完全由承包方承担，与用工方无关。

4.明确经营资质。劳务外包（除建筑劳务外）并没有特别的经营资质要求，而劳务派遣则需要有相应资质。

5.明确会计处理的方式。由于劳务外包不是劳动关系，相应支出不用计入职工薪酬科目。而劳务派遣则需要计入工资总额。

6.明确税务处理的方式。劳务外包适用的增值税税率为6%（建筑劳务为9%），税率的高低主要看外包业务实质。同时，正常情况下劳务派遣与劳务外包均允许购入方抵扣进项税额。但因为劳务派遣是劳动关系，所以除服务费外的部分不能抵扣进项税额，适用差额征税。

针对商法财税，需要跨维思考。商务定向、法务定性、财务定量、税务定位，四位一体，缺一不可。为什么现在的税务管理工作越来越难？因为综合性的问题越来越多，一专多能，方为上策。

第二章　资产配置

一、"投资＋股转"模式调整架构，大额不动产剥离的常规操作

上市之前，企业经常要调整资产配置架构，有的从体外装入上市主体，有的从上市主体拆到体外。当涉及拆分大额不动产时，往往都会遇到巨额税款的问题。

康鹏科技于2021年3月10日发布的《康鹏科技利元亨科创板上市委员会2021年第18次审议会议结果公告》披露：

发行人于2018年3月设立全资子公司万溯众创；2018年4月，上海市普陀区规划和土地管理局同意发行人以增资方式将位于祁连山南路2891弄200号的不动产整体置入万溯众创；2018年9月，经上海市不动产登记局登记，万溯众创为上述不动产的权利人；2018年11月，发行人将其持有的万溯众创全部股权转让予皓察众创。至此，上述不动产从发行人体内完成剥离。

这是一个把大额不动产从上市主体剥离出来的典型案例。

根据公告另外的内容，位于祁连山南路2891弄200号的不动产的账面价值约

2.63亿元，评估价值3.2亿元。照理说，把这栋不动产直接卖给买家皓察众创不就行了？但是，因为不动产转让涉及增值税、土地增值税、企业所得税及印花税，如果直接卖给皓察众创（极有可能是关联方），要交纳契税。

在这种情况下调整内部架构，"投资＋股转"是常见的模式之一。

设想一下，如果我们不直接卖不动产，而是卖持有不动产公司的股权，买方买了持有不动产公司的全部股权，自然就间接拥有了不动产的所有权。这种情况下，一方面，卖家转让的是股权，并不涉及增值税；另一方面，买家买的是股权，也不涉及契税。只有一个问题：股权转让是否需要缴纳土地增值税。这个问题虽然存在一定争议，但还是有很大的争取空间。所以，规避不动产转让高额税负的常见方法就是，变不动产转让为股权转让。

然而，理想很丰满，现实却时常很骨感。

康鹏科技的问题是账上有很多资产，现在想处置的只是这个祁连山南路2891弄200号的不动产，按照上面的方法，难道还让康鹏科技把所有股权都卖了不成？

所以，必须先学会"切蛋糕"。把我们想分出去的资产，先从总资产中切出来，装到新盘子里，再把新盘子卖掉。让我们看看康鹏科技的具体切法：

第一步，2018年3月设立全资子公司万溯众创。

第二步，2018年4月，上海市普陀区规划和土地管理局同意发行人以增资方式将位于祁连山南路2891弄200号的不动产整体置入万溯众创。

通过以上两步，康鹏科技成功地将200号不动产从体内分离，装进了子公司的新盘子。这两步涉及的各种税务问题处理方式如下：

1. 增值税：满足条件时不征税，即便不满足条件，子公司也可以抵扣。

《财政部　国家税务总局关于全面推开营业税改征增值税试点的通知》（财税〔2016〕36号）有如下规定：

在资产重组过程中，通过合并、分立、出售、置换等方式，将全部或者部分实物资产以及与其相关联的债权、负债和劳动力一并转让给其他单位和个人，其中涉及的不动产、土地使用权转让行为不征增值税。

2. 土地增值税：免征。

《财政部 税务总局关于继续实施企业改制重组有关土地增值税政策的公告》（财政部 税务总局公告2021年第21号）有如下规定①：

单位、个人在改制重组时以房地产作价入股进行投资，对其将房地产转移、变更到被投资的企业，暂不征土地增值税。

3. 契税：免征。

《财政部 税务总局关于继续执行企业、事业单位改制重组有关契税政策的公告》（财政部 税务总局公告2021年第17号）有如下规定②：

同一投资主体内部所属企业之间土地、房屋权属的划转，包括母公司与其全资子公司之间，同一公司所属全资子公司之间，同一自然人与其设立的个人独资企业、一人有限公司之间土地、房屋权属的划转，免征契税。

这里要提醒一下，根据上述第17号公告的表述，如果康鹏科技直接以不动产投资到子公司，是不能免征契税的。所以康鹏科技才在2018年3月设立全资子公司万溯众创，同年4月再用不动产对子公司增资，实现"两步走"。

---

① 本案发生当期，适用文件为《财政部 国家税务总局关于继续实施企业改制重组有关土地增值税政策的通知》（财税〔2018〕57号）。

② 本案发生当期，适用文件为《财政部 国家税务总局关于继续支持企业事业单位改制重组有关契税政策的通知》（财税〔2018〕17号）。

4.企业所得税：5年递延缴纳。

《财政部 国家税务总局关于非货币性资产投资企业所得税政策问题的通知》（财税〔2014〕116号）有如下规定：

居民企业（以下简称"企业"）以非货币性资产对外投资确认的非货币性资产转让所得，可在不超过5年期限内，分期均匀计入相应年度的应纳税所得额，按规定计算缴纳企业所得税。

5.印花税：正常缴纳。

第三步，2018年9月，经在上海市不动产登记局登记，万溯众创为上述不动产的权利人。

第四步，2018年11月，发行人将其持有的万溯众创全部股权转让予皓察众创。至此，上述不动产从发行人体内完成剥离。

通过以上两步，康鹏科技成功地把新盘子卖掉了。在第四步中，因为交易的是股权，所以没有增值税，也没有契税。另外，由于投资环节已经分5年缴纳企业所得税了，第四步也就不会再涉及企业所得税。至于印花税，还是正常缴纳。

这样一来，增值税、土地增值税、契税都被成功地规避了。这就是大额不动产剥离时最常规的"投资＋股转"操作模式。

这个模式目前唯一的问题在于第四步：发行人将其持有的万溯众创全部股权转让予皓察众创，这种情况是否会被税务机关以"名为转让股权，实为转让土地"为由，征收土地增值税？

证监会在2021年3月17日提出质询：

根据申请文件，发行人转让万溯众创100%股权的直接目的是转让相关不动产。请发行人代表说明该次交易是否需要缴纳土地增值税，是否存在被追缴风险。请保荐代表人发表明确意见。

由于转让的是股权，不是土地，我们可能会认为不需要缴纳土地增值税。最高人民法院也曾这样解释：

公司在转让股权时，该公司的资产状况，包括建设用地使用权的价值，是决定股权转让价格的重要因素。但不等于说，公司在股权转让时只要有土地使用权，该公司股权转让的性质就变成了土地使用权转让，进而认为其行为是名为股权转让实为土地使用权转让而无效。由于转让股权和转让土地使用权是完全不同的行为，当股权发生转让时，目标公司并未发生国有土地使用权转让的应税行为，目标公司并不需要缴纳营业税和土地增值税。

土地增值税的征收具有相当的不确定性，过往也没少出现在这种情况下被追征土地增值税的事情。所以，康鹏科技回复证监会的质询有两种方法。

方法一：坚持认为不应交土地增值税。考虑到转让股权发生于2018年，若时间超过5年，被追征的可能性几乎很小。

方法二：明确存在被税务机关追征的可能性，并在相关文件中做出风险提示。

大额不动产剥离时最常规的"投资＋股转"操作模式就介绍到这里了，未来我们还会看到更多与此类似的变种方法，但万变不离其宗。上市前后的税务问题全是"明牌"，没有秘密。因为处理方法就那么几种，技术处理本身已不构成问题。不同的公司决策层对待同一技术处理的态度，才是真正的问题所在。

二、债权、债务及劳动力一并划转而不征增值税，资料该如何准备？

与企业并购重组业务相关的制度规定浩如烟海，其中，下面这个增值税的规定总是很显眼：

在资产重组过程中，通过合并、分立、出售、置换等方式，将全部或者部分实物资产以及与其相关联的债权、负债和劳动力一并转让给其他单位和个人，其中涉及的不动产、土地使用权转让行为不征增值税。

大家都知道这个规定，但是对于在实务中如何做，如何准备资料，却经常一头雾水。下面我们就展示一则可以作为教科书的公告。

盈峰环境在2018年10月9日和18日两次回复证监会关于重大资产重组的审核意见中披露：

盈峰环境拟收购中联环境100%股权，收购标的此前在中联重科旗下进行一系列内部重组，即通过无偿划转及有偿受让和增资两步骤方式，实现中联重科注入环卫业务及资产。中联重科将环卫业务部门业务和资产注入标的资产分为两步：

第一步，2017年5月21日，按照账面净值，通过无偿划转的方式，将环卫机械业务及相关资产负债注入标的资产。

第二步，2017年5月21日，根据《股权转让协议》约定，通过有偿转让及增资的方式，中联重科将三宗土地注入中联环境并签署知识产权转让及许可等协议。

内部重组后，中联重科旗下所有环境产业业务全部由中联环境及其子公司承接。注入业务、资产负债的具体内容如下表所示：

并入的资产		并入的负债	
项目	金额（元）	项目	金额（元）
货币资金	2,021,639,407.70	应付账款	1,924,660,771.75
应收票据	9,327,920.00	预收款项	105,611,941.67
应收账款	3,102,676,981.98	应付职工薪酬	27,159,503.20
预付款项	6,886,844.55	其他应付款	4,982,849,092.06
其他应收款	76,174,196.74	应付股利	224,850,000.00
存货	763,782,919.24		
一年内到期的非流动资产	535,883,984.30		
长期应收款	549,507,587.92		
固定资产	426,928,890.15	—	
在建工程	90,092,738.32		
无形资产	193,116,274.65		
递延所得税资产	47,712,027.53		

根据《资产划转协议》，自协议签署之日起，中联环境即享有所划转环卫资产的所有权，享有并承担与环卫资产相关的所有权利和义务；中联重科不再享有与环卫资产相关的权利，也不承担相关义务。

1.中联重科将环卫业务部门业务和资产注入标的资产所涉及业务和资产的具体内容、注入的具体时间。

中联重科于2017年5月31日将环卫资产账面划转给中联环境后（即资产权益交割完毕），需要完成以下手续：

（1）办理土地使用权、商标等无形资产的注入，需在主管部门办理相应转让/许可备案手续；

（2）环卫业务部门的员工劳动关系需由中联重科转移至中联环境；

（3）中联重科将2017年5月31日环卫业务部门的资产负债划转至中联环境的财务会计处理；

（4）向供应商、客户履行业务变更通知等相应变更手续。

上述划转的资产和业务的具体内容、注入时间如下：

（1）资产过户情况。

序号	资产类型	注入资产具体内容	注入时间 （转让/许可备案手续完成时间）
1	土地使用权	"长国用〔2013〕第098634号"土地使用权	2017年5月，办理完成土地使用权过户手续（按评估值）
		中联重科将"长国用〔2015〕第039811号""长国用〔2015〕第039812号"两宗土地使用权增资入股中联环境	（1）2017年6月，土地使用权增资入股完成工商变更登记手续； （2）2017年11月，办理完成土地使用权过户手续
2	商标	154项"中标"商标转让	2018年4月30日之前完成145件商标转让，2018年9月30日完成剩余9件商标转让
3	许可使用商标	28项中联重科商标许可	2018年4月30日之前完成
4	专利	中联重科将332件专利及97件专利申请权转让给中联环境	2018年4月30日前全部完成
5	软件著作权	20项软件著作权	2018年4月30日前全部完成
6	项目子公司股权	中联重科在连平中联、宁远中联、扶绥中联、花垣中联、汉寿中联、安化中联、慈利中联、张家界中联、中方中联以及石门中联等十家项目子公司的股权权益自公司成立之日起转移	2017年12月31日，中联环境与中联重科签订《股权转让协议》，确认项目公司中的所有股权权益于2017年7月1日转移至中联环境（其中连平中联、宁远中联、扶绥中联、花垣中联自公司成立之日起转移）

（2）员工的劳动关系转移。

根据《股权转让协议》的约定，1,005名员工劳动关系由中联重科转移至中联环境。（协议约定70%以上员工与中联环境签署劳动合同即可）

截至2017年6月30日，除20名员工劳动关系仍保留在中联重科外，《股权转让协议》约定的985名员工均与中联环境签署劳动合同并由中联环境缴纳社保、公积金，符合协议约定。

根据中联环境的书面确认，中联环境未因本次资产划转事项产生员工纠纷或争议。

（3）财务划转。

项目	金额（元）	交割情况
货币资金	2,021,639,407.70	截至2017年5月31日，货币资金由中联重科划转给中联环境
应收票据	9,327,920.00	截至2017年5月31日，应收票据由中联重科背书给中联环境
应收账款	3,102,676,981.98	1）主要系环卫业务销售形成的货款，中联重科对该应收销售款（含应收账款、一年内到期的非流动资产、长期应收款，下同）不享有实际支配权，中联环境通过专用账户独立完成应收销售款的收转。
一年内到期的非流动资产	535,883,984.30	
长期应收款	549,507,587.92	2）根据中联重科和中联环境向客户发出业务转让通知及其说明，中联环境自2017年6月1日起全部承接中联重科环境产业业务，将截至2017年5月31日的环境业务的合同、应收账款、预收账款等转移至中联环境，具体详见"反馈问题2/一、中联重科将环卫业务部门业务和资产注入标的资产的具体时间、所涉业务和资产具体内容，是否履行了必要的决策程序，有无未决法律纠纷/（一）中联重科将环卫业务部门业务和资产注入标的资产所涉及业务和资产的具体内容、注入的具体时间/4、业务合同履约主体的变更情况"。3）截至2018年8月31日，上述应收销售款中有10.37亿元暂未回款

续表

项目	金额（元）	交割情况
预付款项	6,886,844.55	1）自2017年6月1日起，供应商收到预付款项后根据与中联重科签订的供货合同，将货物运送至中联环境。 2）截至2018年8月31日，上述预付账款中共计347.12万元的预付账款未结算完毕
其他应收款	76,174,196.74	1）主要系中联重科环卫业务部门进行政府招投标项目支付的投标保证金，中联重科在投标结束后将收到的投标保证金退回中联环境。 2）截至2018年8月31日，上述其他应收中有1,891.72万元未回款
存货	763,782,919.24	截至2017年5月31日，存货由中联重科以销售方式转移给中联环境并开具增值税发票
固定资产	426,928,890.15	截至2017年5月31日，固定资产均由中联重科以销售的方式转移给中联环境，并开具增值税发票
在建工程	90,092,738.32	截至2017年5月31日，在建工程均由中联重科以销售方式均转移给中联环境并开具增值税发票
无形资产	193,116,274.65	截至2017年5月31日，无形资产（土地使用权、知识产权除外）均由中联重科以销售方式均转移给中联环境，并开具增值税发票
递延所得税资产	47,712,027.53	截至2017年5月31日，递延所得税资产均由中联重科划转给中联环境
应付账款	1,924,660,771.75	根据中联重科和中联环境向供应商发出的业务转让通知及其说明，中联环境自2017年6月1日起全部承接中联重科环境产业业务，将截至2017年5月31日环境业务的合同、应付账款等转移至中联环境，具体详见"反馈问题2/一、中联重科将环卫业务部门业务和资产注入标的资产的具体时间、所涉业务和资产具体内容，是否履行了必要的决策程序，有无未决法律纠纷/（一）中联重科将环卫业务部门业务和资产注入标的资产所涉及

项目	金额（元）	交割情况
		业务和资产的具体内容、注入的具体时间 /4、业务合同履约主体的变更情况"
预收款项	105,611,941.67	同应收账款
其他应付款	4,982,849,092.06	1）主要系收取客户和供应商的押金保证金、应付中联重科往来款以及带追索权的应收账款保理融资款。 2）根据中联环境、中联重科发给客户和供应商的业务转让通知及相关说明，中联重科以2017年5月31日为基准日，将涉及环境业务的合同、应收账款、应付账款、预付账款、预收账款等转移至中联环境。 3）带追索权的应收账款保理融资款均为应付中联重科融资租赁（中国）有限公司和中联重科商业保理（中国）有限公司的款项，其同意本次划转
应付职工薪酬	27,159,503.20	截至2017年5月31日，应付职工薪酬均由中联重科划转给中联环境
应付股利	224,850,000.00	应付股利系根据报告期后确定的分红金额计提

（4）业务合同履约主体的变更情况。

1）采购合同。

根据中联重科、中联环境于2017年6月1日向其所有曾经发生过业务往来的867家供应商发送的《关于中联重科股份有限公司环境产业业务转让事项的通知》及其说明，中联环境自2017年6月1日起全部承接中联重科环境产业业务，关于中联环境的采购合同，2017年6月1日之前收货的开票主体为中联重科，2017年6月1日之后收货的开票主体均变更为中联环境。自2017年6月1日向供应商发函后，截至2018年8月31日，中联环境收悉547家供应商的回函确认函，同意业务合同履约主体变更事项。未回函确认的供应商主要系与中联环境2年以上没有业务往来的供应商。

2）销售合同。

根据《股权转让协议》，中联重科应将环卫业务相关的应收账款等转移至中联环境，如因合同相对方（主要为政府客户）不愿意在转让通知上盖章的，则中联重科应将该等合同项下的应收账款质押给中联环境。根据中联环境的说明，截至2017年6月26日，中联重科已取得446家客户在本次业务合同履约主体变更事项通知上盖章，涉及应收账款金额为17.04亿元；尚有2,689家客户未在转让通知单上盖章，涉及应收账款金额为25.58亿元。2017年6月26日，中联环境与中联重科签署《应收账款质押协议》，中联重科将25.58亿元的应收账款质押给中联环境以保证资产安全，直至债务履行完毕。

根据"03752476000451001397号"《中国人民银行征信中心动产全数统一登记——初始登记》，上述质押事项于2017年7月28日办理了应收账款质押登记，质押财产价值25.58亿元。

2.资产划转履行的决策程序。

2017年5月21日，中联重科第五届董事会2017年度第三次临时会议审议通过《关于出售长沙中联重科环境产业有限公司控股权暨关联交易的议案》，同意公司拟将环卫业务部门的业务和资产注入公司全资子公司中联环境，并出售环境产业公司80%的股权，该项交易涉及关联交易事项，关联董事回避表决。

2017年6月27日，中联重科2016年度股东大会审议通过《关于出售长沙中联重科环境产业有限公司控股权暨关联交易的议案》，该项交易涉及关联交易事项，关联股东回避表决。

3.资产划转不存在未决法律纠纷。

根据中联环境、中联重科的书面说明，本次资产划转履行了董事会、股东大会的必要决策程序，关联董事、关联股东已回避表决；资产划转协议已经履行完毕，被划转资产归中联环境所有或实质控制，资产划转双方不存在纠纷或争议，亦不存在任何未决法律纠纷。

公告写到这个程度，正如先秦宋玉那篇《登徒子好色赋》："东家之子，增之一分则太长，减之一分则太短；著粉则太白，施朱则太赤；眉如翠羽，肌如白雪；腰如束素，齿如含贝；嫣然一笑，惑阳城，迷下蔡。"不需要笔者再多说什么了，如果您遇到这个烦恼了，只管照猫画虎，对号入座。

第三章　技术研发

一、十大不得加计扣除的研发费用，这篇公告一网打尽

会计上的研发费和税务上允许加计扣除的研发费，二者范围完全不同：会计上计入研发费，不代表税务上可以加计扣除。此前，武汉达梦发布了对于《关于武汉达梦数据库股份有限公司首次公开发行股票并在科创板上市申请文件的审核问询函》之回复，详细披露了研发费用税前扣除情况。其关键环节之选择，政策掌握之精准，真可谓十大环节，一网打尽，具体如下。

问：报告期内，研发加计扣除申报金额低于实际发生的研发费用3,292.38万元、4,249.63万元和1,685.25万元，主要包括不符合研发加计扣除范围的费用、基于谨慎性考虑未申请加计扣除的费用等。请发行人说明：将不符合研发加计扣除范围的费用、基于谨慎性考虑未申请加计扣除的费用计入研发费用的原因及合理性，研发费用归集是否准确。

答：产生差异的主要原因系研发费用加计扣除范围的税收规定口径小于研发费用会计核算的口径。其中，研发费用加计扣除税收规定口径由《关于完善研究开发费用

税前加计扣除政策的通知》（财税〔2015〕119号）和《关于研发费用税前加计扣除归集范围有关问题的公告》（国家税务总局公告2017年第40号，以下简称"40号公告"）等文件规范，而研发费用会计核算的口径则由《财政部关于企业加强研发费用财务管理的若干意见》（财企〔2007〕194号）以及企业会计相关准则确定。除上述口径差异外，公司部分研发费用也基于谨慎性考虑而未予申报加计扣除。公司的研发加计扣除申报金额与报告期内各年度研发费用具体差异情况如下：

单位：万元

项目	2021年度	2020年度	2019年度
按规定不允许加计扣除的人员薪酬	211.68	141.63	14.61
按规定不允许加计扣除的房租物业费	376.55	135.47	133.35
按规定不允许加计扣除的折旧与摊销	92.72	66.60	10.11
不符合加计扣除条件的测试化验加工费及软件购置费	66.37	431.12	187.85
不得加计扣除的已备案委托的20%的研发费	44.92	131.89	245.28
未备案的委托研发费用	578.93	2,313.02	271.30
软件购置费、专利费	3.46	416.58	196.19
涉及政府补助的研发项目	—	191.16	1,977.07
股份支付费用	180.11	193.43	160.18
其他差异	130.52	228.72	96.44
合计	1,685.25	4,249.63	3,292.38

1.按规定不允许加计扣除的人员薪酬：公司研发费用中职工薪酬严格依据工时填报情况将从事研发活动的直接人工成本及间接人工成本进行归集，但根据财税〔2015〕119号及40号公告的相关规定，允许加计扣除的人工费用仅包括直接从事研

发活动人员的工资薪金、基本养老保险费、基本医疗保险费、失业保险费、工伤保险费、生育保险费和住房公积金，以及外聘研发人员的劳务费用。因此，报告期内各期，公司在申报研发费用加计扣除时，将不符合上述规定的职工薪酬，如按工时填报情况分摊进研发费用的综合辅助人员所对应的间接人工成本，进行了调整扣减，该事项影响金额分别为14.61万元、141.63万元、211.68万元。该等调整扣减系税收规定口径小于研发费用会计核算口径造成，公司研发费用中人员薪酬核算准确，计入研发费用具备合理性。

2.按规定不允许加计扣除的房租物业费：公司研发费用中房租物业费根据研发部门所占房间面积或人数比例及投入研发项目的工时填报情况分摊计入研发费用，但根据财税〔2015〕119号规定，用于研发费用加计扣除的租赁费用仅限于研发活动的仪器、设备的租赁费用，房屋租赁费用不能加计扣除。因此，报告期各期，公司在申报研发费用加计扣除时按上述规定将房屋租赁费用进行了调整扣减，该事项影响金额分别为133.35万元、135.47万元、376.55万元。该等调整扣减系税收规定口径小于研发费用会计核算口径造成，公司研发费用中房租物业费核算准确，计入研发费用具备合理性。

3.按规定不允许加计扣除的折旧与摊销：公司将研发部门固定资产（包括服务器、存储设备、交换机以及办公家具、办公电子设备等）的折旧费用按研发项目的工时填报情况分摊计入研发费用，但根据40号公告的相关规定，用于研发活动的仪器、设备的折旧费可以加计扣除，对于非仪器、设备的折旧费用，如办公家具的折旧不能加计扣除。报告期各期公司在申报研发费用加计扣除时按上述规定将研发费用中非仪器、设备的折旧费用进行了调整扣减，该事项影响金额分别为10.11万元、66.60万元、92.72万元。该等调整扣减系税收规定口径小于研发费用会计核算口径造成。

4.不符合加计扣除条件的测试化验加工费及软件购置费：报告期内，公司发生的测试化验加工费主要是支付给第三方机构的数据库性能测试、系统适配及规范性测试以及软件仿真验证费用（包含测试软件的购置费用），均为公司研发项目实施过程中测试验证环节所发生的必要费用。但根据40号公告的相关规定，研发活动直接消耗的材料、燃料和动力费用可以加计扣除。前述测试化验加工费及软件购置费不属于《研发费用加计扣除优惠明细表》的正列举项目，因而未予申请加计扣除。该事项影响金额分别为187.85万元、431.12万元、66.37万元。

5. 不得加计扣除的已备案委托的20%的研发费：根据财税〔2015〕119号规定，企业委托外部机构或个人进行研发活动所发生的费用，按照费用实际发生额的80%计入委托方研发费用并计算加计扣除。报告期各期公司在申报研发费用加计扣除时按上述规定将对已备案的委托研发费用不允许加计扣除的20%部分进行了调整扣减，该事项影响金额分别为245.28万元、131.89万元、44.92万元。上述委托研发费用均与具体研发项目的实施相关，计入研发费用具备合理性。

6. 未备案的委托研发费用：根据财税〔2015〕119号规定，企业委托外部机构或个人进行研发活动所发生的费用，按照费用实际发生额的80%计入委托方研发费用并计算加计扣除。主管税务局在审核时，一般以备案作为可以进行加计扣除的前提条件。因此，报告期内，公司将受托方未予备案的委托研发费用进行了调整扣减，该事项影响金额分别为271.30万元、2,313.02万元、578.93万元。上述委托研发费用均与具体研发项目的实施相关，计入研发费用具备合理性。

7. 软件购置费、专利费：公司在研发活动中产生的软件购置费和专利费由于无法用于其他经营活动和以后期间的研发项目，公司将其一次性计入研发费用，但根据《中华人民共和国企业所得税法实施条例》第六十七条相关规定，无形资产按照直线法计算的摊销费用，准予扣除。因此，报告期内各期，公司在申报研发费用加计扣除时按上述规定将一次性计入的软件购置费、专利费按当年应计摊销额进行了加计扣除，其余部分调整扣减，该事项影响金额分别为196.19万元、416.58万元、3.46万元。前述调整扣减主要系税法与账面上对此类费用的摊销方式不同所导致，前述软件购置费及专利费均系具体研发项目实施所需，计入研发费用具备合理性。

8. 涉及政府补助的研发项目：上海达梦数据库有限公司所承担的工业和信息化部产业发展促进中心的研发课题《面向党政办公的基础软件升级优化及办公平台研制——基础软件平台达梦数据库子课题》于2020年完成验收。公司将该项目所收到的政府补助作为2020年的应纳税所得额进行申报纳税。（笔者注：此处可圈点）公司对该项目完成验收前所发生的研发费用在发生当年申报加计扣除时予以调整扣减，该事项影响金额分别为1,977.07万元、191.16万元、0.00万元。该项目相关的研发费用真实、准确，计入研发费用具备合理性。

9. 股份支付费用：公司将股份支付费用按股份激励人员所在部门及经审批的工时填报系统中记录的研发项目工时情况分配计入研发费用，但《国家税务总局关于我国居民企业实行股权激励计划有关企业所得税处理问题的公告》（国家税务总局公告2012年第18号）中所称"股权激励"要求"以本公司股票为标的"作为前提条件，由于公司涉及股份支付的员工所持有的并非股份公司的股份，而是合伙企业的合伙份额，因此，公司对报告期内股份支付费用未予申报税前扣除（笔者注：此处可圈点），并在申报加计扣除时对股份支付费用进行了调整扣减，该事项影响金额分别为160.18万元、193.43万元、180.11万元。

10.其他差异：根据财税〔2015〕119号规定，允许加计扣除的其他费用包括与研发活动直接相关的其他费用，如技术图书资料费，资料翻译费，专家咨询费，高新科技研发保险费，研发成果的检索、分析、评议、论证、鉴定、评审、评估、验收费用，知识产权的申请费、注册费、代理费，差旅费、会议费等。根据40号公告的相关规定，且此项扣除金额不得超过可加计扣除研发费用总额的10%，报告期各期公司发生的部分研发费用不属于前述正列举项目范围或超出了可扣除标准（笔者注：此处可圈点），公司在申报研发费用加计扣除时进行了调整扣减，该事项影响金额分别为60.15万元、192.08万元及127.03万元。除上述原因外，对于涉密的研发项目及部分子公司发生研发费用较少的年度亦未申请加计扣除。公司研发活动中所发生研发费用均依据合同、发票及项目人员填报的项目信息分配计入对应的研发项目，或根据研发项目工时占比分配计入对应的研发项目中，具备合理性。

二、软件公司是枝花，种在哪里哪里发

请注意，一大波公告正在来的路上……

1.亿玛在线于2021年5月27日更正2019年年报，披露其两个天津子公司——天津亿玛和亿玛创新（天津）的情况：

（1）亿玛创新（天津）2017年12月4日获得国家《高新技术企业证书》，2017年至2019年享受减按15%税率征收企业所得税的税收优惠政策。

（2）天津亿玛于2014年12月29日取得天津市工业和信息化委员会颁发的软件企业认定证书，自2015年1月1日至2019年12月31日享受"两免三减半"的税收优惠政策，2017年至2019年减半征收企业所得税。

（3）天津亿玛和亿玛创新（天津）于2013年1月20日与天津滨海高新技术产业开发区管理委员会（开发区管委会）签订了《天津亿玛科技有限公司及亿玛创新网络（天津）有限公司落户天津滨海高新技术产业开发区框架协议》，三方于2017年6月签订上述协议的《补充协议》及《备忘录》，约定自2018—2021年期间，每年开发区管委会对天津亿玛和亿玛创新（天津）缴纳的企业所得税、增值税进行核算，给予一定的研发补贴。

2.税友股份于2021年6月8日发布招股意向书披露：

2016至2019年三季度报告期，累计享受增值税及所得税税收优惠7,623.55万元，约占累计利润总额的11.77%。经律师核查，认为报告期内发行人及其下属单位享受的税收优惠政策合规。未来，若国家及地方政府主管机关对国家规划布局内重点软件企业的软件企业所得税、高新技术企业所得税、软件产品增值税的优惠政策作出对发行人不利的调整，将对发行人未来的经营业绩产生一定影响。

3.科斯伍德于2019年7月24日发布公告，披露拟以发行股份、可转换债券及支付现金三种方式，以8.13亿元对价收购教育培训标的龙门教育。享受的税收优惠政策如下：

（1）母公司陕西龙门教育股份有限公司（简称"龙门教育"）享受西部大开发的税收优惠政策。龙门教育主营业务含网络远程教育服务收入及网络视听节目技术服务、开发项目，符合《产业结构调整指导目录（2011年版）》中鼓励类第三十六项（教育、文化、卫生、体育服务业）第4条"远程教育"及第12条"网络视听节目技术服务、开发"，第三十二项商务服务第8条"培训"项目，因此享有15%所得税优惠政策。

（2）软件开发全资子公司深圳跃龙门享受新办软件企业税收优惠及高新技术企业税收优惠。根据《中华人民共和国企业所得税法》及其实施条例、《国务院关于印发进一步鼓励软件产业和集成电路产业发展若干政策的通知》（国发〔2011〕4号），认定为我国境内新办的集成电路设计企业和符合条件的软件企业，第一年至第二年免征企业所得税，第三年至第五年按照25%的法定税率减半征收企业所得税，未来年度按高新技术企业享受15%企业所得税优惠政策。

4.杭州柯林于2021年4月6日发布招股书披露：

2018—2020年度公司享受增值税即征即退的软件产品全部系子公司高拓信息销售的软件，分为计算机软件和嵌入式软件两类，销售模式为直销，且仅向母公司柯林电气进行销售，其2018—2020年度向母公司销售软件产品累计1.04亿元，毛利率高达98%。

这四家上市公司，两个是互联网公司，一个是教育公司，一个是工业公司。看似毫不相关的行业背后，却都闪烁着一个鬼魅般的身影——软件公司。

科技兴国、科技4.0、中国制造2025、万物互联、大数据、人工智能、移动互联网、云计算等等，均有助于行业升级。但搞研发似乎应该是花钱的主，也即企业的一个"成本中心"才对。为什么这么多企业都把集团内的软件公司作为"利润中心"呢？而且这些利润还都是在内部交易时完成的，在合并报表时要剔除，这又是何苦呢？

原因不言自明：所在行业的优惠政策多，正如下面的税友股份公告中所显示的。

报告期内，发行人及其下属单位享受的税收优惠情况如下所示：

1. 增值税。

（1）增值税免征优惠。

根据《财政部 国家税务总局关于将铁路运输和邮政业纳入营业税改征增值税试点的通知》（财税〔2013〕106号）、《财政部　国家税务总局关于全面推开营业税改征增值税试点的通知》（财税〔2016〕36号）的有关规定：

纳税人提供技术转让、技术开发和与之相关的技术咨询、技术服务取得的收入，符合条件的，免征增值税。

（2）增值税即征即退优惠。

根据《财政部 国家税务总局关于软件产品增值税政策的通知》（财税〔2011〕第100号）：

自2011年1月1日起，一、（一）增值税一般纳税人销售其自行开发生产的软件产品，按17%税率征收增值税后，对其增值税实际税负超过3%的部分实行即征即退政策的规定。

（3）增值税进项税加计抵减优惠。

根据《国家税务总局关于深化增值税改革有关事项的公告》（国家税务总局公告2019年第14号）、《财政部 税务总局海关总署关于深化增值税改革有关政策的公告》（财政部 税务总局海关总署公告2019年第39号）的规定：

自2019年4月1日至2021年12月31日，允许生产、生活性服务业纳税人按照当期可抵扣进项税额加计10%抵减应纳税额。发行人及其子公司在2019年4—9月享受增值税加计抵减政策。

2. 所得税。

（1）国家规划布局内重点软件企业所得税优惠。

根据《财政部 国家税务总局关于进一步鼓励软件产业和集成电路产业发展的企业所得税政策的通知》（财税〔2012〕27号）、《财政部 国家税务总局 发展改革委 工业和信息化部关于软件和集成电路产业企业所得税优惠政策有关问题的通知》（财税〔2016〕49号）的相关规定：

国家规划布局内的重点软件企业和集成电路设计企业，如当年未享受免税优惠的，可减按10%的税率征收企业所得税。发行人在2016年和2017年享受10%的企业所得税优惠税率。

（2）软件企业所得税优惠。

根据《财政部 国家税务总局关于进一步鼓励软件产业和集成电路产业发展的企业所得税政策的通知》（财税〔2012〕27号）、《财政部 国家税务总局 发展改革委 工业和信息化部关于软件和集成电路产业企业所得税优惠政策有关问题的通知》（财税〔2016〕49号）、《财政部 税务总局关于集成电路设计和软件产业企业所得税政策的公告》（财政部 税务总局公告2019年第68号）的相关规定：

依法成立且符合条件的集成电路设计企业和软件企业，在2018年12月31日前自获利年度起计算优惠期，第一年至第二年免征企业所得税，第三年至第五年按照25%的法定税率减半征收企业所得税，并享受至期满为止。

发行人子公司亿企赢于2018年度开始盈利，在2018年度和2019年1—9月享受了软件企业所得税税收优惠政策，免征企业所得税。

（3）高新技术企业税收优惠。

根据浙江省科学技术厅、浙江省财政厅、浙江省国家税务局、浙江省地方税务局于2017年11月13日联合颁发的《高新技术企业证书》（证书编号：GR201733001722），认定发行人为高新技术企业，有效期为三年，故发行人在2018年度、2019年1—9月可享受15%的企业所得税优惠税率。

根据《财政部 国家税务总局关于延长高新技术企业和科技型中小企业亏损结转年限的通知》（财税〔2018〕76号），发行人和上海税友自2018年1月1日起，具备资格年度之前5个年度发生的尚未弥补完的亏损，准予结转以后年度弥补，结转年限由5年延长至10年。

这哪里是上市公告啊，这是妥妥的软件企业税收优惠政策教科书。

优惠政策大量集中的经营领域通常被称为"税收洼地"。何为"洼地"？利润是水，水定是向地势低洼的地方流。所以，如果集团有一个研发平台，那它必然成为利润汇聚的地方。而由于软件公司开设门槛相对较低，出场机会大增也就不足为奇了。

这正是：软件公司是枝花，种在哪里哪里发！

利润流向研发平台有多种方式，包括内部买卖、特许权使用费、委托研发、联合研发、成本分摊（如大名鼎鼎的苹果避税案）。但是，这些操作是有风险的，如下面杭州柯林公告中的数据所示：

销售对象仅为母公司柯林电气，其2018—2020年度向母公司销售软件产品累计1.04亿元、毛利率98%。

销售对象为母公司，毛利率高达98%，太"引人注目"了。

总结一下：

1.以软件公司（门槛很低）为代表的科技子公司因优惠政策集中而成为集团税负的"节税阀"。

2.集团利润流向科技子公司有多种方式，包括内部买卖、特许权使用费、委托研发、联合研发等。

3.我们不反对企业做一定程度上的税负管理，但操作中应该考虑业务的合理性。

合理的标准是什么呢？一句话——你自己看了信不信！

第四章　对外采购

一、成本无票还想上市？关于"生死劫"的另类狂飚

成本没有发票，还想上市，这个想法是不是有点草率呢？不，一点也不草率。现实中，有很多行业的成本没有发票。

这种情况是从娘胎里带来的，比如钢厂的原材料废钢铁、旧手机（旧汽车）拆解行业的原材料旧手机（旧汽车）、老酒回收再销售行业的商品老酒、工艺品批发行业的商品手工紫砂壶、玉石首饰的原材料玉石、建筑业的原材料砂土石料、再生涤纶行业的原材料废旧塑料瓶、人血白蛋白行业的原材料人类血浆……它们的共同特点是，原材料使用量极大，进货渠道多为个人，成本基本无法取得发票。即便是在一般情况下，这些企业的财务管理合规和所得税税前扣除都是大问题，更遑论上市时了。

你说这是企业的问题吧，企业感觉很冤枉：原料成本是真的发生了，但发票的确很难取得。

你说这是卖主的问题吧，卖主感觉很冤枉：我这挨家挨户收来的废铜烂铁卖给你，你还让我开发票？我上哪儿弄去？

但是，税法有明确的立法原则，你卖东西就得开发票，买东西就是要凭发票税前扣除。

同时，税务局是有法必依的：你没发票就是不能税前扣除，我还没追你卖主的个人所得税呢！

而在证监会看来，上市最基本的前提是财务得合规，连成本发票都没有，没人知道你套现了多少？

如此可见，相关方各执一端，但不论怎样，"生死劫"还在那里。

于是我们看到，有的企业采用了"个体工商户集群注册"模式。比如优彩资源于2020年8月17日发布公告披露：

> 公司的主要原材料是废旧PET原料（也就是废旧塑料瓶）。公司部分长期合作的个人供应商选择在公司经营地——江阴市注册个体工商户，以便于税务管理。主要原因有：再生回收市场时有发生虚开收购发票案例，对整个再生PET原料行业造成显著影响。江阴市作为国内再生涤纶行业的主要集聚地之一，也是再生PET原料供应商的主要销售市场，江阴市税务部门对废旧PET原料采购增值税发票稽查更加严格。为方便江阴当地税务部门对其个体工商户所开具增值税发票认证和税务规范性稽查，部分个体工商户选择在江阴市注册个体工商户。

该企业通过集群注册个体工商户的形式保证上市主体取得成本发票，再利用个体工商户税收优惠较多的特点控制整体税负，实现合规。

还有的企业选择"地方财政奖励"模式。比如四方新材于2021年2月18日发布招股意向书附录披露：

> 公司接受非关联方朱明控制的公司（主要从事河砂等建材贸易活动、自2010年起即开始合作）通过不同主体供应河砂，原因系朱明控制的河砂贸易企业享受当地招商

引资税收优惠。这些公司均注册在重庆市潼南区（原潼南县）、不需要具备特殊资质，亦无生产设备、人员等要求。根据潼南县人民政府《潼南县招商引资优惠政策》（潼南府发〔2012〕18号）：三、财税政策……（一）增值税。投资项目自纳税年度起，3年内缴纳增值税县级分成部分的50%安排给企业，用于企业扩大再生产。（二）所得税。投资项目自纳税年度起，缴纳企业所得税的县级分成部分，第1～3年按100%安排给企业，第4～5年按50%安排给企业，用于企业扩大再生产。因此，朱明通过控制多家公司从事河砂贸易活动，主要系其考虑在潼南区可以合理享受当地招商引资相关的税收优惠政策，同时可以分散风险。朱明控制多家公司从事贸易活动的模式符合实际情况和贸易行业特点。

在上面的案例中，朱明控制的公司一方面根据双方河砂交易实际情况向四方新材开具发票，保证上市主体发票安全，另一方面利用地方财政奖励方式控制整体税负，实现合规。

但是，如上解法都没有今天的主角——森林包装的处理方式另类。根据其公告，该公司原材料主要是废纸，废纸供应方也很难取得发票，但与前述两家不同，森林包装没有把与个人的交易改为与企业的交易，而是反其道行之。

2017年2月前，子公司森林造纸直接向废纸回收公司采购废纸；自2017年3月起，开始直接向个人采购废纸。

这是怕自己的上市之路还不够崎岖吗？

公告继续披露：

目前，公司收购废纸的主要对象为个人，主要业务流程及内部控制如下：

①过磅。个人将废纸运至公司过磅，打印磅单。

②验收。由检验人员（共四人，其中三人独立检验，一人拍照留底）对废纸的品质进行验收并编制原材料验收单、入库单，交财务部门。

③开票。财务人员根据磅单、验收单、入库单、出售方身份证复印件等开具连续编号的发票后交由出纳，由出纳进行审核后提交付款申请，并有专人进行授权审核，然后通过银行转账付款，并将付款明细打印保存。

发行人废纸采购中按照相关规定全部开具了相应的发票；发行人已经建立了严格的废纸收购流程及相应的资金管理和内控制度，各项制度执行良好。

等等！！"财务人员根据磅单、验收单、入库单、出售方身份证复印件等开具连续编号的发票后交由出纳"？也就是说，那要命的发票全是森林包装自己开的？这是什么神操作？

原来，这种另类的解法叫作"委托代征"。

《国家税务总局关于发布〈委托代征管理办法〉的公告》（国家税务总局公告2013年第24号）第二条规定：

委托代征，是指税务机关根据《中华人民共和国税收征收管理法实施细则》有利于税收控管和方便纳税的要求，按照双方自愿、简便征收、强化管理、依法委托的原则和国家有关规定，委托有关单位和人员代征零星、分散和异地缴纳的税收的行为。

第八条规定：

税务机关可以与代征人签订代开发票书面协议并委托代征人代开普通发票。代开发票书面协议的主要内容应当包括代开的普通发票种类、对象、内容和相关责任。

也就是说，像森林包装这样的个人供应商，其缴的税属于零散税源，只要税务机关认可，森林包装是可以与税务机关签订委托代征协议的，并且可以以代征人身份，替个人供应商开普通发票给自己入账。通过委托代征这个工具，企业可以完美地解决成本无票问题。

公告接下来的内容印证了这一点：

2017年2月前，公司所需废纸向废旧物资回收公司（法人）收购，主要原因是子公司森林造纸投产初期难以直接获得足够的废纸资源，采取向控制着大量废纸资源的法人采购，同时可降低采购的风险。随着森林造纸的知名度扩大，个人废纸供应商开始直接联系公司送货上门投售。经森林造纸申请，税务机关核准可代开收购发票。因此，2017年3月以后，公司将废纸收购模式转化为向个人直接收购。

但是，笔者心中还有一个疑问，森林包装代开的是增值税普通发票，企业所得税成本扣除问题是解决了，可是别忘了，还有增值税。这些代开的普通发票不能抵扣进项税额，所以，要按13%全额缴纳增值税吗？

公告最后的内容给了我们答案：

根据财税〔2015〕78号《关于印发〈资源综合利用产品和劳务增值税优惠目录〉的通知》，纳税人销售自产的资源综合利用产品和提供资源综合利用劳务，可享受增值税即征即退政策。

类别	序号	综合利用的资源名称	综合利用产品和劳务名称	技术标准和相关条件	退税比例
三、再生资源	3.8	废纸、农作物秸秆	纸浆、秸秆浆和纸	1.产品原料70%以上来自所列资源；2.废水排放符合《制浆造纸工业水污染物排放标准》（GB3544-2008）规定的技术要求；3.纳税人符合《制浆造纸行业清洁生产评价指标体系》规定的技术要求；4.纳税人必须通过ISO9000、ISO14000认证	50%

虽然向个人收购废纸单位采购成本偏高，但由于上述增值税政策可抵消部分成本，因此向个人采购废纸降低了公司的综合成本，故森林造纸以较高的采购价格直接

向个人采购废纸具有可行性及合理性。

一手用"委托代征"的征管手段解决所得税成本无票问题，一手用"即征即退"的税收政策解决增值税过高问题，森林包装把一手漏洞百出的牌打得天衣无缝。更重要的是，委托代征的文件虽然很早就有，但是像森林包装这样以企业的名义直接申请成功的还是少之又少。可见其分析政策的能力和公关能力同样出色。

二、业务合同签得好，"虚开"摇身变挂靠

设想一个场景，你的企业马上要上市了，而你的供应商有的没有公司，有的有公司但业务操作可能不规范。碰到这些情况，你该怎么办？该怎么向保荐人、注册会计师、律师、证监会、交易所、股东等说明？如下公告为我们提供了很好的参考和启发。

英思特于2023年6月20日发布公告披露：

外协加工商从事烧结钕铁硼毛坯的精密加工不需要相应的生产资质。相关外协加工商2022年的经营情况如下：

实际加工户	经营规模	发行人业务占比
谭致富	营业收入约600万元，人数约16人，设备约60台	约75%
王志民	未继续经营	——
李燕锋	加工相关收入约150万元，人数约10人，设备约50台	约20%
李军	营业收入约180万元，人数约13人，设备约82台	100%
梅雪	营业收入约250万元，人数约16人，设备约65台	100%

由上表可知，8位数的钱就这么花出去了，而且根据趋势，这种情况以后会常有。那么，总得有张发票吧？抱歉，但凡业务与个人扯上关系，取票大抵只能看运气了。

有些人可能会说，这几个家伙代开发票不就好了吗？

大家可能对"烧结钕铁硼毛坯"这类业务了解得不多。从事这类业务的企业多数比较辛苦，挣的是玩命的钱，一般没有开发票的意识。

一边是企业在辛苦经营，一边是上市既成事实，怎么办？

只要思想不滑坡，办法总比困难多。他们不开发票，我找人开不就好了吗。

公告接着披露：

发行人与多名外协供应商进行合作时，通过与第三方签订合同、结算收款、开具发票。具体操作方式为加工户以代开票企业的名义与发行人签署协议，并以代开票企业的名义向发行人提供应税服务，代开票企业向发行人开具了增值税专用发票。

序号	加工户	代开票企业	加工户与其合作背景
1	谭致富	北京柏晟增鑫工贸有限公司（后更名为北京柏晟增鑫科贸有限公司）	谭致富与北京柏晟增鑫工贸有限公司大股东吴论以前均在北京地区从事加工业务，关系较好，故曾通过该公司与本公司进行结算
2	王志民	包头市浩宇博远实业有限公司	王志民租赁包头市浩宇博远实业有限公司的场地进行加工，故曾通过该公司与本公司进行结算
3	李燕锋	包头鑫城豪科贸有限公司	李燕锋与包头鑫城豪科贸有限公司大股东赵宝元以前均在北京地区从事加工业务，关系较好，故曾通过该公司与本公司进行结算
4	李军	包头市新菲特科技发展有限公司	李军与包头市新菲特科技发展有限公司大股东李保稳以前均在北京地区从事加工业务，关系较好，故曾通过该公司与本公司进行结算

续表

序号	加工户	代开票企业	加工户与其合作背景
5	梅雪	包头市恩腾科技有限公司	梅雪与包头市恩腾科技有限公司大股东黄海峰以前均在北京地区从事加工业务，关系较好，故曾通过该公司与本公司进行结算

是的，大家没看错，"关系较好"。关系较好，就可以替开发票吗？这样的"刎颈之交"是在哪里找到的？而且一找就是一大票？这样做难道不属于涉嫌虚开发票这一违法行为吗？

事实是，还真不一定。

公告继续披露：

根据国家税务总局办公厅发布的《关于〈国家税务总局关于纳税人对外开具增值税专用发票有关问题的公告〉（国家税务总局公告2014年第39号）的解读》，如果挂靠方以被挂靠方的名义，向受票方纳税人销售货物、提供增值税应税劳务或者应税服务，应以被挂靠方为纳税人。被挂靠方作为货物的销售方或者应税劳务、应税服务的提供方，按照相关规定向受票方开具增值税专用发票，属于本公告规定的情形。

加工户以代开票企业的名义与发行人签署协议，并以代开票企业的名义向发行人提供应税服务，代开票企业向发行人开具了增值税专用发票，属于《国家税务总局关于纳税人对外开具增值税专用发票有关问题的公告》所述的不属于对外虚开增值税专用发票的情形。发行人作为受票方纳税人，取得的增值税专用发票，可以作为增值税扣税凭证抵扣进项税额，符合税务规定。

有一些"虚开分子"企图通过上述39号公告为自己开脱。但英思特对这类公告的应用和处理方式确实一点问题也没有，这是因为，它的各项业务合同真的到位了。

可就算这次过去了，以后呢？总不能一直这样吧？这不，瞬间就被"上了一课"。

公告继续披露：

代开票企业	业务往来情况	合作终止时间	合作终止原因
北京柏晟增鑫工贸有限公司（后更名为北京柏晟增鑫科贸有限公司）	仅为帮助谭致富开展业务而与发行人签订合同、结算收款、开具发票	2020年	谭致富自己设立包头市富明科技有限公司与发行人进行合作
包头市浩宇博远实业有限公司	仅为帮助王志民开展业务而与发行人签订合同、结算收款、开具发票	2020年	王志民自己设立包头市金晟顺通新材料科技有限公司与发行人进行合作
包头鑫城豪科贸有限公司	除为帮助李燕锋开展业务而与发行人签订合同、结算收款、开具发票外，本身也承接了少量发行人的委托加工业务	2021年	包头鑫城豪科贸有限公司主要做线切割，发行人线切割委外订单较少
包头市新菲特科技发展有限公司	仅为帮助李军开展业务而与发行人签订合同、结算收款、开具发票	2019年	包头市新菲特科技发展有限公司主要跟其他磁材厂商合作
包头市恩腾科技有限公司	除为帮助梅雪开展业务而与发行人签订合同、结算收款、开具发票外，本身也承接了部分发行人的委托加工业务	2021年6月（后均为其自身承接发行人的委托加工业务，目前仍有合作关系）	—

也就是说，这些加工户以后就成立有限公司与发行人合作了。

三、向个体工商户集群采购，解决问题的同时如何做好税务风险管理？

向个体工商户集群采购的方式可以说是一举两得：从企业角度看，它能有效解决很多行业在采购上没有发票的困境；从征税角度看，它将原来处于脱管状态的供应商以个体户的形式纳入了征管范围。

但是，数量众多的个体工商户作为供应商要如何进行管理，这让很多企业伤透了脑筋。其主要存在的问题包括但不限于：

问题1：到底哪些业务适合用个体工商户集群作为供应商？

问题2：通常情况下，采购方作为增值税一般纳税人，销项税率为13%，而个体工商户往往只能开出1%或3%的增值税专用发票，进销项严重不匹配导致采购方增值税税负仍然过高。应如何解决？

问题3：个体工商户普遍在税务管理上不够规范，如何有效管理与增值税发票紧密相关的货物流、资金流、发票流，并杜绝发票风险？

问题4：如何保证众多个体工商户对法律问题和日常财税处理的稳定性？

天宝营养于2023年7月11日发布的公告给我们提供了一个很好的参考样本。公告披露：

报告期内，发行人的主要供应商中，存在多家由自然人成立的经营部、运输部等个体工商户，发行人向该等个体工商户采购磷矿石、煤炭、运输服务等。

下面，我们根据公告来逐一解答上面提出的四个问题。

问题1：到底哪些业务适合用个体工商户集群作为供应商？

天宝营养的公告披露如下：

适用个体工商户集群的采购内容包括：

（1）磷矿。

发行人主要通过经销商采购磷矿石，而不是直接向矿山经营者采购磷矿石，具体原因如下：

① 磷矿石开采后经过分筛，块状磷矿石通常销往黄磷生产企业；同批次、同品位的粉状磷矿石售价低于块状磷矿石，通常销往低浓度磷酸生产企业，终端产品为磷酸钙盐饲料添加剂、过磷酸钙等。不同于四川、贵州等省份的"洞采"，云南省内磷矿石全部为"露天开采"，因此大型机械挖掘极易造成原生矿中泥土、砂石等杂质较多。矿山经营者多以不保证杂质指标的"估堆"方式进行销售，因经销商大都配套料场和/或加工厂，其可以根据下游磷矿石使用单位的需求对磷矿石原生矿进行搭配洗选、破碎、筛分等，发行人向经销商采购磷矿石可以约定杂质指标，从而有效避免采购的磷矿石不符合生产需求情形。

② 发行人采购磷矿石对品位、杂质含量有一定的要求，但不同矿山在不同时间段开采的磷矿石规格差异较大，因此若直接向矿山经营者采购磷矿石，则需要发行人投入一定的人力资源以长期跟踪开采磷矿石的质量情况。而通过向经销商采购磷矿石，发行人仅需与相关磷矿石经销商进行对接，由其寻找符合发行人生产需要的磷矿石矿源，有效节约了发行人人力成本投入。

③ 矿山经营者销售磷矿石基本要求付款方式为先款后货，但发行人从经销商采购磷矿石则可以有一定的账期，从而有利于发行人进行营运资金筹划。

④ 私营矿山经营者销售磷矿石的结算方式较为灵活，没有明确的内部控制要求，但发行人从经销商采购磷矿石则要求全部采用银行转账的方式，且必须"货物流、发票流、资金流"三流一致，发行人从经销商采购磷矿石能够有效避免合规性风险。

此外，如前所述，为享受小规模纳税人的税收优惠政策，部分磷矿石经销商的合伙人会在投资成立公司制主体之外，再分别成立个体工商户，与公司制主体一并开展磷矿石贸易。

通常情况下，公司制的一般纳税人主体销售磷矿石适用增值税税率为13%，个体工商户主体销售磷矿石适用增值税税率为3%、1%。在部分磷矿石经销商既控制公司制主体亦控制个体工商户主体的情况下，其分别与发行人签订磷矿石销售合同时，同一时期、相近品质的磷矿石的不含税售价基本相同。

（2）煤炭。

发行人柴煤主要用于白肥烘干，有烟煤主要用于DCP和MCP（含MDCP）烘干，无烟煤主要用于生产活性氧化钙。基于以下原因，发行人基本以小规模、多批次形式向小型煤炭贸易商进行采购：

①报告期各期，发行人对煤炭的实际采购量合计仅7.34万吨、6.91万吨、5.34万吨，在产业链上需求量较小，且逐年减少，因此对大型煤炭供应商的议价能力有限。

②与磷矿石采购类似，通过向经销商采购亦可以隔离风险、节约人力成本并争取"先货后款"的运营资金筹划。

同样为享受小规模纳税人的税收优惠政策，部分煤炭经销商的合伙人亦会在成立公司制主体之外，再选择成立个体工商户，以小规模纳税人的身份进行煤炭贸易，降低售价，提高煤炭贸易的市场竞争力。

（3）硫铁矿。

报告期内，发行人硫铁矿核心供应商为广东广业云硫矿业有限公司、普洱山海工贸有限公司等大型公司制主体企业，虽供应稳定，但存在单个合同批次量大，供货周期长等特点。因铁精粉系发行人硫铁矿制酸产线的重要副产品，当发行人为保证铁精粉品质对硫铁矿配矿使用时，凭借订单小、硫铁矿品位规格多样以及决策程序快捷等优势，小型硫铁矿供应商可以快速响应发行人的硫铁矿采购需求。

与磷矿石、煤炭采购类似，通过向经销商采购亦可以隔离风险、节约人力成本并争取"先货后款"的运营资金筹划。同样为享受小规模纳税人的税收优惠政策，部分小规模的硫铁矿贸易商亦选择成立个体工商户，以小规模纳税人身份进行硫铁矿贸易，降低售价，提升硫铁矿贸易的市场竞争力。

（4）运费。

物流行业的上游为运输车队，部分物流企业具备自有车辆需要外聘驾驶员、部分物流车队系驾驶员带车加盟，营改增后，如果物流企业不能取得足够的增值税进项税额，其物流收入的税收负担会有所增加，因此小型物流企业多以个体工商户形式成立，以小规模纳税人的身份提供物流运输服务。

磷矿、煤炭、硫铁矿、运输，说到底，这些费用都很难取得增值税发票。所以，说了这么多，总结起来就是一句话，那些来源分散、上游多半不合规、较难取得发票的情况，就比较适合用个体工商户集群采购。

关于问题2，通常情况下，采购方作为增值税一般纳税人，销项税率为13%，而个体工商户往往只能开出1%或3%的增值税专用发票，进销项严重不匹配导致采购方增值税税负仍然过高。应如何解决？

天宝营养的公告披露如下：

个体工商户相对于一般企业供应商的主要优劣势。

（1）主要优势。

在"免征增值税产品生产企业"与"小规模纳税人主体"的合作模式下，发行人向个体工商户供应商采购商品与服务，一方面，个体工商户供应商能够有效享受小规模纳税人的税收优惠，缓解其经营压力；另一方面，亦契合了磷酸钙盐饲料添加剂免征增值税的产品特点，有利于发行人降低生产成本。

（2）主要劣势。

根据税法相关规定，单个个体工商户享受小规模纳税人税收优惠的年度交易上限为500万元，为享受小规模纳税人的税收优惠政策，部分供应商团队成员及其亲属除成立公司制主体外，亦会成立相对较多经营部与发行人进行交易，造成发行人供应商中个体工商户相对较多的表象。

上文讲得很清楚，劣势问题的确存在。该企业免税，至于其他企业，还是先把企业所得税税前扣除的问题解决吧。增值税进项税额是可以通过销售价格进行转嫁的。毕竟，解决一部分也比一点解决不了强。

问题3：个体工商户普遍在税务管理上不够规范，如何有效管理与增值税发票紧密相关的货物流、资金流、发票流，并杜绝发票风险？

从天宝营养的公告所披露的内容来看，这个问题已经解决：

如前所述，发行人将个体工商户供应商按照同一实际控制人合并计算的模式进行管理，相关货物流、发票流、资金流情况，与公司制供应商采用相同的管理方式：

（1）发行人与个体工商户供应商签订采购合同后，根据合同约定的发货时间安排，无论个体工商户供应商送货或发行人自提，发行人均以附有与合同相对方相同的发货人送货单据作为结算单据的附件。

（2）在结算时，发行人根据原材料入库、化验情况与合同相对方确认某时间段内采购/运输数量、采购/运输单价、结算金额后，由合同相对方开具相应的发票。

（3）发行人按照合同约定，将采购价款按期向合同相对方名义开立的账户支付货款。

（4）报告期内，发行人向个体工商户供应商采购货物、物流运输服务均由合同相对方作为发货人/承运人，结算确认相关单据均由合同相对方签章，发票均以合同相对方名义开具，发行人不存在向合同相对方之外的第三方付款情形，相关"货物流、发票流、资金流"三流一致。

问题4：如何保证众多个体工商户对法律和日常财税的处理的稳定性？天宝营养的公告所披露的内容是这样解答的：

（1）磷矿石相关产业政策、环保政策、市场供求关系、价格变动情况不会对发行人磷矿石采购稳定性、经营可持续性产生重大不利影响，但会影响发行人的原材料采购成本，发行人已在招股说明书进行风险提示。

（2）发行人存在较多个体工商户供应商具有合理性；报告期内，发行人主要个体工商户供应商的经营规模与其经营者或其经营者的家庭财产实力相匹配；发行人已将个体工商户供应商纳入合格供应商管理制度等内控制度进行有序管理；发行人向个体工商户供应商采购相关"货物流、发票流、资金流"三流一致。

（3）发行人报告期内向个体工商户供应商采购金额和占比、主要个体工商户供应数量按采购金额分布和变动，以及主要个体工商户供应商的基本情况等均不存在异常，发行人对于主要个体工商户供应商按照同一控制下供应商合并计算、管理，结合各类原材料市场供求情况，发行人的主要供应商能够持续向发行人提供原材料及物流服务。

（4）发行人主要个体工商户供应商的磷矿石来源合法合规，磷矿石终端来源的矿山经营企业依法存续，生产规模较大，采矿许可证的剩余有效期较长，能够保障发行人的磷矿石采购稳定性。

（5）发行人向个体工商户采购原材料价格具有公允性。

（6）向志刚控制经营实体与发行人合作业务真实，交易价格公允，其主要为发行人提供服务具有合理性；周荣超与向志刚资金往来系偶发性的经营借款，已及时还款并按照约定支付利息；除向志刚外，发行人、实际控制人或其控制的关联方与个体工商户及其经营者之间不存在其他资金往来或利益安排。

（7）发行人部分个体工商户供应商在设立后较短时间内注销主要系其根据自身经营发展需要而做出的商业行为，注销原因均具有商业合理性，发行人与其进行的交易真实。

向个体工商户集群采购，解决问题的同时如何做好税务风险管理，天宝营养的上述公告将我们提出的四大问题全部解决。向学霸"取经"的感觉真好！

四、上游开票方异常时，如何守住进项税额？

提问：企业上市过程中最大的税务"拦路虎"是什么？

回答：税务违法，尤其是发票违法。

我国发票管理制度中有"善意取得"（也叫"被动虚取"）的概念，即针对真实发生过的采购或服务，供应商虚开发票的情形。

设想一下，你正在紧锣密鼓地筹备上市，结果"人在家中坐，祸从天上来"。你突然收到税务局的通知：上游开票方涉嫌虚开发票，或显示非正常。你方取得的发票需要全部进项税额转出，涉及转出增值税进项税额7,000万元。同时，这极有可能影响到上市进程。

如果我们遇到这种情况，该如何守住进项税额，进而确保上市顺利推进呢？（笔者要强调一点，想解决这种情况的前提是你的采购业务是真实发生的，无恶意取得的情况。）

让我们看两则成功守住进项税额的经典案例。

（一）渝三峡A

本案横跨2018、2019两个年度。其间，渝三峡A在完全没有文件支持的劣势下，三次发布公告，处理方法有理有据。最终成功保住进项税额22,308,274.81元。绝对堪称经典。让我们看看它是怎么做的。

1.第一阶段（2018年6月—2019年4月）。

《渝三峡A关于全资子公司重庆渝三峡化工有限公司收到税务事项通知书的公告》（2018.6.29）详细披露如下：

渝三峡A于2018年6月27日收到重庆市江津区国家税务局稽查局《税务事项通知书》（江津国税稽通〔2018〕8号），通知内容：

重庆市江津区国家税务局稽查局收到福建省福州经济技术开发区国家税务局稽查局协查通知，据初步了解，系福建省传祺能源科技有限公司开具的增值税专用发票上下游商品品名不一致，为虚开增值税专用发票，从而造成重庆市江津区国家税务局稽查局认为化工公司取得的、已认证抵扣的、由福建省传祺能源科技有限公司开具的增值税专用发票被证实为虚开，其进项税额不得从销项税额中抵扣。其中涉及化工公司2016年8月及12月取得的增值税专用发票132份，发票金额131,225,144.26元（不含税），涉及增值税22,308,274.81元。

设想一下，如果你是渝三峡A，此时此刻你会怎么办？转出，还是不转出？

面对这一突发的税务事项，渝三峡A没有做转出或不转出的决定，只是发了一个公告：

此次接到通知后，公司将会同律师、年审会计师等中介机构积极与税务部门联系沟通，并研究处理方案，评估该事项可能对公司产生的影响。由于该事项尚存在一定的不确定性，公司将根据上述事项的进展，及时履行信息披露义务。敬请投资者关注公司后续公告并注意投资风险。

兹事体大，待老夫研究研究，你们先别急，"让子弹飞一会儿"。

这一"飞"，就是大半年过去了。

2.第二阶段（2019年4月—2019年7月）。

2019年4月24日，渝三峡A发布补充公告如下：

公司对《关注函》中提及的问题进行了认真分析及核查，就相关事项向深圳证券交易所进行了回复，具体内容详见公司于2018年7月11日发布的《关于深圳证券交易所回复的公告》，公告编号2018-028。自2018年6月27日收到重庆市江津区国家税务局稽查局（现重庆市江津区税务局第二税务所）出具的《税务事项通知书》（江津国税稽通〔2018〕8号）后，公司及化工公司人员、会计师事务所、专项律师对涉税事项于2018年7月13日走访福州市经济开发区国税稽查局，据福州市经开区国税稽查局介绍，福建省某祺能源科技有限公司（以下简称"福建某祺公司"）是在有真实货物交易情况下涉及偷逃消费税，福州市经开区国税稽查局已经向福建某祺公司出具涉案处理决定书和处罚决定书（下称"两书"），该两书已下发至福建某祺公司，两书主要内容包括：（1）虚开增值税发票行为罚款50万元，并移交公安机关；（2）追缴消费税。化工公司取得的增值税专用发票所涉的增值税已完税。重庆市江津区税务局第二税务所于2019年1月、2月分别向化工公司相关人员再次询问相关情况并调取交易过程中的资料。2019年3月重庆市江津区税务局第二税务所人员前往山东、江苏，前往化工公司的下游贸易合作企业调查取证，补充调查资料，目前相关取证工作已基本完成，并形成补充资料上报重庆市税务局第五稽查局，重庆市税务局第五稽查局审理科目前正对补充资料以及原有调查材料进行审理核查，截至目前审理核查工作尚未有结果。

披露鉴于目前税局审理核查尚未最终出结果、且未强制要求公司将上述不能抵扣的进项税转出，暂不按税务事项通知书要求转出处理，待正式文件下达后按文件要求处理。

公告的最后一句最显功力。

渝三峡A的意思是：经过我们研究发现，第一，我们的业务是真实的，只是发票有问题；第二，税务机关还在对本案调查中，并未完全结束，也未定性；第三，税务机关只是给我发了一个《税务事项通知书》，它不具有行政强制力，仅起到通知作用。所以我认为，税务机关并没有强制我进行转出。

所以，再等等，再等等，"让子弹再飞一会儿"。

这一飞，又过了三个月。

3.第三阶段（2019年7月）。

2019年7月4日，渝三峡A再次发布公司涉税事项的报告，公布了其子公司涉税事项的稽查结论。具体内容如下：

1.2019年7月3日化工公司收到国家税务总局重庆市税务局第五稽查局《税务稽查结论》（渝税五稽结〔2019〕100046号），税务稽查结论如下："重庆渝三峡化工有限公司（纳税人识别号：9150011634598 0067T）：经对你（单位）2015年1月1日至2017年12月31日期间与福建省某祺能源科技有限公司业务往来情况的检查，未发现税收违法问题。"

2.税务稽查结论对公司的影响。按照税务稽查结论，化工公司与福建省某祺能源科技有限公司的贸易业务往来中不存在涉嫌接收虚开增值税专用发票情况，因此化工公司所获得增值税进项税发票已经认证并按规定进行抵扣，出具的稽查结论不会对公司损益造成影响。

渝三峡A这两波"让子弹飞一会儿"看上去云淡风轻，实则是建立在对税务文书效力、税务稽查处理程序的充分研究、与税务机关保持良好沟通的基础之上的。尤其厉害的是，本案发生时，专门处理此类事项的《国家税务总局关于异常增值税扣税凭证管理等有关事项的公告》（国家税务总局公告2019年第38号）并未开始执行。

2019年11月，这份38号公告出台，给遇到此类事件的企业指出了处理办法：

纳税人对税务机关认定的异常凭证存有异议，可以向主管税务机关提出核实申请。经税务机关核实，符合现行增值税进项税额抵扣或出口退税相关规定的，纳税人可继续申报抵扣或者重新申报出口退税；符合消费税抵扣规定且已缴纳消费税税款的，纳税人可继续申报抵扣消费税税款。

也就是说，纳税人再遇到类似的事情，是可以主动提请核实的，而不是立即做转出处理。有了38号公告的支持，企业再打"进项税额保卫战"时，就有底气得多了。

（二）远大控股

远大控股曾于2019年12月12日发布公告披露：

远大产业控股股份有限公司全资子公司远大物产集团有限公司的控股子公司远大生水资源有限公司（以下简称"远大生水"）于2019年12月10日收到国家税务总局宁波国家高新技术产业开发区税务局《税务事项通知书》（税务通〔2019〕060号），通知主要内容如下：

你（单位）收到的增值税专用发票（发票明细见附件），已被开票方企业主管税务机关列入异常凭证范围。请你（单位）对所取得的上述异常凭证，尚未申报抵扣或申报出口退税的，暂不允许抵扣或办理退税；已经申报抵扣的，一律先在申报期内作进项税额转出处理；已经办理出口退税的，我局将按照异常凭证所涉及的退税额对你（单位）其他已审核通过的应退税款暂缓办理出口退税，无其他应退税款或应退税款小于涉及退税额的，可由你（单位）提供差额部分的担保。如你（单位）对认定的异常凭证存有异议，请在20个工作日内向我局提出核查申请，并提交业务合同、银行凭证、运输仓储证明等有关说明材料。

有了38号公告，企业可以向主管税务机关提出核实申请。而远大控股正是这样做的。公告继续披露：

经公司自查，远大生水向上海政宏国际贸易有限公司采购的上述货物分别销售给98家下游客户。在交易中，远大生水与上游供应商、下游客户存在真实的价格议价和资金收付过程，货物的出入库手续完备，并按合同约定向上游供应商收取增值税进项发票，向下游客户开具增值税销项发票，远大生水所获得增值税进项税发票已经认证并进行了抵扣。上述交易是遵循各方基于真实意愿所签订的合同约定履行的，公司目前未发现交易中存在违法、不真实的情况。公司已向国家税务总局宁波国家高新技术产业开发区税务局提出核查申请，并提交了业务合同、银行凭证、运输仓储证明等有关说明材料。

不言而喻，38号公告出台后，远大控股的处理方式明显比渝三峡A更从容。

功夫不负有心人。远大控股2020年4月15日发布公告披露：

全资子公司远大物产集团有限公司的控股子公司远大生水经提供合同、资金、仓储物流等协查资料，申请主管税务机关核查，已于2020年4月14日收到宁波高新技术开发区税务局《税务事项通知书》（高税通〔2020〕1469号），通知主要内容如下：

"你（单位）收到的异常凭证（发票金额445,082,407.29元，涉及增值税75,664,009.38元），已被开票方主管税务机关解除。"

上游开票方异常时，如何守住进项税额？只要你的业务是真实的，一定要拿起《国家税务总局关于异常增值税扣税凭证管理等有关事项的公告》（国家税务总局公告2019年第38号）这个有力工具，维护自己的进项税额抵扣权益。

第五章　生产运营

一、上市前出现大规模欠税怎么办？

先看一则公告。

SOHO中国于2023年8月18日发布《2023年度中期业绩公告》，披露如下：

本公司的一家子公司北京望京搜候房地产有限公司（以下简称"北京望京公司"）于2022年8月收到当地税务机关的税项缴纳通知，要求其在2022年9月1日前支付望京SOHO项目塔1和塔2的相关土地增值税人民币1,733,334,000元，自税款滞纳之日起按日加收滞纳税款万分之五的滞纳金。于2023年6月30日，已支付土地增值税人民币30,600,000元，尚有人民币1,986,243,000元的土地增值税和相关滞纳金未被偿付。

…………

此外，根据《中华人民共和国税收征收管理法》，当地税务机关可能采取其他强制措施，包括但不限于扣押、查封、依法拍卖或变卖相关物业，以及就滞纳土地增值税处以不缴或者少缴的税款百分之五十以上五倍以下的罚款。

上面公告所谓"强制措施"，宛如"欠税版独孤九剑"。措施具体如下：

（一）责令限期缴纳或解缴税款

《中华人民共和国税收征收管理法实施细则》第七十三条规定，从事生产、经营的纳税人、扣缴义务人未按照规定的期限缴纳或者解缴税款的，纳税担保人未按照规定的期限缴纳所担保的税款的，由税务机关发出限期缴纳税款通知书，责令缴纳或者解缴税款的最长期限不得超过15日。

（二）逾期仍未缴纳可以采取强制执行措施

《中华人民共和国税收征收管理法》第四十条规定，从事生产、经营的纳税人、扣缴义务人未按照规定的期限缴纳或者解缴税款，纳税担保人未按照规定的期限缴纳所担保的税款，由税务机关责令限期缴纳，逾期仍未缴纳的，经县以上税务局（分局）局长批准，税务机关可以采取下列强制执行措施：

1.书面通知其开户银行或者其他金融机构从其存款中扣缴税款。

2.扣押、查封、依法拍卖或者变卖其价值相当于应纳税款的商品、货物或者其他财产，以拍卖或者变卖所得抵缴税款。

税务机关采取强制执行措施时，对前款所列纳税人、扣缴义务人、纳税担保人未缴纳的滞纳金同时强制执行。

个人及其所扶养家属维持生活必需的住房和用品，不在强制执行措施的范围之内。

（三）阻止出境

《中华人民共和国税收征收管理法》第四十四条规定，欠缴税款的纳税人或者他的法定代表人需要出境的，应当在出境前向税务机关结清应纳税款、滞纳金或者提供担保。未结清税款、滞纳金，又不提供担保的，税务机关可以通知出境管理机关阻止其出境。《中华人民共和国税收征收管理法实施细则》第七十四条规定，欠缴税款的纳税人或者其法定代表人在出境前未按照规定结清应纳税款、滞纳金或者提供纳税担保的，税务机关可以通知出入境管理机关阻止其出境。阻止出境的具体办法，由国家税务总局会同公安部制定。

（四）对纳税人采取转移或者隐匿财产的手段，妨碍税务机关追缴欠税的处理、处罚及惩戒措施

1.《中华人民共和国税收征收管理法实施细则》第六十五条规定，纳税人欠缴应纳税款，采取转移或者隐匿财产的手段，妨碍税务机关追缴欠缴的税款的，由税务机关追缴欠缴的税款、滞纳金，并处欠缴税款百分之五十以上五倍以下的罚款；构成犯罪的，依法追究刑事责任。第七十二条规定，从事生产、经营的纳税人、扣缴义务人有本法规定的税收违法行为，拒不接受税务机关处理的，税务机关可以收缴其发票或者停止向其发售发票。

涉嫌构成逃避追缴欠税罪案件移送标准：

《最高人民检察院、公安部关于公安机关管辖的刑事案件立案追诉标准的规定（二）》（2022年4月29日发布）第五十四条规定，〔逃避追缴欠税案（刑法第二百零三条）〕纳税人欠缴应纳税款，采取转移或者隐匿财产的手段，致使税务机关无法追缴欠缴的税款，数额在一万元以上的，应予立案追诉。

《中华人民共和国刑法》第二百零三条规定，纳税人欠缴应纳税款，采取转移或者隐匿财产的手段，致使税务机关无法追缴欠缴的税款，数额在一万元以上不满十万元的，处三年以下有期徒刑或者拘役，并处或者单处欠缴税款一倍以上五倍以下罚金；数额在十万元以上的，处三年以上七年以下有期徒刑，并处欠缴税款一倍以上五倍以下罚金。

2.根据《关于对重大税收违法案件当事人实施联合惩戒措施的合作备忘录（2016版）》（发改财金〔2016〕2798号）和《重大税收违法失信主体信息公布管理办法》（国家税务总局令第54号）规定，纳税人欠缴应纳税款，采取转移或者隐匿财产的手段，妨碍税务机关追缴欠缴的税款，欠缴税款金额100万元以上的，达到"重大税收违法失信案件"标准，税务机关将按照规定，向社会公布重大税收违法失信案件信息，并将信息通报相关部门，共同实施严格监管和联合惩戒。

3.根据发改财金〔2018〕385号（限制失信人乘坐航空）和发改财金〔2018〕384号（限制失信人乘坐火车）规定，对有履行能力但拒不履行的重大税收违法案件当事人限制乘坐火车和飞机。对上述行为责任人限制乘坐火车高级别席位，包括列车软卧、G字头动车组列车全部座位、其他动车组列车一等座以上座位。

（五）与金融机构协作

《中华人民共和国税收征收管理法》第七十三条规定，纳税人、扣缴义务人的开户银行或者其他金融机构拒绝接受税务机关依法检查纳税人、扣缴义务人存款账户，或者拒绝执行税务机关作出的冻结存款或者扣缴税款的决定，或者在接到税务机关的书面通知后帮助纳税人、扣缴义务人转移存款，造成税款流失的，由税务机关处十万元以上五十万元以下的罚款，对直接负责的主管人员和其他直接责任人员处一千元以上一万元以下的罚款。

（六）进行欠税公告

根据《中华人民共和国税收征收管理法实施细则》第七十六条规定，县级以上各级税务机关应当将纳税人的欠税情况，在办税场所或者广播、电视、报纸、期刊、网络等新闻媒体上定期公告。对纳税人欠缴税款的情况实行定期公告的办法，由国家税务总局制定。

（七）纳税人信用等级评价

根据《国家税务总局关于明确纳税信用管理若干业务口径的公告》（国家税务总局公告2015年第85号）规定：

1.欠税5万元以上的纳税人处置其不动产或大额资产之前未向税务机关报告，扣11分。

2.欠税一次扣5分。

3.欠税5万元以上的（含）扣11分，欠税5万元以下的扣3分。

4.纳税人存在逃避追缴欠税行为经判决构成涉税犯罪的，或者未构成犯罪，但存在逃避追缴欠税行为，已缴纳税款、滞纳金、罚款的，纳税信用等级直接判为D级。

（八）行使代位权、撤销权

《中华人民共和国税收征收管理法》第五十条规定，欠缴税款的纳税人因怠于行使到期债权，或者放弃到期债权，或者无偿转让财产，或者以明显不合理的低价转让财产而受让人知道该情形，对国家税收造成损害的，税务机关可以依照合同法第七十三条、第七十四条的规定行使代位权、撤销权。税务机关依照前款规定行使代位权、撤销权的，不免除欠缴税款的纳税人尚未履行的纳税义务和应承担的法律责任。

（九）参与清算，申报税收债权

根据《国家税务总局关于税收征管若干事项的公告》（国家税务总局公告2019年第48号，以下简称48号公告）规定：

1.税务机关应代表国家行使债权人权利，参与清算，按照法定偿债程序将税款征缴入库。欠税人有合并、分立等变更行为的，税务机关应依法认定欠税的归属。

2.税务机关在人民法院公告的债权申报期限内，向管理人申报税收债权范围，包括企业所欠税款（含教育费附加、地方教育附加，下同）、滞纳金、罚款，以及因特别纳税调整产生的利息。

3.税收债权金额的计算，企业欠缴税款、滞纳金、罚款，以及因特别纳税调整产生的利息，以人民法院裁定受理破产申请之日为截止日计算确定。

4.税务机关按照《企业破产法》相关规定申报。根据《中华人民共和国税收征收管理法》第四十五条，税收优先于欠缴税款发生之后的担保债权；企业破产法中，有担保的债权优先受偿，剩余财产在优先清偿破产费用和共益债务后，再按规定顺序清偿。为更好保护其他债权人利益，促进市场经济发展，明确税务机关按照《企业破产法》相关规定进行申报。

5.滞纳金、因特别纳税调整产生的利息按照普通债权申报。根据《企业破产法》及《最高人民法院关于税务机关就破产企业欠缴税款产生的滞纳金提起的债权确认之诉应否受理问题的批复》（法释〔2012〕9号），破产企业在破产案件受理前因欠缴税款产生的滞纳金属于普通破产债权，与其他普通债权处于同等地位，按照比例进行分配受偿。为进一步方便破产企业、管理人、基层税务机关执行操作，48号公告明确税务机关申报的滞纳金、因特别纳税调整产生的利息按照普通破产债权申报。

"欠税版独孤九剑"会封你房、扣你货、冻结你账户、限你出境、削你名声、降你信用、打你股价、收你债权……就算你注销我也参与清算。笔者好像嗅到了一丝"伤害性不小，侮辱性极强"的味道。

话说回来，SOHO中国毕竟是已上市公司，万一在上市过程中出现大额欠税该怎么办呢？

企业在上市前补缴税款的情况普遍存在，主要欠税类型有以下3种：一是清理出来的历史欠税、漏税；二是因内外账合一而产生的欠税；三是因股改而产生的欠税。

根据《国家税务总局关于纳税信用修复有关事项的公告》（国家税务总局公告2019年第37号）规定：

纳税人因企业上市、境外投标等需要，确需开具《无欠税证明》的，均可以向主管税务机关申请办理。（《无欠税证明》开具为依申请事项）

通常来说，对于数量少且能够合理说明的补税，如税会收入成本确认差异造成的利润调整的自查补税等，除需补缴税款和滞纳金外，一般不会进行税务处罚。但对于大额且不能合理说明理由，或涉嫌严重违法违规的补缴税款，属于内部控制存在重大缺陷或重大税收违法行为的，成为企业上市审核时的实质性障碍。

好买卖不差在税上，差在税上的一定不是好买卖。各位专注于上市的企业家朋友，请千万引以为戒，做好自己的欠税管理。须知税本身不是问题，后边那独孤九剑，剑剑要的都是一个上市项目的老命。

二、对比三个上市公司公告，看看"实质经营"如何掌握

随着国内税收优惠地越来越多，利用"税收洼地"避税的现象也越来越多。这种操作方式在某种程度上已经严重侵蚀了税基，扰乱了正常的征管秩序。近期出台的几个重要税收征管文件下了很大力度整治这种打"擦边球"的行为。

先是2021年年初，中办、国办联合下发的《关于进一步深化税收征管改革的意见》中明确指出：对转移利润以及利用"税收洼地""阴阳合同"和关联交易等逃避税的行为，加强预防性制度建设，加大依法防控和监督检查的力度。

之后是国家税务总局在年度稽查工作意见中指出：重点查处虚开（及接受虚开）发票、隐瞒收入、虚列成本、利用"税收洼地"和关联交易等恶意税收筹划以及利用新型经营模式逃避税等涉税违法行为。

以上两个重要文件均提到"税收洼地"。同时，"恶意税收筹划"的概念也首次被提出。那么，何为"恶意税收筹划"呢？我们先来看一个上市公司的公告。

四方新材于2021年2月18日发布招股意向书附录披露：

公司接受非关联方朱明控制的公司通过不同主体供应河砂。朱明控制的河砂贸易企业享受当地招商引资税收优惠，这些公司均注册在重庆市潼南区、不需要具备特殊资质，亦无生产设备、人员等要求。根据潼南县人民政府《潼南县招商引资优惠政策》（潼南府发〔2012〕18号）："三、财政政策。（一）增值税。投资项目自纳税年度起，3年内缴纳增值税县级分成部分的50%安排给企业，用于企业扩大再生产。（二）所得税。投资项目自纳税年度起，缴纳企业所得税县级分成部分，第1～3年按100%安排给企业，第4～5年按50%安排给企业，用于企业扩大再生产。"

本公告中，上市公司四方新材的重要原材料是河砂。众所周知，河砂这类产品根本就没有发票，这是多年以来的痼疾，基本就是无解的问题。对于上市公司

来说，原材料成本根本就没有发票，莫说税务上，就是财务上也是没法交代的，所以它必须解决发票问题。那怎么解决呢？

成立"采购平台"。

所有河砂的对外采购工作均由该新成立的"采购平台"完成，并全部卖给上市公司。这样一来，上市公司有了成本发票，而且保证发票安全。所有矛盾被下移到采购平台，而采购平台享受了重庆当地的税收优惠政策，虽然多交了税，但是可以享受一部分优惠政策。

问题是，潼南县就是"税收洼地"，上市公司和采购平台就是关联交易，这算不算"恶意避税"？

我们再来看第二个公告。

中国黄金于2021年1月19日发布招股意向书附录披露：

公司下属有9家全资子公司和2家控股子公司，仅中金珠宝昆明（全资子公司）企业所得税执行西部大开发优惠税率——依据昆发改规划〔2017〕556号，自2016年1月1日起享受15%的所得税税率优惠政策。公司称，中金珠宝昆明的主营业务为店面零售、大客户金条批发、原料金批发，符合《产业结构调整指导目录》"鼓励类"第三十三项"产贸服务业"第5款"商贸企业的统一配送和分销网络建设"，目前的业务实质与税收优惠政策相符，不存在转移定价被处罚的风险。

中国黄金的做法正相反，它是把"销售平台"放在了昆明这个"税收洼地"，那么，这算不算"恶意避税"？

这就涉及认定"恶意避税"的根本点——实质经营！

究竟何为实质经营呢？海南自由贸易港政策的表述恐怕最具体。《关于海南自由贸易港鼓励类产业企业实质性运营有关问题的公告解读》中明确：注册在自贸港的居民企业，从事鼓励类产业项目，并且在自贸港之外未设立分支机构的，其在自贸港应同时具备生产经营、人员、账务、资产等四要素，属于在自贸港实质性运营。

上述4个要素中：

1.生产经营在自贸港，是指居民企业在自贸港有固定生产经营场所，且主要生产经营地点在自贸港，或者对生产经营实施实质性全面管理和控制的机构在自贸港。

2.人员在自贸港，是指居民企业有满足生产经营需要的从业人员在自贸港工作，且与居民企业签订1年以上劳动合同或聘用协议。

3.账务在自贸港，是指居民企业的会计凭证、会计账簿、财务报告等会计档案资料存放在自贸港，居民企业的主要银行结算账户开立在自贸港。

4.资产在自贸港，是指居民企业拥有资产所有权或使用权并实际使用的资产在自贸港，且与企业的生产经营相匹配。

综上所述，判断是否构成"实质经营"，就看这四个要素是不是在"税收洼地"。总而言之，共32个字："经营场所、关键机构；经营人员、一年合同；会计档案、银行账户；资产权属、匹配经营。"

上面提到的两家公司，实在应该参照一下这个文件，相应地做好这4个要素的准备工作，方可有备无患。否则，就可能出现如下公司这样的反面案例。

深圳税务官网于2020年6月8日发布深税稽处〔2020〕242号文书送达公告，披露深圳某广告公司在新疆霍尔果斯经济开发区设立全资控股公司霍尔果斯星美公司，深圳公司和霍尔果斯星美公司均属于星美控股集团（香港上市公司，代码00198.HK）成员企业，均取得星美控股集团有限公司授权，经营广告相关业务，也即是有权在星美控股集团旗下所有影城发布映前广告、阵地广告等营销活动。2015年至2017年深圳公司申报营业收入合计38,710,886.29元，缴纳企业所得税合计48,695.77元；同期霍尔果斯星美公司申报营业收入合计796,402,729.76元，由于霍尔果斯星美公司享受财税〔2011〕112号企业所得税优惠政策,申报减免所得税额合计92,427,105.2元,缴纳企业所得税0元。

深圳公司和霍尔果斯星美公司从事的业务相同,也均由星美控股集团整合营销部完成,霍尔果斯星美公司仅注册登记两名财务人员,日常并无实际业务人员在霍尔果斯市从事主营业务相关工作,其业务运作主要由集团其他人员履行。稽查局认定,深圳公司将收入以及利润转移至霍尔果斯星美公司,实现享受税收优惠的目的。深圳稽查局根据《征管法》第三十五条第一款第(六)项规定,核定将霍尔果斯星美公司2015年至2017年收入合计661,540,755.15元调整至深圳公司,调整后深圳公司2015年至2017年收入合计700,251,641.44元,并对公司按照30%应税所得率核定企业所得税、追缴2015—2017年所得税合计5,247.02万元,并加收滞纳金、未予处罚。

这正是:税收洼地好好好,小心被罚无处跑。实质经营有要求,四项内容不可少。

第六章　市场营销

一、大量收入不开发票，"金税四期"可能遇到的第一个尴尬

有这样一个故事，讲的是当年印度毒蛇泛滥，政府鼓励人们捕蛇，每上交一条蛇给予相应奖励，于是男女老少纷纷加入捕蛇大军。按说这毒蛇应该迅速被捕完才对，结果却越捉越多。因为老百姓知道捕蛇有奖励，开始大量饲养毒蛇，于是越奖励，毒蛇越多。

改革总有阵痛。一项新政策施行后，却收到目标之外的回应，这样的事情屡见不鲜。"金税四期"也面临着实际中企业按上有政策、下有对策方式应对的问题。

敷尔佳于2023年3月30日发布公告披露：

2018—2022年，公司未开票收入分别为11,948.78万元、36,644.81万元、47,939.30万元、17,177.40万元及0.00万元，占收入的比重分别为31.99%、27.30%、30.25%、10.41%及0.00%，累计高达113,710.29万元。主要系部分客户不要求发票，发行人并未强制为其开票所致。

是什么原因让这些客户不要发票呢？其实只要对日常经营稍有了解便可知，

在C2B2C这个链条上，夹在两个C端（个人）之间的这个B端（企业）是非常无奈的。因为供销两端都没有发票。

从供应端看，由于主要是个人供应，根本就不可能取得发票，比如钢厂的原料废钢铁、再生PET的原料废旧塑料瓶、玉石制品的原料原石、造纸厂的原料废纸、紫砂壶行业产品，全部来源于个人工艺师，凡此种种，形式千差万别，但都是C2B类交易。这点我们在前面的章节里论述过，此处不再多讲。

从销售端看，也存在同样的问题，比如上面说到的敷尔佳，其主要产品是面膜这类直接的终端消费品，往往以大量的微商、个体工商户、小规模商贸公司等群体作为渠道进入终端消费者群体。

由于终端消费者全是个人，所以无票销售，私户收款，零纳税申报，这些现象屡见不鲜，如实纳税反倒成了异常。但上游厂家可是一定要开发票的，它的发票显示开给这些散户了。而销售端不开票，不申报，没有缴税，但库存没有了（因为早就卖掉了）。那么问题来了，库存账实不符的部分是不是需要解释一下呢？

散户为掩盖账实不符的问题，便想到，"既然销售端不申报，那采购端取得发票也就别往账内入了呗"。于是，散户收到厂家开具的发票后一股脑地锁进抽屉。好一出瞒天过海，神鬼不知。"滞留票"指的就是这些。

"发票电子底账系统显示你有大量的进项，但你既不认证抵扣，也不进库存，你取得的这些发票哪里去了？"税务机关拿着数据问企业。

会计一脸懵懂装糊涂："可是我没收到啊。"

有读者可能要问了，不是可以查资金流吗？可是进销两端都是通过个人账户收付的，去哪里查？

"金税四期"的实施，正是要杜绝这样的问题。

金税四期是以"数电发票"为核心，利用区块链技术，彻底实现了发票信息的"去中心化"。了解区块链技术的读者都知道，当厂家开出数电发票时，就相当于向宇宙发出了一封"摩尔斯码"电报。企业端不想收到，也得收到，这回还能怎么藏！

不过要注意的是，"既然厂家开了发票，散户就一定能收到，那就干脆让厂家别开票了。是的，敷尔佳就是这种情况。有读者可能会问，零售商说不开发票，厂家就不开吗？当然！像面膜这类直接面向个人消费者的快消品，渠道商就是厂家的上帝，地位举足轻重。笔者曾遇到某手机代理商遭到某全面实行数电发票省份全体零售商集体要求不许开发票的奇葩事件。

厂家开发票，就能证明你收到了，结果你说没收到。后来税务部门用技术让你必然收到，结果厂家不开票了。

那么，问题来了。在这种境况下，上游厂家或批发商怎么办？不开发票吧，不合法不合规，大量无票销售如何解释？开发票吧，会遭零售商集体抵制。更重要的是，若有"胆大"的竞争对手不开发票，零售渠道可能集体转投对手门下！

各位读者现在明白夹在C2B2C中间的B端的难处了吧。敷尔佳这次的答复颇见功力：

申报期内，对于未开票收入，发行人亦已在业务系统中录入相关业务销售信息，并按照财务核算规定确认为当期收入。其次，公司依法申报纳税，并定期根据财务账，将未开票收入情况在纳税申报表中进行真实、准确、完整的列示和申报，并足额、及时进行依法申报纳税。公司不存在通过调节开票以虚增收入、调节收入、偷税、漏税等情形。

公司建立了与销售发票相关的内部控制制度，公司于收到货款、完成发货后向客户开具发票，同时，按照确认收入的金额申报纳税。申报期内，存在部分不要求公司为其开具发票的客户，公司未针对相应收入开具发票。对于这部分未开票收入，公司按照收入会计政策的规定将其确认为当期收入，同时依法申报纳税，公司定期根据财务账，将未开票收入情况在纳税申报表中进行真实、准确、完整地列示和申报，并足额、及时进行依法申报纳税，不存在通过调节开票以虚增收入、调节收入、偷税、漏税等情形。

简言之，这段话的意思是，我先证明自己正常纳税了；至于下游是否偷税，那是他们的事，与我无关。

任何政策都会在实践中接受挑战，并日臻完善。虽然数电发票在刚开始实施时可能会遇到阻碍，但好的政策一定会越走越通畅的。随着数电发票的全面推广，零售商的这些小伎俩将再无市场。

敷尔佳公告的下一段内容就证明了这一点：

为加强内部控制的执行效果，自2021年8月起，除受直销平台设置原因导致部分销售无法自动开票外，公司对所有收到货款、完成发货的销售业务开具发票。

任何投机取巧都没有意义。

二、上市公司就用不到小型微利企业优惠政策吗？

提起税负规划，很多人立马会想起"税收洼地"。也难怪，"洼地"来得快，又简单，当然能吸引大多数人的目光。笔者对这种狭义的"税收洼地"从来不敢苟同，对其背后的合法性更是存疑了。单就稳定性而言，就够使用者喝一壶的。

在笔者眼中，有一个广义的税收优惠地区图谱，如下图所示：

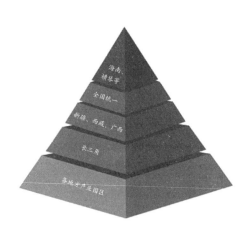

海南等先行示范区域
现代服务、高新技术、旅游业、离岸架构设计、海外投资融资等特殊优惠政策

全国统一的优惠政策
增值税、所得税下调税率，高新技术企业优惠、研发费加计扣除、特殊行业即征即退、先征后退、加速折旧、疫情特殊优惠政策等

新疆、西藏、广西壮族自治区
增值税、所得税财政奖励、核定征收、行业所得税减税免税

长三角国家、地方产业园区
个独、合伙企业核定征收，财政奖励，自然人门临代开发票，灵活用工平台的政策配套等

全国各地的地方产业园区
个独、合伙企业核定征收，财政奖励，自然人门临代开发票，灵活用工平台的政策配套等

图2　税收优惠地区图谱

图2最下面的两层，就是传统意义上的狭义"税收洼地"，其税收优惠主要表现为"个独、合伙企业核定征收""财政奖励""自然人门临代开发票""灵活用工平台的政策配套"这4类。优点是灵活，缺点是无法保证其合法性、稳定性。近期，中央政府大力打击利用"税收洼地"恶意避税的行为，并取得了显著成效，查办了诸多大案要案。

其实，不论中央是否全力打击，对于有意愿上市的公司来说，都不应该把税负管理的锚定在这些地方"税收洼地"上。因为还有上面三层更具合法性的"税收高地"可以利用。毕竟对上市公司来说，合法、稳定的税收优惠才是长远之计。

然而，少数民族自治区政策也好，全国统一的优惠政策也好，自贸港优惠政策也好，很多企业都觉得这些优惠政策跟自己没有什么关系。比如，小微企业增值税、小型微利企业所得税这两个优惠政策，看上去跟上市公司没有任何关系，毕竟能上市的公司哪个还能是小微企业呢？但是，如果我们能把观察的眼光放宽放远，就会发现大量上市公司在运用这类政策。我们来看下面的案例。

中公教育于2019年4月9日发布年报披露：

本公司存在不同企业所得税税率纳税主体，具体列示如下：

企业名称	税率	企业名称	税率
1.本公司	25%	16.新郑市中公文化传播有限公司	20%
2.中公有限	15%	17.重庆市江北区中公职业考试培训有限公司	20%
3.芜湖亚威汽车销售服务有限公司	25%	18.南宁中公未来教育咨询有限公司	25%
4.宁国市亚夏机动车驾驶员培训学校（有限公司）	25%	19.白银中公未来教育咨询有限公司	20%
5.黄山亚夏福迪汽车销售服务有限公司	25%	20.北京新德致远企业管理咨询有限公司	20%
6.巢湖亚夏凯旋汽车销售服务有限公司	25%	21.南京汇悦酒店管理有限公司	25%
7.亳州亚夏机动车驾驶员培训学校有限公司	25%	22.山东昆仲置业有限公司	25%
8.苏州博凯汽车销售服务有限公司	25%	23.三门峡市中公文化传播有限公司	20%
9.浙江中公教育咨询有限公司	25%	24.辽宁中公教育学术文化交流有限公司	25%
10.台州中公未来企业管理咨询有限公司	20%	25.辽宁中公教育科技有限公司	25%
11.北京中公新智育网络科技有限公司	20%	26.天津武清区中未教育信息咨询有限公司	25%

续表

企业名称	税率	企业名称	税率
12.呼伦贝尔市海拉尔区中公教育信息咨询有限公司	20%	27.山东中公教育科技有限公司	25%
13.锡林浩特中公未来教育咨询有限公司	20%	28.吉林市昌邑区中公教育培训学校有限公司	25%
14.乐清市乐成中公培训中心有限公司	20%	29.玉溪中公培训学校有限公司	25%
15.焦作市中公未来教育服务有限公司	20%		

很显然，这家教培行业"巨无霸"的子公司中，有超1/3适用的是小型微利企业所得税优惠政策。此外，还有中公有限适用的是高新技术企业所得税15%优惠税率。

无独有偶。百华悦邦于2018年1月上市，2018年9月其证券简称变更为"百邦科技"。百邦科技在其招股说明书中披露：

公司主营业务为手机售后服务。公司通过实体门店连锁经营和电子商务经营相结合的模式，为客户提供手机维修服务、商品销售业务、二手机回收及销售业务、增值服务业务、手机保障服务及其他相关手机服务等。作为"手机服务专家"，百华悦邦在全国20多个地市建有130余家售后服务连锁门店，形成了"实体门店+电商平台""自有渠道+运营商渠道+零售商渠道"线上线下融合发展的业务模式，能够向消费者提供全方位、多品牌的手机售后服务。

报告期内公司若干下属子公司按照小型微利企业标准享受所得额减按50%纳入应纳税所得额并按20%税率缴纳企业所得税的优惠政策。2022年，国务院将再次扩大小微企业优惠政策，小规模纳税人3%税率业务免征增值税，符合条件的小型微利企业所得税负进一步降低，上述两家企业的整体税负又将下降。

最重要的是，以上两家企业的税负管理已经和商业模式紧紧结为一体，堪称大企业税负管理之典范。其实不仅是销售，采购、服务、推广、研发等诸多经营环节均可能用到小微企业政策。

总结一下：

1.上市公司享受税收优惠，一定要从税收优惠地区图谱的上层找；至于地方税收洼地，应慎之又慎。

2.很多税收优惠政策，表面上看上市公司并不能直接享受，但可以从业务上拆分开来局部享受。

3.可以将整个业务流程拆分出许多环节，然后考量这些环节的税收政策有何不同。

4.税负管理与商业模式的顺序不可颠倒，能最大化促进商业发展的税负管理，才是好的税负管理。

三、个体工商户销售平台，如何在特殊行业里实现合理节税？

先看一个案例。祖名股份发布公告披露：

报告期各期个体工商户客户的数量、销售收入情况，如下：

单位：万元

项目	2019年度	2018年度	2017年度
个体工商户数量	1,126	1,102	1,112
个体工商户收入	53,177.94	49,787.22	49,432.96
占主营业务收入的比例	50.82%	53.27%	57.56%

第六章 市场营销

截至本招股说明书签署日，发行人经销模式下2017—2019年全部的前五名客户的基本情况如下：

序号	实际控制人	客户名称	企业类型	经营者	主营业务（仅列示国家企业信用信息公示系统披露的与公司业务相关的内容）	与发行人合作年限	主要销售商品
1	汪长娣	杭州农副产品物流中心南庄兜农产品市场徐周豆制品商行	个体工商户	汪长娣	销售：预包装食品、蔬菜、初级食用农产品（除食品药品）	自2002年开始合作	生鲜豆制品、植物蛋白饮品
2	郑学军	杭州萧山农产品批发市场郑学军豆制品摊	个体工商户	郑学军	食品销售	自2006年开始合作	生鲜豆制品、植物蛋白饮品
3	张明亮	杭州余杭中山路农贸市场张明亮豆制品店	个体工商户	张明亮	食品经营	自2010年开始合作	生鲜豆制品、植物蛋白饮品
4	周惠香	诸暨市茵香食品经营部	个体工商户	周惠香	销售：预包装食品（含冷藏冷冻食品）、散装食品（含冷藏冷冻食品）等	自2000年开始合作	生鲜豆制品、植物蛋白饮品
5	吴飞	宁波市海曙方丽蔬菜摊	个体工商户	吴飞	蔬菜的零售；食品经营	自2008年开始合作	生鲜豆制品、植物蛋白饮品
6	吴红辉	杭州九堡农副产品综合市场红辉食品店	个体工商户	吴红辉	食品经营（凭有效许可证经营）	自2008年开始合作	生鲜豆制品、植物蛋白饮品

续表

序号	实际控制人	客户名称	企业类型	经营者	主营业务（仅列示国家企业信用信息公示系统披露的与公司业务相关的内容）	与发行人合作年限	主要销售商品
7	赵晓兵	宁波市北仑区新碶亿康豆制品店	个体工商户	赵晓兵	食品经营（凭《食品经营许可证》经营），初级农产品批发	自2007年开始合作	生鲜豆制品、植物蛋白饮品
		宁波市北仑区柴桥赵晓兵食品店	个体工商户		食品经营（凭《食品生产经营登记证》经营）		

　　也就是说，祖名股份有一半以上的销售业绩是由个体工商户完成的。从税务上来说，这简直是经典的"公司+个体工商户销售平台"节税架构。

　　让我们来分析一下。假设公司收入为100，成本为80，利润则为20，那么作为有限责任公司，它的企业所得税应该是5。

　　如果我们转变一下销售模式，把直接向市场销货改为通过经销商向市场销货。交易模式就变成了：公司（80）→个体户经销商（公司自己实际控制的）（100）→客户。这样一来，公司的企业所得税就变成了0，而全部利润20被分散到了若干个体户身上。

　　按说个体工商户经销金额如此之大，早就应该适用35%生产经营所得个人所得税税率了，这样操作又是何必呢？

　　如果这样想，那就太天真了！请看这前几位个体户"经销商"的注册地址——杭州、宁波！如果读者有兴趣，可以了解一下杭州、宁波对个体工商户个人所得税的征收率，恐怕会低到惊掉您的下巴。

把利润分散到一群个体户身上，除了销售环节税负低以外，还隐藏着如下好处：

1. 与行业特点相符，商业合理性好。

2. 个体户（公司自己实际控制的）完税后流出的现金，等于投资人直接零税负完成了分红。

3. 有现金在手，高管个税、商业回扣之类的问题全被解决了。

听上去都爽歪歪。

但是，事物都具有两面性，这种"公司+个体工商户+客户"的节税架构也有其弊端：

1. 行业受限，很多行业无法采用这种方式。

2. 个体工商户销售易造成资金结算不清晰，上市时极易被否。

这就要说到国人的骄傲——移动支付了。

科技不止改变生活，同时也能改变某些行业上市的前景。以支付宝和微信为代表的快捷支付的普及，让餐饮行业和快消品行业的上市不再有实质性的障碍，上市核查成为一个可以完成的任务。而由于本案企业主营业务就是各种豆制品的销售，豆干、辣条这类保质期长的豆制产品，由个体经销商完成也是行业惯例。因此，这类企业可成功过审。

四、跨境电商模板："异国四角游戏"七大税务问题的相对最优解

对于电子商务，我们都不陌生，说来它不过是一个卖家、一个买家、一个电子商务平台、一个跨境物流服务商之间的"四角游戏"。只是一旦其中一方跨出国境，这个游戏就成了"异国四角游戏"，那剧情劲爆得多了。

我们先推导一下：本来这个游戏只有5个玩家：玩家1（内地供应商）、玩家2（国外C端客户）、玩家3（境外电商平台，如Amazon、eBay、Wish、Walmart等）、玩家4（跨境物流服务商，如中国邮政等）、玩家5（销售类主体）。它们之间的基础关系如下图所示。

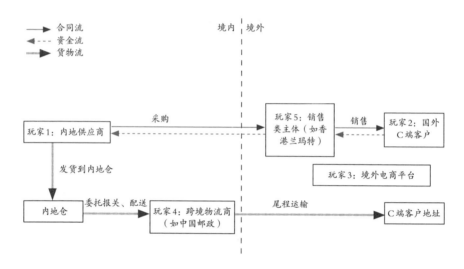

图3　电子商务各主体的基础关系

国内供应商通过境外电商平台将货物销售给国外C端客户，跨境物流服务商负责配送，这是最基本的交易方式。那么问题来了。

问题1：买家分处不同国家，由于我国有严格的外汇管制，这种频繁的跨境结算很难实现，怎么办？

于是，我们看到，这个游戏中出现了玩家5——销售类主体，将它设置在香港，就是为了利用香港特殊的金融政策解决频繁的跨境结算难题。那么问题又来了。

问题2：表面上看是内地供应商将货物销售给香港销售类主体，香港销售类主体通过境外电商平台将货物销售给国外C端客户。实际上货物是由内地供应商直接发给国外C端客户的。那么这些货物是以什么方式报关出口的呢?

问题3:不同方式下报关出口的税务政策是有区别的,内地供应商的税务处理是否正确呢?

问题4:货物到达国外C端客户手里时,需要在其所在国清关,缴纳各项进口税费,这是怎么处理的呢?

问题5:香港销售主体收到货款后,资金是如何回到境内的呢?

问题6:如果香港销售类主体通过与内地供应商交易的方式将资金汇回境内,那么交易价格是否公允呢?是否存在向香港转移利润的避税问题呢?

以上六大税务问题,构成了跨境电子商务税务合规的关键环节。赛维时代与绿联科技发布的一系列公告,向我们展示了它们的处理方式,下面我们具体分析一下。

关于问题1:买家分处不同国家,由于我国有严格的外汇管制,这种频繁的跨境结算很难实现,怎么办?公告是这样解释的:

在资金归集方面,公司产品主要以境外B2C销售为主,涉及国家众多、客户极为分散、外汇收支较为频繁。基于资金归集的便利性考虑,公司以香港兰玛特作为境外收款主体,负责销售资金回款的归集,然后定期以内部交易的形式将资金汇回境内。

关于问题2中的这些货物是以什么方式报关出口的,公告的解释就十分有趣了:

根据发行人出具的说明,发行人出口方式包括一般贸易和直邮模式,其中以一般贸易为主,少量为直邮模式。直邮模式下,在报告期前期发行人主要采取邮政小包模式,2020年下半年开始转换为直邮9610模式,并已于2020年底切换完毕。

也就是说,这些货物前后期采用了不一样的处理方式。那么关于问题3,不同方式下报关出口的税务政策是有区别的,内地供应商的税务处理是否正确呢?对于前期以小件直邮的方式出境，由于无法取得报关单，只能视同内销，在内地缴纳增值税，公告继续披露：

邮政小包模式下，由子公司香港兰玛特向内地供应商采购商品，根据前述规定，由于采购环节发生在境内，内地供应商是货物的销售方，应作为增值税的纳税义务人承担申报缴纳增值税，以及承担开具发票相关的税法义务。因此，虽然发行人邮政小包在采购环节未涉及增值税进项税，但该等采购下增值税纳税义务人为内地供应商，相关纳税及开具发票的义务和税务风险也由内地供应商承担，不会导致发行人被相关税务主管部门追缴或处罚的风险。

原来这部分增值税没交！那这么重大的税务风险怎么处理呢？

经在线咨询国家税务总局12366纳税服务平台，跨境电商集团下的香港主体向内地供应商采购，采购环节不涉及增值税进项税；香港主体向供应商采购后，商品运至集团内地仓；香港主体委托中国邮政申报出口，由中国邮政以邮递物品方式直接派送至海外个人消费者，根据相关规则香港主体未取得报关单。该模式不适用内地货物出口的相关税务要求，跨境电商境内经营主体或其香港主体不会被内地税局要求补缴流转税。

这段话其实是说，之前这个环节处于税务机关的监管盲区，也没见谁补过税，暗示未来被补税的可能性也不大。即便补税，那也是境内供应商的事。那万一要求补税，该怎么办呢？赛维时代使出了撒手锏——大股东承诺兜底：

就发行人邮政小包业务，发行人控股股东君腾投资、实际控制人陈文平已出具承诺："如公司及其境内外控股子公司、分公司因邮政小包业务违反相关规定，而被有关主管部门处以任何形式的处罚或承担任何形式的法律责任，本人/本企业愿意连带承担公司及其境内外控股子公司、分公司因受处罚或承担法律责任而导致、遭受、承担的任何损失、损害、索赔、成本和费用，并使公司及其控股子公司、分公司和公司未来上市后的公众股东免受损害。"

既然如此，证券监管权且放你一马，只是不知主管税务机关看到这段表述会作何感想。

后来，国家对跨境电商的好政策，即跨境贸易电子商务监管模式（以下简称"9610出口模式"）来了！

对于已开展业务的晒布信息、苏州赛鼎供应链、厦门赛鼎供应链，根据能否取得有效进货凭证以及能否办理出口退税可以分为两类：晒布信息作为出口报关主体用于办理9610出口退税业务，通过晒布信息出口的货物统一获得报关单，根据取得的有效进货凭证可申请办理出口退税；苏州赛鼎供应链、厦门赛鼎供应链作为出口报关主体用于办理9610出口不退税业务，未产生报关单，适用《关于跨境电子商务综合试验区零售出口货物税收政策的通知》中的特殊税务监管要求，通过上述主体出口的货物未取得有效进货凭证，享受增值税、消费税免税政策。

情况已经说得非常明确，没有什么好讲的了，感谢国家的好政策！

关于问题4：货物到达国外C端客户手里时，需要在其所在国清关，缴纳各项进口税费，这是怎么处理的呢？绿联科技公告给了我们答案，让我们选取其中的德国部分为代表：

根据德国Peltzer Suhren Rechtsanwälte出具的《关于深圳市绿联科技股份有限公司及其海外子公司在欧盟申报进口关税的法律意见书》，根据《欧盟海关法典》第77条第三段第一句的规定，关税债务人为申报人；而根据第二句的规定，如果海关申报由间接代理人代理办理，则委托人也是关税债务人。

也就是说，货物到达国外C端客户手上时，涉及所在国的进口税是由收货人或关税代理人为主处理的，跟卖方没关系。

关于问题5：香港销售主体收到货款后，资金是如何回到境内的呢？赛维时代的公告披露也做出了解释：

在资金归集方面，公司产品主要以境外B2C销售为主，涉及国家众多、客户极为分散、外汇收支较为频繁。基于资金归集的便利性考虑，公司以香港兰玛特作为境外收款主体，负责销售资金回款的归集，然后定期以内部交易的形式将资金汇回境内。

关于问题6：如果香港销售类主体通过与内地供应商交易的方式将资金汇回境内，那么交易价格是否公允呢？是否存在向香港转移利润的避税问题呢？公告继续披露：

报告期内，香港兰玛特（适用香港所得税税率）以及注册在中国境内（不含港澳台地区）并为香港兰玛特提供店铺运营服务的公司适用的所得税税率如下表所示：

公司名称	2021年	2020年	2019年
赛维时代	15%	15%	15%
赛维网络	15%	15%	15%
重庆兰玛特	20%	20%	20%
泉州赛维	20%	25%	25%
长沙鼎飞	25%	25%	25%
香港兰玛特	16.50%	16.50%	16.50%

由上表可知，报告期内，香港兰玛特适用的所得税税率高于公司及赛维网络，略低于重庆兰玛特，低于泉州赛维和长沙鼎飞。

报告期各期前述主体实现的营业收入及净利润汇总如下：

单位：万元

公司名称	2021年	2020年	2019年
赛维时代	7,637.39	7,171.25	3,701.43
赛维网络	61,694.96	67,576.43	26,050.34
重庆兰玛特	1,103.64	1,987.95	1,869.34
泉州赛维	416.46	729.24	359.42
长沙鼎飞	312.38	336.04	312.73
香港兰玛特	471,404.02	413,404.18	247,947.57

单位：万元

公司名称	2021年	2020年	2019年
赛维时代	1,939.58	1,186.78	−1,267.85
赛维网络	30,309.51	31,808.76	4,891.19
重庆兰玛特	101.94	250.19	52.11
泉州赛维	32.62	98.25	9.15
长沙鼎飞	28.29	72.95	23.85
香港兰玛特	−723.80	8,334.58	1,230.70

由以上两表可知，香港兰玛特归集了公司大部分的外销收入。但是，报告期各期，公司在兼顾商业合理性以及内部交易定价公允性的前提下，主要的利润已留存至中国境内（不含港澳台地区）境内相关公司。此外，由前表可知，公司及赛维网络适用的所得税税率为15%，低于香港兰玛特适用的所得税税率16.5%。因此，公司并不具备在香港留存大量税前利润而进行不当税务筹划的动机。

此外，根据国际税务咨询机构出具的《转移定价报告》，香港兰玛特2019—2021年的验证利润水平均位于同行业可比公司的四分位区间，根据中国香港的转移定价实践，可以考虑不进行转移定价调整及相应的企业所得税拨备数，即与香港兰玛特有关的内部交易符合独立第三方原则。

看，这不就是在转让定价上做了风险控制吗，赛维时代针对税负管理中风险控制环节的处理方式堪称典范。

前6个问题都说完了，其实6个问题背后还隐藏着第7个问题：在这么多环节、这么多公司的情况下，发行人怎样设计股权架构来实现集成管理呢？公告也给了我们答案：

公司主要子公司按其职能与分工可分为采购与出口类主体、生产类主体、仓储及物流类主体、销售类主体、运营类主体五类。截至本招股说明书签署之日，主要子公司按其职能与分工的组织架构如下图所示：

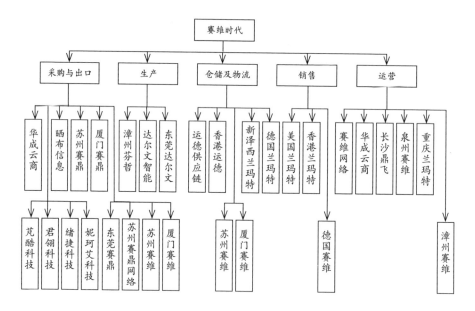

税负管理看似只是一个税务问题，其背后隐藏的是商业交易架构、股权架构设计、基础税务政策把握、税务风险控制、监管应对措施、税务内控制度等一系列问题，要想全部打通，不是易事。所以，加油吧！

五、"净额法"确认收入情况下的三重税务烦恼

笔者常把会计与税法的关系比喻成"小两口"。什么意思呢？会计与税法来自不同家庭，因为共同的目标走到一起，有相同之处，也有各自的特点。大事求同，小事存异。而近年来，两者的关系变得越发紧张。

我用如下上市企业的公告来分析会计与税法之间到底发生了什么。蜂助手于2022年9月28日发布公告披露：

公司是一家互联网数字化虚拟商品综合服务提供商，在虚拟商品融合运营服务业务中，公司选择平台中与运营商主营业务强相关的视频会员权益资源，与运营商流量、无线宽带家庭套餐、5G会员、个人邮箱、移动流媒体、私人云服务等产品服务进行融合，为用户提供视频权益融合产品，获取服务酬金或视频会员权益的购销差价。

说实话，从这段表述中，笔者没有看出来这家公司到底是做什么的。直到看到后续的表述才略懂一二。

1. 话费充值业务。2019—2022年上半年累计收到客户的话费预充款金额36,048.96万元。发行人采购及销售话费产品分为话费电子券和代充话费两种产品：（1）话费电子券销售。发行人向客户以及供应商向发行人均全额开具了增值税专用发票，并申报

纳税。（2）代充话费。系发行人为客户代为办理话费充值的代理服务。公司按上下游收取预存款差额获得代充话费服务费收入，并就该项代充话费服务费（差额）收入进行了纳税申报。公司称，为统一会计政策，由于话费业务主要以代理为主，因此话费电子券亦采用净额法核算收入。

我们重点关注这个"代充话费"业务，下表为2018—2020年蜂助手该项业务的具体经营情况：

年度	服务类型	收到客户的话费预充款金额（万元）	客户类型
2018年	代充话费	3,077.10	企业、个人
2019年	代充话费	10,180.94	企业、个人
2020年	代充话费	10,473.41	企业、个人

代充话费业务系发行人为客户代为办理话费充值的代理服务。发行人按上下游收取预存款差额获得代充话费服务费收入，并就该项代充话费服务费（差额）收入进行了纳税申报。（为统一会计政策，由于话费业务主要以代理为主，因此话费电子券亦采用净额法核算收入。）

在现行税法体系下，采用净额法核算可能会导致税会差异、税票差异、税税差异上的三重烦恼。

1.税会差异。

主要是指企业所得税与会计的差异。根据新收入准则，代客户充值业务采用净额法核算无可厚非。麻烦在于，新收入准则中，会计上有"总额"与"净额"的区别，但企业所得税上执行的还是《国家税务总局关于确认企业所得税收入若干问题的通知》（国税函〔2008〕875号）文件。该文件秉承的是15年前的方式，没有考虑"总额"与"净额"的区别。其对此类业务是这样表述的：

> 企业应按照从接受劳务方已收或应收的合同或协议价款确定劳务收入总额，根据纳税期末提供劳务收入总额乘以完工进度扣除以前纳税年度累计已确认提供劳务收入后的金额，确认为当期劳务收入。

按说这条规定也算清晰，在这类业务中，接受劳务方应该是电信运营商，蜂助手按净额法确定的收入就是按合同或协议价款确定的劳务收入。但在实践中，如收到客户1亿多元，就应该在企业所得税上全额确认收入。

这样一来，蜂助手就会遇到两个问题：第一个问题是，会计上确认收入的方法和数额与企业所得税上的不一致。税务系统天天预警，月月写说明，会计每天不是在税务局，就是在去税务局的路上。如果仅是麻烦一点还好说，关键是第二个问题，蜂助手这样的企业大概率要被认定为高新技术企业，高新技术企业对研发费用占总收入的比例是有明确要求的，而这个总收入是企业所得税口径下的。也就是说，如果此类业务在企业所得税上全额确认收入，就会降低研发费占总收入的比例，从而导致蜂助手无法取得高新技术企业资格，更无法享受15%企业所得税优惠税率。

2.税票差异。

上述问题还只是税会差异上的，税票差异上的问题更难解决，如果在企业所得税上全额计收入，那就意味着其支付给运营商的那部分话费需要发票才能税前扣除。可是，在这种商业模式下，运营商即便开票，也只能开给客户，而不是开给蜂助手。这就会导致蜂助手的所得税成本无票可扣。

3.税税差异。

这里我们还可以引申一下。本案情况下，如果客户想要发票，蜂助手可以说，我是中介，你去找运营商要发票。笔者曾经遇到过另一个类似的行业——网络代驾服务商，同样也是这种情况，客户想要的发票都是由网络代驾平台来开的。这就带来了一个问题：会计上采用净额法，增值税上采用总额法，企业所得税上采用总额法，而且，由于代驾员根本不可能给代驾平台开发票，导致代驾平台十分尴尬。如果仅是税会有差异、税票有差异，我们也能理解。哪承想，税税之间同样不协调。

造成这三大烦恼的根本原因就是错配。新型商业模式、快速迭代的会计准则、滞后的税收政策、以票控税的传统征管手段之间的不同错配交织在一起，变成了一团糨糊。

2021年3月，中共中央办公厅、国务院办公厅印发了《关于进一步深化税收征管改革的意见》，提出"着力建设以服务纳税人、缴费人为中心，以发票电子化改革为突破口，以税收大数据为驱动力的具有高集成功能、高安全性能、高应用效能的智慧税务，深入推进精确执法、精细服务、精准监管、精诚共治，大幅提高税法遵从度和社会满意度，明显降低征纳成本"的具体要求。

要实现这一目标，任重道远。

六、"嫁"到伊犁的大额咨询费，你慢些走，我有5个问题想问你

在什么行业都需要对接"资源"的今天，大额居间费（即本文中的咨询费）是无数企业税务管理的痛点。一方面，居间费是否合法，很多人对此都有疑问。另一方面，支付咨询费的企业拿不到发票。还有，最重要的一方面是，收到咨询费的人不想交税。

让我们先看一则公告。

*ST光一于2023年4月3日发布公告披露：

2022年公司委托财务顾问南京润一博域科技有限公司实控人引入战略投资人，帮助公司解决困难。财务顾问从税务筹划角度委托新疆圭臬与公司签定了《咨询服务协议》，并向新疆圭臬支付1,100万元。通过多层资金穿透，该1,100万元支付给丰田三共（上海）新能源科技有限公司（简称"丰田三共"，作为光一科技本次重整意向投资人）。本次支付的最终目的是支付丰田三共用于归还2022年12月30日债权收购款、且无书面协议。

简言之，上文的意思是，*ST光一经营困难，亟须寻找投资人进行重组，于是找到了一个中间人——南京润一博域科技有限公司实控人，作为公司财务顾问。这个中间人或财务顾问还真是很给力，迅速帮*ST光一找到了丰田三共。而且，在丰田三共缺少重组资金的情况下，又闪转腾挪，几次助其拿到资金，绝对称得上"中国好中间人"。

公告接着披露：

2022年12月30日公司完整收到资金占用债权转让的资金，具备支付能力，公司按协议支付新疆圭臬咨询费600万元（新疆圭臬指定支付至新疆欣曼，新疆欣曼年底资金紧张向新疆圭臬临时借贷），2023年1月9日支付新疆圭臬咨询费1,944万元。新疆圭臬收到咨询费后于当日将原支付至新疆欣曼的600万元归还公司。

于是，问题来了。

问题1：本案中的"咨询费"在民法上和税法上有什么区别？

其实，公告里的表述一直是"咨询费"，而且明确写出咨询的内容包括为公司引入战略投资人，协调短期借款，解决公司资金紧缺的情形；为丰田三共提供借款，帮助上市公司解决大股东占款问题。

按照《民法典》的划分标准，介绍战略投资人的行为属于中介合同；提供担保的行为属于保证合同；提供借款的行为属于借款合同。居间人实际上把这几件事都干了。

在税法上，根据《销售服务、无形资产、不动产注释》（财税〔2016〕36号附件1）：

中介合同属于"经纪代理服务"范畴；保证合同属于"直接收费的金融服务"范畴；借款合同属于"贷款服务"范畴。而咨询服务，是指提供信息、建议、策划、顾问等服务的活动，包括金融、软件、技术、财务、税收、法律、内部管理、业务运作、流程管理、健康等方面的咨询。

根据以上分析，如果我们较个真，开"咨询费"发票，还真就不太对。毕竟咨询的场景是你来做，我来看。而其他几个都是我来做，你来看，正好相反。

考虑到都是6%的增值税率，对国家、企业都没有影响。咨询费就咨询费吧，毕竟如果让新疆圭臬的会计开三张不同内容的发票，也实在有些难为人。

问题2：既然南京润一博域科技有限公司实控人是公司财务顾问，为什么咨询费要支付给新疆圭臬？对于这个问题，公告是这样表述的："2022年公司委托财务顾问……引入战略投资人，帮助公司解决困难。财务顾问从税务筹划角度委托新疆圭臬与公司签定了《咨询服务协议》……"

前面我们提到过，真正的财务顾问是一个自然人，即南京润一博域科技有限公司实控人。高达1,944万元的咨询费付给一个自然人，需要按劳务报酬所得的40%预扣个人所得税。所以，找新疆圭臬代为收取吧，毕竟新疆圭臬地属霍尔果斯，它享受超级优惠的企业所得税待遇。

根据《财政部 税务总局关于新疆困难地区及喀什、霍尔果斯两个特殊经济开发区新办企业所得税优惠政策的通知》（财税〔2021〕27号）：

为推动新疆发展，现就新疆困难地区以及喀什、霍尔果斯两个特殊经济开发区有关企业所得税优惠政策通知如下：2021年1月1日至2030年12月31日，对在新疆困难地区新办的属于《新疆困难地区重点鼓励发展产业企业所得税优惠目录》范围内的企业，自取得第一笔生产经营收入所属纳税年度起，第一年至第二年免征企业所得税，第三年至第五年减半征收企业所得税。

问题3：新疆圭臬在没有实际提供服务的情况下开具服务费发票是否属于虚开？

公告先说"财务顾问从税务筹划角度委托新疆圭臬与公司签定了《咨询服务协议》"，后还说新疆圭臬积极利用自身资源，一是为公司介绍战略投资人，协调短期借款，解决公司资金紧缺的情形；二是为江苏弘昌提供担保；三是为丰田三共提供借款，帮助上市公司解决大股东占款问题。这样前后矛盾的表述笔者看了也表示十分无奈。

既然工作是财务顾问干的，新疆圭臬什么也没干，这不是虚开吗？

其实大可不必如此惊慌，还是有办法解决这个问题的。那就是应用无往而不利的《关于纳税人对外开具增值税专用发票有关问题的公告》（国家税务总局公告2014年第39号）。关于这个文件，笔者在前文已讨论过，这里不再赘述。

总而言之，新疆圭臬可以与财务顾问个人签署挂靠协议，并按上述39号公告的规定开票，就可以不被认定为虚开了。然而，看起来本案中的企业和个人可能没有做这项工作。希望笔者猜错了。

问题4：新疆圭臬在这种情况下是否真的符合霍尔果斯的优惠政策享受条件？

根据《关于印发新疆困难地区重点鼓励发展产业企业所得税优惠目录的通知》（财税〔2021〕42号）对相关公司有"实质性运营"的要求：

享受新疆困难地区及喀什、霍尔果斯两个特殊经济开发区企业所得税优惠政策的企业，需注册在新疆困难地区和喀什、霍尔果斯两个特殊经济开发区并实质性运营。其中的"实质性运营"，是指企业的实际管理机构设在当地，并对企业生产经营、人员、账务、财产等实施实质性全面管理和控制。

讲真，笔者对于新疆圭臬是否能满足这条规定十分没底。

问题5："嫁"到伊犁的大额咨询费，如何回到实控人手中？

这也是此类问题中最重要的，钱付给新疆圭臬，但不可能总停在那里，一定会有个出口回到实控人手中。究其途径，无外乎分红与借款两项。只是无论选哪条路，最好都不要有自然人参与进来，因为一旦有自然人，就涉及个人所得税了。

本案公告披露：

苏源光一（*ST光一公司子公司）支付1,944万元至新疆圭臬账户，通过多层资金穿透分析及了解，其中600万元于2023年1月9日转入光一环保，同日光一环保将600万元归还给苏源光一；1,100万元支付给丰田三共（上海）新能源科技有限公司。

也就是说，该案最终还是选择了"借款"回流资金的方式。至此，新疆圭臬账上将形成大额往来款。

第七章　服务配套

一、企业集团税务管理界的"绝代双骄"，这个就叫专业

"专业税务"和"专业化的税务管理"是两个完全不同的概念，对于一个致力于上市的企业来说，不仅需要专业税务，更需要专业化的税务管理。如果说专业税务在企业里属于稀缺品类，那么专业化的税务管理就是凤毛麟角了。笔者这就带大家从5个方面看看工业富联和中兴通讯这两家企业的《社会责任报告》。这两位绝对堪称"专业化的税务管理"能力方面的"绝代双骄"。

（一）战略明确

如果说税务管理是一个坐标系，那么税务管理的根本目的——让企业能更好地发展和实现社会价值就是这个坐标的原点。

《工业富联：富士康工业互联网股份有限公司2022年企业社会责任报告（中文版）》〔2023-05-26〕有如下表述：

税务战略：作为"走出去"企业，工业富联追求企业永续发展并兼顾股东价值，

同时以自身生产经营行为加强区域间互动合作，带动当地经济发展。我们以负责任的方式在全球范围发展和拓展业务，深入、专业地了解和把握产业所在国家、地区的详细税法规定，履行应尽的纳税义务。

这句话恰恰验证了笔者一贯的主张：正确地战略定位才能带来正确的行动目标。

（二）目标端正

既然要实现"追求企业永续发展并兼顾股东价值"的战略，那我们的目标应该定在哪里呢？是税负"最低"，还是税负"最优"呢？

"最低"，是以省税为第一原则，但要承担极大的风险，这显然与总体战略背道而驰。"最优"才是我们的目标。"最优"的本质可用"应纳尽纳，应享尽享"八个字来表述，这也是工业富联的目标。

一个字，绝！

（三）路径清晰

目标定了，开始行动。怎样才能把这八字原则贯彻到位呢？通常，按5个部分进行：基础税政、风险控制、税负管理、整体协同、监管应对。工业富联正是按照这5个部分展开税务管理工作的，具体如表3所示：

表3　工业富联开展税务管理工作的过程

第2层级：五大税务政策	严格遵循各地税务法规（基础税政）	有效管控税务风险（风险控制）	制定合理的转让定价规则（税负管理）	制定合法且符合商业实质的税务规划（整体协同）	提高税务信息的透明度（监管应对）
第3层级：内涵和具体工作	• 维持正确的账务记录 • 按时且正确申报及缴纳税款 • 纳税凭证开、给、收、保存	• 建立专业团队，与外部顾问协作 • 建立有效的风险防控机制 • 与税务局保持良好沟通	• 符合OECD以及运营所在地区各国家的转让定价规则 • 利润分配与价值创造相匹配 • 不将利润转移至低税率地区	• 税务规划必须合法且符合商业实质 • 制定满足业务需求且有商业实质的投资架构与交易模式 • 不为税务规划设计业务 • 不滥用免税天堂	满足国际以及所运营地区的法定披露义务

（四）方法系统

就具体方法来而言，报告显示工业富联主要开展了以下工作：

税务治理：在经济全球化的趋势下，工业富联的价值链遍及世界各地，我们承诺完全遵守适用的所有税收法律与法规，支持中国与国际层面的税收政策，以可预测和透明的方式促进自身发展，提交所有必要的纳税申报，并披露所有相关事实与情况，支付合理的税收费用，创造社会价值。

工业富联的税务治理实行会计总长负责制，通过建立全球体系，确保海外经营点与集团公司在税务管理上保持一致，不利用税务天堂恶意避税，努力提高税务方面的确定性。

我们拥有健全的内部税务流程，面对涉及税务事项的重大经营决策，管理层需提报董事会，并协同公司内部专业税务团队进行全面税务分析，必要时聘请外部专业机构寻求意见。税务团队积极管理、审查、报告各实体直接和间接的税收变化，评估新的税收立法与政策对工业富联产生的影响。与此同时，我们完善税务管理信息系统，提高税务管理工作的信息化处理程度，并努力与税务机关保持良好的沟通，建立并维持平等、和谐、稳定的关系。

鉴于工业富联业务的复杂性与跨地域性，我们不可避免地面临双重课税风险。通过加强财税政策研究、监督子级公司税收管理、实施税务风险动态监控等风险管控措施，避免不必要的内部或外部纠纷，实现风险缓释与成本优化。

（五）效果显著

做了这么多工作，成效体现在哪里呢？报告中显示，工业富联显然是尝到了巨大的甜头：

有效税率：在遵守各国、各地区法律法规、税务政策的前提下，我们通过合理的税务筹划、规范利用税收抵免激励措施，防止双重征税，有效降低税收成本，提升企业经济效益。

2022年度，工业富联所得税费用总额为人民币18.79亿元，其中中国大陆纳税比重（不含港澳台）占80%，中国港澳台地区占9%，亚洲其他地区占6%，全球其他地区占5%。

2022年度总体有效税率为8.56%，低于中国法定企业所得税税率25%，主要受益于中国对研发和产业升级的鼓励政策，包括高新技术企业优惠税率（−6.8%）、研发费用加计扣除和高新企业2022年第四季度购置固定资产加计扣除（−6.3%），以及西部大开发优惠税率（−0.5%）等；此外，在海外地区获得的优惠政策也进一步降低有效税率（−3.4%）。

　　如果说工业富联的报告系统性比较强，那么中兴通讯的报告则侧重于具体管理工作内容。

　　《中兴通讯：2021年社会责任报告》〔2022-03-09〕与税务治理相关的内容披露如下：

　　中兴通讯高度关注税务治理与透明，多年来均被评为纳税信用评级A级企业。公司在2017年成立全球税务遵从委员会，负责制定公司全球税务遵从相关制度规范，审批税务遵从规划及工作安排，促进公司税务管理向业务的深入贯通，打造纳税信用高等级的诚信经营企业。

　　目前，中兴通讯税务管理打造了"总部专职专家45人和一线税务管理250人"的税务治理与风险管理团队，支撑公司的税务合规与风险管理工作。2021年全球税务遵从委员会通过十余个公司级项目，对税务遵从流程梳理贯通、税务转让定价及敞口双平衡、子公司健康经营、税务风险及税案应对、个税合规等进行贯穿公司9大业务领域的管理，达成中兴通讯税务管理目标。

　　公司打造涵盖总部与一线的全立体与全方位的税务赋能体系，重点包括：

　　财税政策速递：对于全球新发布的、与公司业务强相关的财税政策，通常在政策发布后的三个工作日内完成解读，推送给相关人员。

　　定期专业培训：包括公司税务团队内部每半月组织一次专题学习，每月组织一次对海外机构财务人员的专业赋能，每季度至少一次税务经典案例宣贯，每年为各业务单位提供10次以上专题培训等。

　　纳税申报二级复核：在各机构纳税申报人员完成纳税申报底稿编制后，由复核人完成复核方可申报纳税。并由集团总部实施抽选二次复核，保障纳税申报准确性。

　　核心税种关键期申报联合评审：针对较为复杂的如企业所得税年度汇算清缴，由熟悉业务的财务经理、熟悉账务的总账、熟悉税法的税务经理三方实施联合评审，保障有效反映业务情况的财务数据准确按照税法规则进行税务处理。

高风险涉税事项嵌入税务评审：对于关联交易、股权转让、重大营销项目等税务高风险业务，在制度、流程中嵌入税务评审，进行事前专业判断及风控管理。

重大税务筹划事项集体专业评审：公司组织相关专业领域人员，进行充分评估、论证，输出合规、合理税务筹划方案，并在方案执行前按规定提交集体专业评审，审批通过后方可执行。

税务管理成熟度测评：集团税务团队定期对集团各机构的税务风险管理工作进行管理成熟度测评。

税务管理问责：全球税务遵从委员会办公室依据公司问责管理办法及税务管理相关制度对造成公司税务损失的责任人实施问责，并通过'回头看'方式复盘改进，避免复发。

税务管理5个部分与上述内容对应如下：

1. 基础税政——财税政策速递，定期专业培训。

2. 风险控制——纳税申报二级复核，核心税种关键期申报联合评审，高风险涉税事项嵌入税务评审。

3. 税负管理——重大税务筹划事项集体专业评审。

4. 整体协同——税务管理成熟度测评。

5. 监管应对——税务管理问责。

企业集团税务管理界的优等生已经答完了，马上"抄作业"吧。

二、谜一般的供应链管理服务：上市在左，税务在右

在人们"变态"般地追求效率的今天，供应链管理服务已经成为一个重要产业，内嵌于各个行业之中。专业从事供应链管理的上市企业已不稀奇。但笔者发现，同样是从事供应链管理，也同样是上市公司，不同的企业之间的税务处理竟然大相径庭：有的闪转腾挪，优惠占尽；有的青山咬定，不识变通。按说生意做到了上市的程度，又同处一个行业，怎么会出现这么大的差异呢？

我们先来看一个闪转腾挪，优惠占尽的例子。迪阿股份于2021年7月9日发布公告披露：

两家子公司戴瑞前海（享受前海地区所得税优惠）和深圳唯爱（作为软件企业，享受"两免三减半"，2021年所得税率为12.5%）在2018—2020年报告期内，以发行人营业收入的固定比例向发行人收取服务费累计7.37亿元。其中：从事综合运营服务的戴瑞前海按照发行人收入的5.50%~7.25%佣金率收取发行人服务费累计3.11亿元。从事广告投放的深圳唯爱按发行人收入的10.00%~11.00%收取佣金4.26亿元。

这个"综合运营服务"是什么呢？公告里进行了解释：

具体而言，戴瑞前海为发行人提供的综合运营服务包括：

（1）供应链管理服务：通过提供委外加工工厂的筛选、对生产过程的监督、对钻石原材料和产成品的质量检测，以及安排第三方物流公司运送产成品等一系列的供应链管理服务，支撑了报告期内发行人较大规模的定制销售，实现了公司各个业务部门之间的信息传递、交换和处理的无缝衔接，加强了公司对库存商品的管理，提高了经营效率。

（2）产品设计及平面设计：戴瑞前海产品设计人员不断加快研发速度，根据节假日主题及公司不定时推出来的宣传方案，结合市场流行趋势及消费者的需求不断推出

更新的产品款式。报告期内，戴瑞前海内部设计师团队推出了多个畅销款式，2018年至2020年各报告期期末新增款式数量分别为18款、110款及31款。

（3）店铺铺货设计：戴瑞前海根据发行人不同店铺的规模及定位为其设计店铺产品陈列方案，同时配合不同时点上公司推出的宣传方案及推广重点及时更新产品陈列方案，报告期内，发行人门店数量增加较多，2018年至2020年各报告期期末新增门店数量分别为124家、71家及68家，对于这些新增门店，戴瑞前海为其提供了产品陈列方案。

（4）除上述服务外，戴瑞前海还负责对客户提供定制服务和产品售后服务等。

也就是说，迪阿股份在集团内专门成立了一家以服务本集团为主的供应链管理公司呗，那怎么能说它优惠占尽呢？公告下边的内容给了我们答案，原来，这个供应链公司的选址是非常讲究的：

本公司全资子公司戴瑞前海设立在前海深港现代服务业合作区，主要从事供应链管理服务，符合《前海深港现代服务业合作区企业所得税优惠目录》之"一、现代物流业"之"1.供应链解决方案设计、订单管理与执行、虚拟生产、信息管理、资金管理、咨询服务等供应链管理服务"，因此享受上述税收优惠政策符合相关法律规定，戴瑞前海于2018年、2019年及2020年减按15%的税率征收企业所得税。

深圳前海，既有区位优势，又有人才优势，最关键的是还有所得税15%的优惠。难怪母公司一出手就是3.11亿元的服务费，妥妥的"功能拆分，选址节约，协议控制，转让定价"。

既然供应链服务这么好，是不是所有的企业都会选择这样处理呢？并不是。有公司明明干的是供应链管理，却坚决认定自己的业务就是进货、销货；明明是服务业，却坚决认定自己是商贸业。请看福然德（605050.SH）在其发布的公告中所披露的：

公司主营业务：为中高端汽车、家电等行业企业或其配套厂商提供完整的钢材物流供应链服务，包括采购、加工、仓储、套裁、包装、运输及配送等服务，以及相应的技术支持服务。钢材生产企业具有大生产的特殊性，通常生产标准规格的金属材料，直接按客户需求组织生产难度较大，而终端客户对钢材规格的需求又千差万别，福然德正是利用自身的行业地位、规模优势和综合服务能力，有效整合上游资源与下游需求，在解决钢铁行业上下游供给与需求"错配"问题的同时，实现自身利益最大化。

公司钢材物流供应链服务的核心是利用自身规模化、信息化、品牌化等优势，采用组合备库、集中下料、合理套裁等技术，通过向终端客户提供及时、高效物流配送和套裁等增值服务，以满足客户对钢材品种、规格、数量的多样化、个性化需求与低库存甚至零库存的要求，降低物流成本，提升流通效率，节约社会资源。

您看，这家企业是妥妥的供应链管理服务企业，就此来看，它应该去前海，实在不行，去西部大开发地区，这些地区的企业所得税都是15%。但是，根据网络调查结果，福然德的大部分公司都在上海，并未享受这块税收优惠。

放在嘴边的优惠政策，它却不去享受。此外，福然德采用的是总额法确认收入。也就是说，从我这儿送出去的货，全进我的收入，我全开票！送到我这儿的货，全是进我的成本，我全都有票！

不过话又说回来，供应链管理服务这种业务模式，从会计的角度来说存在一个很重要的问题，就是采用总额法还是净额法确认收入。也就是说，如果福然德采用净额法，仅就服务费计算收入，让上游直接对接下游开票，这样不但可以省去很多财务管理成本，上市过审甚至会更顺畅，顺便还可能赚一波所得税优惠红利。

那它为何偏偏要舍近求远呢？

笔者猜想，原因之一可能是上下游之间的商业模式很难改变，另一个原因可能是上市审核的销售额压力，毕竟总额法下的销售数据会十分养眼。

"我是谁""我从哪里来""我要到哪里去"，这三大哲学基本问题，在企业经营中似乎也一样会碰到。比如我的一个朋友L先生一直以为自己是干商贸的，其实他是干供应链管理服务的，干了半辈子才知道"我是谁"。而迪阿股份和福然德一开始就知道自己是干供应链服务的，知道"我是谁"，但却选择了不同的去处：一个为了税务红利选择向右走，坚决认定自己就是干服务的；一个为了上市选择向左走，坚决认定自己就是干商贸的。

笔者无意探讨二者哪个更正确，也无意评判供应链管理服务到底是服务业还是商贸业。因为笔者一直认为，应用财税技术研究的终极目标不是证明谁对谁错，毕竟那是理论财税技术研究的任务。能够帮助企业在政策允许的范围内最大限度地实现战略目标，才是应用财税技术研究的最大价值。

这正是：凡所有相，皆是虚妄。若见诸相非相，即见如来。

三、集团金字塔结构中母公司的工作定位与资金来源

让我们先来看一个企业集团股权架构的基本模型，如下图所示：

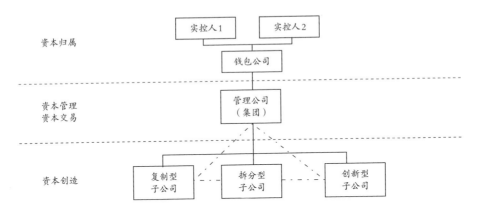

图4　企业集团股权架构基本模型

模型的第二、三部分，构成了一个由集团母公司作为管理主体，由各类型的子公司作为经营主体的金字塔结构。这也是现代企业集团经营过程中的主流股权架构方式。一旦形成这种结构，下面几个现实问题就出来了：

问题1：在金字塔结构中，企业的集团母公司是否必须有对外经营活动？

问题2：母公司对内服务职能主要包括哪些？

问题3：母公司一般都有成本费用支出，但收入从哪里来？

问题4：母公司向子公司收取的管理费不允许子公司税前扣除吗？

问题5：母公司向子公司收取服务费应开具什么内容的发票？

问题6：母子公司之间可以进行关联交易吗？

说白了，以上问题归根结底就是母子公司之间的职能分配问题。

关于问题1，无论企业是否上市，也无论企业的集团母公司是否作为上市主体，都没有要求集团母公司必须有对外经营活动。也就是说，母公司仅作为集团管理公司起到内部管理职能是完全没问题的。

关于问题2，其实完全可以把集团公司理解为企业的"中央政府"。古代中央政府的吏、户、礼、兵、刑、工六部，大致地对应了现代企业集团管理的主要部门：人事部、财务部、办公室、运营部、法务部、产品部。而各经营子公司就可以理解为"地方各省"，在"中央政府"的领导下落实各项任务。

请看下面这则公告。

紫光国芯于2024年2月1日发布公告，披露母子公司的分工：

母公司主体自成立以来，作为公司主要的研发中心、营销中心、财务中心和综合管理中心，负责发行人全系列产品研发及试生产、客户服务、市场开拓、品牌宣传，以及销售工作，为公司业务的主要执行主体。

2013年9月，公司设立全资子公司紫光国芯先进集成电路技术有限公司，定位于支持公司的海外贸易及境外材料采购，报告期内主要执行堆叠大带宽产品相关的购销及组织代工活动。

2023年3月12日公司设立上海紫光国芯半导体有限公司，定位于拓展地区业务；2023年4月14日公司设立成都紫光国芯半导体有限公司，定位于模组加工和生产。两家公司报告期内并未开展实质业务活动。

在此案件中，问题2完美解决。

关于问题3，母公司完成上述任务，一定会有成本费用支出，但收入从哪里来呢？通常有两个主要来源。其一是资本项下的，就是子公司的分红，这个金额比较大，可是也存在一定问题，万一子公司亏损呢？就算子公司盈利，一年也只能分红一回不是？正所谓"远水不解近渴"。其二是服务项下的，就是向各子公司收取服务费，注意这里的用词，是"服务费"，不是"管理费"，这两个词的待遇简直是天壤之别。

切记，母公司所提的对内提供的这些工作内容，是"服务"，而不是"管理"。为什么这么说呢？

问题4：母公司向子公司收取的管理费不允许子公司税前扣除吗？答，是的。根据《企业所得税法实施条例》第四十九条：

企业之间支付的管理费、企业内营业机构之间支付的租金和特许权使用费，以及非银行企业内营业机构之间支付的利息，不得扣除。

该条例中的"管理费"和我们这里讲的母公司向子公司收取的管理费属同种情况。需要说明的是，条例中说的管理费，是指那种没有任何交付，直接把钱拿走的情况，跟总集团为内部各子公司提供整体服务的情况完全不同。

《国家税务总局关于母子公司间提供服务支付费用有关企业所得税处理问题的通知》（国税发〔2008〕86号）规定：母公司向其子公司提供各项服务，双方应签订服务合同或协议，明确规定提供服务的内容、收费标准及金额等，凡按上述合同或协议规定所发生的服务费，母公司应作为营业收入申报纳税，子公司作为成本费用在税前扣除。

关于问题5，母公司所提的对内提供的这些工作内容是"服务"，而不是"管理"，根据《销售服务、无形资产、不动产注释》：

商务辅助服务，包括企业管理服务、经纪代理服务、人力资源服务、安全保护服务。其中，企业管理服务，是指提供总部管理、投资与资产管理、市场管理、物业管理、日常综合管理等服务的业务活动。

所以答案非常明了，开具的发票所写的内容应为"企业管理服务"。

问题6：母子公司之间可以进行关联交易吗？答：可以。这个问题笔者会在下一节"对于关联交易，大家可能有些误解"中做详细说明。

总结一下：

问题1：在金字塔结构中，企业集团母公司是否必须有对外经营活动？

答：不是。

问题2：母公司对内服务职能主要包括哪些？

答：人事、财务、运营等。

问题3：母公司一般都有成本费用支出，但收入从哪里来？

答：分红与服务费。

问题4：母公司向子公司收取的管理费不允许子公司税前扣除吗？

答：是的。在我们看来，母公司收的是有真实服务内容的"服务费"。

问题5：母公司向子公司收取服务费应开具什么内容的发票？

答：企业管理服务。

问题6：母子公司之间可以进行关联交易可以吗？

答：可以。

四、对于关联交易，大家可能有些疑问

笔者从事税务工作20年余，发现企业管理者常常对税收政策有很大的认知偏差，其中包括对关联交易的认知偏差。大量的财务人员对关联交易税收政策误解很深，甚至谈关联交易色变。常见的问题如下：

问题1：关联方之间是否允许交易？

问题2：有持股关系才是关联方，没有就不是吗？

问题3：关联交易一定会被税务局检查吗？（这点是误解最大的地方）

问题4：关联方之间收取费用，用什么理由合理？

问题5：关联交易定价时必须向税务机关报送资料吗？

我们就用下面这则公告给大家来一次令人茅塞顿开的解答。

软通动力于2021年9月3日发布招股书披露：

2018—2020年报告期内，发行人及子公司之间发生的内部交易共19,646.91万元，主要为项目实施交付服务和集团共享服务。

只这一句话就回答了问题1。关联方之间怎么就不能交易？软通动力的内部交易接近2个亿了，也没影响上市招股。

关于问题2，首先我们要知道什么情况会被认为是关联关系。来看《国家税务总局关于完善关联申报和同期资料管理有关事项的公告》（国家税务总局公告2016年第42号）的相关规定：

企业与其他企业、组织或者个人具有下列关系之一的，构成本公告所称关联关系：

（一）一方直接或者间接持有另一方的股份总和达到25%以上；双方直接或者间接同为第三方所持有的股份达到25%以上。

（二）双方存在持股关系或者同为第三方持股，虽持股比例未达到本条第（一）项规定，但双方之间借贷资金总额占任一方实收资本比例达到50%以上，或者一方全部借贷资金总额的10%以上由另一方担保（与独立金融机构之间的借贷或者担保除外）。

（三）双方存在持股关系或者同为第三方持股，虽持股比例未达到本条第（一）项规定，但一方的生产经营活动必须由另一方提供专利权、非专利技术、商标权、著作权等特许权才能正常进行。

（四）双方存在持股关系或者同为第三方持股，虽持股比例未达到本条第（一）项规定，但一方的购买、销售、接受劳务、提供劳务等经营活动由另一方控制。

（五）一方半数以上董事或者半数以上高级管理人员（包括上市公司董事会秘书、经理、副经理、财务负责人和公司章程规定的其他人员）由另一方任命或者委派，或者同时担任另一方的董事或者高级管理人员；或者双方各自半数以上董事或者半数以上高级管理人员同为第三方任命或者委派。

（六）具有夫妻、直系血亲、兄弟姐妹以及其他抚养、赡养关系的两个自然人分别与双方具有本条第（一）至（五）项关系之一。

（七）双方在实质上具有其他共同利益。

看到这里，相信各位对问题3自然也就有了答案：关联交易不一定会被税务局查，因为很多时候看上去的关联企业并不满足税务机关规定的关联标准。最关键的是问题4和问题5。

问题4：关联方之间收取费用，用什么理由合理？对于这一点，软通动力的公告给我们上了生动的一课：

发行人及子公司之间发生的内部交易主要为项目实施交付服务和集团共享服务，具体如下：

（1）项目实施交付服务。

项目实施交付服务指集团内的签约公司在与客户签署销售合同后，通过下包或分包方式转移给集团内其他子公司（项目实施公司），以完成项目实施交付。

上述交易中，项目签约公司负责从前期商机获取到客户订单签署、项目整体规划、方案设计和人才资源配置，并按实际需求进行匹配，再下包给客户所在地就近的项目实施公司；项目实施公司负责项目实施，包括制定项目实施计划、项目进度管理、交付质量管理等事项，确保服务交付及实现。

发行人及子公司针对此类服务进行内部交易的主要原因在于发行人的客户为大中型企业，服务区域遍布全国，而签署合同时只能和集团内有资质的某一家公司签约，签约公司将任务分配下包给项目实施公司完成。

项目实施交付服务收入成本费用在各公司之间的具体分摊原则为：项目实施公司以项目口径归集项目实施过程中实际发生的成本，实际成本包含实施该项目发生的人工成本、第三方采购成本、为确保项目得以顺利实施的其他成本。项目实施公司以项目实际成本加成一定比例向项目签约公司收取费用，项目实施公司确认关联收入，项目签约公司确认关联成本。发行人定期聘请第三方中介机构出具转让定价同期资料，对关联交易是否符合独立性原则进行认定，并将转让定价同期资料向税务局备案。

报告期内，上述交易的主要明细如下：

单位：万元

序号	项目实施公司	项目签约公司	2018年	2019年	2020年	服务内容
1	深圳软通	软通技术服务	100,988.04	126,961.58	121,898.27	软件与数字技术服务、数字化运营服务
		软通动力	11,304.99	26,307.27	36,689.82	
		广州软通	5,591.33	7,309.49	6,805.76	软件与数字技术服务
		深圳软通科技	4,666.36	5,536.85	7,190.28	
2	软通技术服务	软通动力	50,372.00	40,262.12	36,562.42	软件与数字技术服务、数字化运营服务
		深圳软通	29,693.43	27,592.50	45,479.89	软件与数字技术服务
3	南京技术服务	软通技术服务	60,315.72	72,725.84	80,210.12	软件与数字技术服务、数字化运营服务
		深圳软通	1,059.63	2,878.87	8,801.49	软件与数字技术服务

序号	项目实施公司	项目签约公司	2018年	2019年	2020年	服务内容
		软通动力	1,421.25	4,595.37	4,578.42	软件与数字技术服务、数字化运营服务
4	西安软动	软通技术服务	52,561.25	80,649.91	78,579.81	软件与数字技术服务、数字化运营服务
5	上海技术服务	软通动力	16,635.58	21,392.56	23,350.38	软件与数字技术服务、数字化运营服务
		软通技术服务	12,822.71	14,919.25	24,258.90	
		深圳软通科技	5,960.43	6,681.59	7,984.71	软件与数字技术服务
6	软通动力	软通技术服务	12,498.52	28,024.62	29,751.09	软件与数字技术服务、数字化运营服务
		深圳软通	1,597.73	4,079.48	6,249.12	
7	西安技术服务	软通技术服务	25,229.78	18,638.78	12,657.01	软件与数字技术服务、数字化运营服务
8	杭州技术服务	软通技术服务	12,875.11	11,353.25	14,567.59	软件与数字技术服务、数字化运营服务
		软通动力	2,325.67	4,922.86	7,122.43	
9	广州软科	软通技术服务	—	5,064.52	15,965.85	软件与数字技术服务、数字化运营服务
		软通动力	—	2,321.92	14,832.37	
		深圳软通		518.12	7,181.88	
10	北京云计算	软通动力	6,475.69	16,692.53	12,133.57	软件与数字技术服务、数字化运营服务

续表

序号	项目实施公司	项目签约公司	2018年	2019年	2020年	服务内容
11	软通旭天	软通动力	5,994.11	7,519.37	8,046.97	软件与数字技术服务、数字化运营服务
12	上饶软通	软通技术服务	—	—	14,794.26	数字化运营服务
		软通动力	—	—	8,743.26	
13	无锡技术服务	软通技术服务	5,892.22	7,492.30	6,537.06	软件与数字技术服务、数字化运营服务
14	天津技术服务	软通动力	3,717.83	6,215.92	5,199.01	软件与数字技术服务、数字化运营服务
15	上海实业	软通动力	6,210.80	6,488.07	5,583.30	软件与数字技术服务
16	怀来软通	软通动力	230.45	3,869.68	5,812.94	数字化运营服务
17	宁波软通	软通技术服务	—	6,805.34	4,861.91	软件与数字技术服务、数字化运营服务
18	镇江数科	软通技术服务	—	—	9,585.93	数字化运营服务
19	成都软通	软通技术服务	—	—	5,330.44	软件与数字技术服务

（2）集团共享服务。

发行人采取集团共享服务模式向相关子公司提供共享服务，具体服务内容包括集团市场营销共享、财务共享、法务共享、资产与采购共享等。共享服务模式可提升运营效率并节约成本，同时可保证集团统一管理和合规遵从一致。

集团共享服务的收入成本费用在各公司之间的具体分摊原则为：发行人以成本中心口径归集需进行分摊的集团市场营销共享、财务共享、法务共享、资产与采购共享等费用，发行人根据实际发生的费用加成一定比例向接受服务的公司收取费用。发行人定期聘请第三方中介机构出具转让定价同期资料，对关联交易符合独立性原则进行认定，并将转让定价同期资料向税务局备案。

报告期内，集团共享服务主要交易情况如下：

单位：万元

服务提供公司	服务接收公司	2018年	2019年	2020年
软通技术服务	软通动力	8,550.15	4,195.88	5,491.70
	深圳软通	—	647.47	761.71

也就是说，软通将整个集团的业务拆分成了若干独立的子公司，形成了底层、中层、顶层的三层业务架构。

底层：主要是各地子公司。这些子公司负责对外项目的直接服务，属于"服务平台"，是名副其实的"蓝领"。根据网络数据，这些子公司多数是小微企业。

中层：主要是软通动力、深圳软通、软通技术服务三家。这三家是集团对外签约的主体。承接业务后，包给各地子公司向客户提供服务。

顶层：软通技术服务。其向深圳软通、软通动力提供服务并收取服务费。微妙的是，根据网络数据，这三家公司中，只有软通技术服务是高新技术企业。

那么，软通技术服务到底提供了什么服务呢？公告写得很明白：

发行人以成本中心口径归集需进行分摊的集团市场营销共享、财务共享、法务共享、资产与采购共享等费用，发行人根据实际发生的费用加成一定比例向接受服务公司收取费用。

关于问题5，其实，在关联交易定价时并不一定需要向税务机关报送资料，只有在交易金额达到一定标准以后才需要。根据《国家税务总局关于完善关联申报和同期资料管理有关事项的公告》（国家税务总局公告2016年第42号）的相关条款：

十、企业应当依据《企业所得税法实施条例》第一百一十四条的规定，按纳税年度准备并按税务机关要求提供其关联交易的同期资料。同期资料包括主体文档、本地文档和特殊事项文档。

十一、符合下列条件之一的企业，应当准备主体文档：

（一）年度发生跨境关联交易，且合并该企业财务报表的最终控股企业所属企业集团已准备主体文档。

（二）年度关联交易总额超过10亿元。

…………

十三、年度关联交易金额符合下列条件之一的企业，应当准备本地文档：

（一）有形资产所有权转让金额（来料加工业务按照年度进出口报关价格计算）超过2亿元。

（二）金融资产转让金额超过1亿元。

（三）无形资产所有权转让金额超过1亿元。

（四）其他关联交易金额合计超过4,000万元。

软通动力的情况，肯定满足报送资料的条件，于是公告接着披露：

母公司、子公司之间的关联交易遵循价格公允的原则，即定价规则以服务提供公司发生的实际成本费用合理加成，向服务接收公司收取费用。发行人内部关联交易定价是基于现实情况以及合理的商业目的做出的，发行人不存在通过子公司之间不公允交易定价规避税负的情形，不存在对成本费用，人员不合理地分摊调节母公司、各子公司收入利润成本费用从而规避税负或获取税收优惠的情形。

因此，5个问题都有了答案。请容许笔者对软通的税负管理水平发出由衷的赞叹。

总结一下：

税负管理的最高境界，就是能与企业的商业模式与发展战略融为一体，笔者认为软通动力做到了。其主要方式如下：

第一，三层业务架构互为客户，互相考核，各司其职，提升了内部配合效率。

第二，散落在各地的子公司可以实现对客户服务的无缝对接。

第三，各子公司要么为小微企业，要么为高新技术企业，可以有效控制集团整体税负。

《道德经》有云："大方无隅，大器晚成，大音希声，大相无形。道隐无名，夫唯道，善始且善成。"

五、母子公司关联交易转移利润7.37个亿，定价的合理性如何证明？

本章第二节提到，迪阿股份曾发布公告披露：两家子公司戴瑞前海和深圳唯爱在2018—2020年报告期内，以发行人营业收入的固定比例向发行人收取服务费累计7.37亿元。其中：从事综合运营服务的戴瑞前海按照发行人收入的5.50%~7.25%佣金率收取发行人服务费累计3.11亿元；从事广告投放的深圳唯爱按发行人收入的10.00%~11.00%收取佣金4.26亿元。

这是一个以享受税收优惠的子公司作为"服务平台"转移利润的经典案例。两家子公司一个享受前海15%所得税优惠，另一个享受软件企业所得税优惠政策。在利用服务费将利润转至子公司这一方面，迪阿股份的工作做得非常到位。

根据《国家税务总局关于完善关联申报和同期资料管理有关事项的公告》（国家税务总局公告2016年第42号）对关联交易的界定：

关联交易主要包括：（五）劳务交易。劳务包括市场调查、营销策划、代理、设计、咨询、行政管理、技术服务、合约研发、维修、法律服务、财务管理、审计、招聘、培训、集中采购等。

很显然，迪阿股份与其子公司的交易基本包括在上述"劳务交易"范畴之中。为了证明自己不是恶意转移利润，其功课做得很到位，可以为其他企业在类似业务上提供借鉴。具体可参考《1-1招股说明书（注册稿）（迪阿股份有限公司）》〔2021-07-09〕中的披露：

6.交易定价计算过程与定价依据。

（1）戴瑞前海和深圳唯爱向发行人收费的具体计算过程。

根据发行人与戴瑞前海签订的合作协议，报告期内戴瑞前海按照发行人营业收入的5.50%~7.25%收取服务费（不含税价格），由于前期戴瑞前海需要进行大量的准备工作，因此在服务初期采用较高的服务费率（7.25%），当服务进入成熟阶段则开始转用较低的服务费率（5.50%）。2018年至2020年戴瑞前海收取的服务费金额分别为8,155.18万元、9,876.52万元和13,023.05万元。

根据发行人与深圳唯爱签订的合作协议，报告期内深圳唯爱按照发行人营业收入的10.00%~11.00%收取服务费（不含税价格），由于前期深圳唯爱需要进行大量的准备工作，因此在服务初期采用较高的服务费率（11.00%），当服务进入成熟阶段则开始转用较低的服务费率（10.00%）。对于深圳唯爱2018年为发行人提供的广告投放收入，深圳唯爱向发行人收取费用的金额为广告发布费用及相关税费。2018年至2020年，深圳唯爱收取的服务费金额分别为2,380.42万元、16,591.49万元和23,679.36万元。

（2）定价的具体依据、定价的合理性、公允性。

发行人根据转让定价法规，在参考安永（中国）企业咨询有限公司专业意见的基础上，准备了《2019年度转让定价同期资料本地文档》，该本地文档关于交易定价记录的主要内容如下：发行人遵循独立交易原则，参考市场同类服务的交易价格及子公司戴瑞前海及深圳唯爱实际提供的服务、承担的风险及价值的贡献分别确定交易的定价，按发行人总部销售收入的一定比例（戴瑞前海：5.50%~7.25%；深圳唯爱：10.00%~11.00%）分别确定支付子公司的服务费。

总结一下：

1.集团内企业之间通过"服务平台"将利润转移至低税率主体是常见方式。

2.通常按营业收入的一定比例收取服务费。

3.交易额达到一定程度，要按上节所述2016年第42号公告规定提供同期资料。

4.交易额度根据交易内容而定。

纳税的安全

下篇
资本结构

第八章　股权结构

一、以法人持股为主：搭建上市前的股权架构有一个通用的模型

　　企业从初创走向上市是一个漫长的过程，通常要经过上市前的初创期、成长期和扩张期。很多上市过程中的税务合规痛点，表面上看是税务问题，根本上却是由企业股权架构与企业发展阶段不匹配造成的。

　　经常有朋友问笔者一个问题："什么样的股权架构是最好的？有限责任、有限合伙、还是自然人？"笔者对这个问题的回答是："任何一种持股平台都有自身的优点和缺点，最好的股权架构应该是以法人持股为主，带动几种持股平台的嵌套使用。这种嵌套结构一定要满足企业当前的需求，并可以随时以最小的代价调整。"

　　企业发展其实是一个资本不断增密的过程，我们可以将这个过程分为"资本归属""资本管理""资本交易""资本创造"4个环节和"初创期""成长期""扩张期""成熟期""海外期"5个阶段。有没有一种理想的股权架构模型能够同时满足以上4个环节和5个阶段的要求呢？

　　答案是，有。

那就是以法人持股为主，带动各种持股平台嵌套使用。

各位请随我看下图这个"最平衡"的股权架构（也即第七章图4的企业集团股权架构基本模型）：

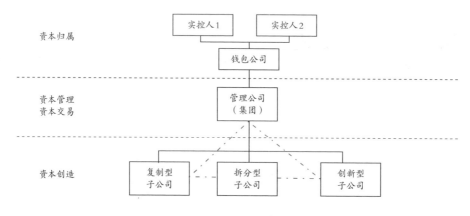

图5　"最平衡"的股权架构

为什么说这个架构是"最平衡"的呢？

1.从"资本归属""资本管理""资本交易""资本创造"4个环节来分析。

（1）从资本归属环节看。

第一，自然人持有控股公司，俗称"钱包公司"，顾名思义，这个公司不会参与任何具体经营，当然也不会参与任何管理，它的存在只有一个作用，就是装好股东的个人财富。这些财富包括现金和股权。江湖上流传甚广的一个传说，"股神"巴菲特的个人税负只有1.5%。我们不去讨论这个传说的真实性，仅从技术上看，上图的架构完全能实现这个目标，甚至可以更低。因为下面各层公司创造出的财富全部以分红的方式分到钱包公司，且因为各层都是有限公司，所以企业所得税全免。只要最终的自然人股东不需要钱，它就完全可以不分红，个人所得税也就是0。至于"股神"那1.5%的个人所得税是怎么来的？谁生活中没有点儿个人消费呢，那就需要多少花多少，花多少交多少税呗。所以，他的个人财富分成"消费型财富"和"投资型财富"两种。"消费型财富"是少部分，由个人直接持有，一定合法完税；"投资型财富"由钱包公司持有，零税负，随时准备对外投资。

第二，在未来，这套架构中的第二层、第三层的某个企业要走向上市，股改时必然会涉及大量的公积金转增，因为大股东股权基本由有限责任公司持有，所以在转增这一环节上免征企业所得税，省去了很多股改时的麻烦。

（2）从资本管理环节看。

第一，有利于内部控制。公司运营无外乎是管好人、财、物。在这套架构中，管理的中枢为中层的管理公司，包括总经理、人事、法务、运营等管理人员在内。其中，财务负责人主要通过基础财务核算与信息化建设、财务预算编制与考核、财务指标分析、内外部融资、财务内控与内审、税负管理这6项主要工作管好"财"。底层各公司的会计核算人员受子公司和集团财务双重领导，一方面是子公司的"管家"，另一方面也是集团公司的"监军"，顺便实现管理"人"。至于"物"，因为"物"是公司运营必需的资产，所以当然放在底层的运营公司更为有利。

第二，有利于内部融资。集团内各子公司的现金流将以两条渠道流向母公司。资金调拨时一条是分红，前面我们讲过，因为各层都是有限公司，所以企业所得税免税；另一条是集团内资金调拨，如果调拨资金时进行了企业集团公示，这种资金无偿调拨是可以享受免征增值税待遇的。两条渠道的畅通使集团内所有资金可以集中流向母公司管理的资金池，进而实现向上或向下的资金流调拨。结合本节所讲的整体管理体系，这种畅通无阻的资金调拨将完全在股东的监控之下。

第三，有利于外部融资。这种股权架构可以使公司以一个整体的形象出现在公众面前，有利于向外部投资人彰显公司的实力，并有利于吸引银行的银团贷款，以及采取统借统还等融资方式。当然，对于股权融资也十分有利。

第四，有利于风险隔离。在企业经营过程中难免遇到各种各样的风险，在前述的"最平衡"股权架构图中，如果底层的某个公司出现风险，并且风险仅限于一个子公司，那么整体集团还是相对安全的。

第五，有利于拆分上市。上市过程中，企业一定会将内部资源进行分类整合，在整合的过程中会遇到大量的税务问题。图5的架构中，由于各层都是有限责任公司控股，这极其有利于这些公司在分拆上市过程中享受国家关于企业重组的税收优惠政策。反之，如果各层是自然人或有限合伙持股，则非常不利于享受税收优惠，并会给上市增加不必要的税收负担。

（3）从资本交易环节看。

资本交易过程中，我国的税制给予了重组各方相当多的税收优惠，但这些优惠政策基本指向有限责任公司，非有限责任公司在资本交易环节可以享受的税收优惠则十分有限。图5模型中的控股架构的主体都是有限责任公司，有利于最大限度地享受这些税收优惠。

（4）从资本创造环节看。

第一，有利于集团新增对外投资时以小搏大。因为钱包公司或各级控股公司只要拿出其占比51%以上（特殊情况下可能更低）的股份，就可以撬动集团100%的投资业务。而由于资金全部集中在管理公司的资金池中，也极有利于在新增投资时资本聚集。

第二，有利于企业扩张。不论新增实业投资，还是不动产投资、金融资产投资，在上述架构中，都可以在第三层的复制型、拆分型、创新型子公司实现。尤其是拆分型子公司，在内部交易设计科学的前提下，可以在完全不影响利润的同时实现集团整体税负的有效控制。

2.从初创期、成长期、扩张期、成熟期和海外期5个阶段来分析。

（1）对于初创期企业来说，图5的模型可能过于复杂，实际运用时会增加管理成本。因此可灵活运用，将其"变小"。如图6所示：

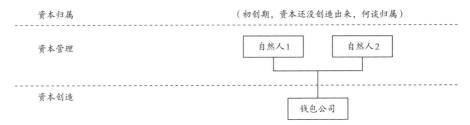

图6 初创期企业股权架构

可以看出，虽然股权架构变得简单了，但其基本原理还是一样的，只不过企业在初创期涉及的问题还比较少，只是出于对管理成本的考虑将其做简化处理。一旦企业走出初创期，进入成长期，还是要回归到前述模型的状态。

（2）对于成长期企业来说，由于解决了生存问题，当然要专注于发展，这个承上启下的阶段是企业建立科学股权架构的最佳时期，完全可以采用前述的"最平衡"的股权架构模型开展工作，为未来的股改及上市打下坚实的基础。

（3）对于扩张期企业来说，由于有了前期的基础，我们就可以根据需要，灵活运用其"可以变大"的特点进行最低成本的调整，比如引入外部投资者、进行股权激励以及内部架构重组。此时，员工持股平台（通常为有限合伙形式）登场了。

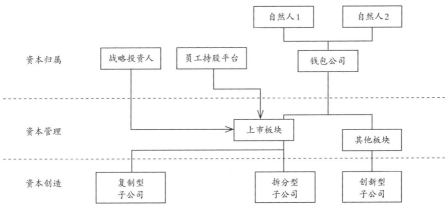

图7 扩张期企业股权架构

（4）对于成熟期的企业来说，只需按这个思路，继续根据实际需求调整即可。

（5）对于海外期企业来说，此时要考虑海外上市、跨境税务、资金流转便利性等问题，可将各级公司设置在不同国家或地区（如维尔京群岛、开曼群岛、卢森堡等）。虽然视野放大了，但原理相通。

说了这么多，接下来看一个值得细细揣摩的现实案例，以帮助大家更好地理解、消化上述内容。具体见图8：

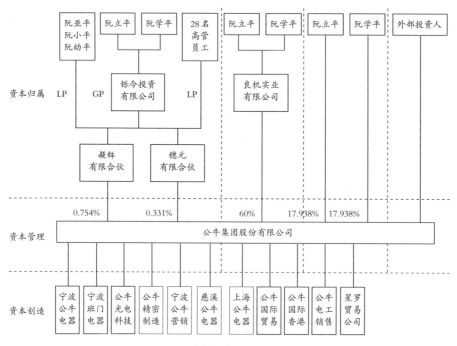

图8　成熟期企业股权架构

注：LP为有限合伙人；GP为普通合伙人。

总结一下：

1. 很多上市过程中的税务合规痛点，表面上看是税务问题，根本上却是由企业股权架构与企业发展阶段不匹配造成的。

2. 最好的股权架构应该是法人持股为主，带动几种持股平台的嵌套使用。这种嵌套结构一定要满足企业当前的需求，并可以随时以最小的代价调整。

3. 股权架构不应到了股改时再调整，而要在成长期就打下基础。

4. "最平衡"的股权架构模型是有的，它可大可小。

各位读者，您想通了吗？

二、有限合伙持股平台的作用正在回归正途

（一）有限合伙持股平台"黑化史"

曾几何时，有限合伙持股平台也是个"有为青年"，当然，这是在它遇到税收洼地这个"老妖"之前。

1. 有限合伙持股平台最大的优势。

人合，是有限合伙持股平台最大的优势，也就是说，出钱多的人不一定说了算，谁是普通合伙人（GP）谁才说了算。这种特质使有限合伙持股平台能够在保证控制权的前提下实现大量对外融资。加之单层征税的理论税负略低于有限责任制持股平台这一优势，使得有限合伙持股平台受到 VC、PE 等投资机构的青睐，成为股权投资时的常用融资工具。

"翩翩少年"也曾是江湖一景。直到一个叫税收洼地的"老妖"出现，改变了这一切。

2. 税收洼地的"吸星大法"。

遥想当年，国家税务总局出台了《关于印发〈关于个人独资企业和合伙企业投资者征收个人所得税的规定〉的通知》（财税〔2000〕91号），明确规定：

有下列情形之一的，主管税务机关应采取核定征收方式征收个人所得税：

（一）企业依照国家有关规定应当设置但未设置账簿的;（二）企业虽设置账簿，但账目混乱或者成本资料、收入凭证、费用凭证残缺不全，难以查账的;（三）纳税人发生纳税义务，未按照规定的期限办理纳税申报，经税务机关责令限期申报，逾期仍不申报的。

这条政策的原意是保证在企业不记账的情况下，税务机关仍能有征税依据。哪知却在无意中打开了潘多拉的魔盒，放出了税收洼地这个"魔鬼"。

由于这种"打擦边球"的方式操作简便，节税效果明显，加之大量中介的推广，一传十，十传百，税收洼地频繁出现。莺歌燕舞之下，唯有税法的刚性被扔进了故纸堆。

3."有为青年"误成"星宿老仙"。

作为享受税收洼地优惠政策的主要组织形式，我们的"翩翩少年"有限合伙持股平台在"吸星大法"的加持下，一时成了万众瞩目的"行业明灯"，被各路人马奉若神明，用于各种持股架构的设计当中，风光无两。"有为青年"彻底"黑化"成了"星宿老仙"。

它哪里知道，"黑化"之路并不是一帆风顺的。命运赐予你的一切赏赐，都在暗中标好了价格。接下来的五记闷棍，彻底把"行业明灯"打成了"行业冥灯"。

（二）从"行业明灯"到"行业冥灯"

1.第一棍：公积金转增递延纳税。

让我们先来看一则公告。腾亚精工于2022年1月21日发布公告披露：

2019年8月腾亚有限整体变更，以经审计净资产值7,878.06万元折股4,750万元，其余3,128.06万元计入资本公积，改制前后注册资本不变。本次公司整体变更，存在盈余公积、未分配利润转增资本公积情形，个人股东及合伙企业股东已于南京市江宁区税务办理个人所得税分期缴纳备案。

合伙企业股东？个人所得税分期缴纳？笔者翻遍了现行税制，仅仅找到了《关于将国家自主创新示范区有关税收试点政策推广到全国范围实施的通知》（财税〔2015〕116号）的相关规定：

自2016年1月1日起，全国范围内的中小高新技术企业以未分配利润、盈余公积、资本公积向个人股东转增股本时，个人股东一次缴纳个人所得税确有困难的，可根据实际情况自行制定分期缴税计划，在不超过5个公历年度内（含）分期缴纳，并将有关资料报主管税务机关备案。

文件提到的全是个人股东，而不是有限合伙股东。也就是说，在上市之前的股改中，有限合伙持股平台无法像自然人直接持股那样享受递延纳税政策，更不用提像有限责任持股平台那样享受免税政策了。

你可能会问，既然不符合政策规定，为什么税务机关会给办理备案呢？这里就涉及对"备案"二字的理解，备案不是审批，税务机关接受备案只是一项工作程序，仅代表税务机关知道了这件事情，不代表税务机关认可这种做法。换句话说，如果有一天税务机关翻旧账，对这件事依然有追索的权力。

2.第二棍：持续存在的股权激励争议。

企业上市前通常要进行员工股权激励。一方面考虑老板的控制权，一方面考虑员工的个人税负，大多数企业会选择应用有限合伙制员工持股平台。通过有限合伙的特性，能实现老板释放收益权，但不释放控制权的目的。但是，这也带来了数不清的税法上的争议。我国现行个人所得税制里所有关于员工取得股权激励的规定都有一个前提，那就是员工个人直接取得股权。对于通过有限合伙持股平台取得股权要如何征税，税法上并无规定，这就导致了争议持续存在。我们以大汉科技的公告为例，该企业于2020年12月15日发布公告披露：

2019年末通过合伙制员工持股平台共创商务（直接持有公司2.91%的股份）实行股权激励计划，即由公司实控人、共创商务GP康**向激励对象（部分董事、高管、骨干）转让其持有的共创商务部分出资份额，激励对象通过持有共创商务的出资份额间接持有发行人的股票。具体方案为，康**将其持有的共创商务68.79%的出资份额分别转让给12名激励对象，合计对应共创商务出资额742.92万元。公司称，激励对象已根据财税〔2016〕101号向主管税务机关进行了非上市公司股权激励个人所得税递延纳税备案登记，即取得股权激励时暂不纳税，递延至转让该股权时纳税，符合相关规定，不存在相关税务风险。

那么，问题来了：

问题1：员工通过有限合伙持股平台取得股权是否要征个人所得税？

问题2：如果员工不征个人所得税，那么激励企业股份支付产生的管理费用是否允许在企业所得税前扣除？

问题3：如果员工要征个人所得税，是否可以适用财税〔2016〕101号文件规定的递延纳税优惠政策？

问题4：如果员工适用了财税〔2016〕101号这样的递延纳税政策，激励企业管理的费用是否允许在企业所得税前扣除？

不难看出，上市公司之所以强行适用101号文件规定的递延纳税优惠，就是想实现员工不交个税、企业税前扣除的目的。但这种看上去两全齐美的办法，实则给上市公司埋下了重大的税收隐患。

3.第三棍：并购重组无法享受税收优惠。

看一下华缘新材于2021年1月30日发布的上市法律意见书，其中披露：

为消除同业竞争，2015年8月发行人前身华缘玻璃钢吸收合并华缘复合（实控人持股70%、另3名自然人持股30%），随后华缘复合解散。经宁波海跃税务师事务所出具的编号为"海跃税鉴（2016）7007号"的《企业合并适用特殊性税务处理鉴证报告》，根据《财政部 国家税务总局关于企业重组业务企业所得税处理若干问题的通知》（财税〔2009〕059号）第五条及第六条第五款的规定，本次存续合并业务适用特殊性税务处理，不涉及税款缴纳情况。

有限合伙持股平台是否适用特殊性税务处理？我们在前面多次提到过，并购重组中的特殊性税务处理，说的是企业所得税。个人所得税里并没有此项规定。《国家税务总局关于企业重组业务企业所得税征收管理若干问题的公告》（国家税务总局公告2015年第48号）早有规定：上述重组交易中，股权收购中转让方、合并中被合并企业股东和分立中被分立企业股东，可以是自然人。当事各方中的自然人应按个人所得税的相关规定进行税务处理。

这就导致了合伙企业持股平台在并购重组中根本无法享受税收优惠，从而增加了重组税收成本。

4.第四棍：特殊法律规定容易导致失误。

比依股份于2022年2月8日发布公告，如是披露：

2018年实控人曾通过预先设立的不良资产处置业务主体宁波称鑫（合伙企业，最早由光大金欧及其全资子公司出资设立）以司法拍卖方式取得谭家岭东路9号的土地及房产（工业用地）。

原土地置入及税筹方案。2020年拟由宁波称鑫（合伙企业）以其所持有的坐落于谭家岭东路9号的土地使用权及其上建筑物出资设立称鑫电器，持有称鑫电器100%的股权，而后发行人拟平价受让宁波称鑫所持有的称鑫电器100%股权，使称鑫电器成为发行人的全资子公司，从而实现通过称鑫电器间接拥有谭家岭东路9号的土地及房产的目的。

按照上述预想方案操作，根据财税〔2018〕57号和财税〔2018〕17号，买卖双方无需缴纳土地增值税、契税。相较于发行人直接购买该等土地及房产，前述以土地房产出资而后平价转让称鑫电器股权的方式能够大幅降低交易税负成本。发行人所在地市场监管部门反馈，根据《公司法》的规定，自然人或者法人可以设立一人有限责任公司，但有限合伙企业不是法人，不能作为有限公司的唯一股东，因此称鑫电器设立时实际的股权结构调整为宁波称鑫持股99%，发行人持股1%。2020年6月11日，公司和宁波称鑫共同设立称鑫电器，拟通过"宁波称鑫以土地使用权及其上建筑物作为对价出资成立称鑫电器，并由公司收购称鑫电器剩余99%的股权"的方式购买土地使用权及其上建筑物。主管税务机关认为称鑫电器的股权结构不满足免征土地增值税和契税的条件，宁波称鑫以土地使用权及其上建筑物出资不能免征土地增值税和契税，因此发行人决定改为直接向宁波称鑫购买相关土地房产。鉴于公司和宁波称鑫未对称鑫电器实际出资，于2020年7月8日注销了宁波称鑫电器有限公司。

根据《公司法》的规定，自然人或者法人可以设立一人有限责任公司，但有限合伙企业不是法人，不能作为有限公司的唯一股东。这就导致了很多需要100%控股才享受的优惠政策无法适用。

5.第五棍：核定征收梦已成空。

《财政部 税务总局关于权益性投资经营所得个人所得税征收管理的公告》（财政部税务总局公告2021年第41号）明确规定：

持有股权、股票、合伙企业财产份额等权益性投资的个人独资企业、合伙企业，一律适用查账征收方式计征个人所得税。

从此"吸星大法"无迹可寻。五棍下去，"有为青年"黑化之后并没有找到春天，反而成为企业走向上市之路的重重掣肘，从税筹"行业明灯"变成了人人都要退避三舍的"行业冥灯"。

（三）愿历尽千帆，归来仍是少年

对于致力于上市的企业来说，有限合伙持股平台依然作用重大。我们需要做的是把它用在对的地方，让它成为它自己。基于有限合伙企业控制权与投资占比相分离的特性，其最重要的作用应该是融资。笔者将这种融资分成内部融资和外部融资。

所谓内部融资，主要是上市之前，对员工、亲属、关系方授予一定股权；尽管相关部门在对投权激励政策进行不断完善，但有限合伙持股平台无疑还是最好的员工持股平台方案。所谓外部融资，主要来源是私募股权基金、创投企业等股权投资方。有限合伙因其普通合伙人与有限合伙人的权责设定不同，从而成为既能实现融资又能拥有控制权的法宝。

风雨之后，归途如虹，愿有限合伙企业持股平台这个曾经的"有为青年"迷途知返，历尽千帆，归来仍是少年。

三、上市公司实控人三步引入家族信托，避险乎？节税乎？

先看一个案例。

三孚股份于2022年8月30日发布公告披露：

为实现家庭成员成长、家族基业传承，2022年8月公司控股股东、实控人孙任靖先生通过三步操作引入家族信托的具体操作：第一步，以自有资金委托五矿国际信托有限公司设立五矿信托–恒宇28号财富传承财产信托（简称"家族信托"）。第二步，家族信托与孙任靖先生共同出资设立唐山恒泽企业管理咨询合伙企业（有限合伙）（简称"恒泽管理"），其中孙任靖先生为恒泽管理的GP、执行事务合伙人，家族信托为恒泽管理LP。第三步，恒泽管理通过向元亨科技（实控人孙任靖的个人独资企业，本次权益变动前，元亨科技持有公司70,070,000股股份，占比25.64%）增资，成为元亨科技持股75%的股东，从而间接控制三孚股份25.64%股份。因孙任靖先生为恒泽管理的普通合伙人、执行事务合伙人，并且为家族信托的委托人，所以孙任靖先生为恒泽管理的实际控制人，孙任靖先生及其所控制主体合计控制公司股份的比例为64.95%，公司控股股东及实控人仍为孙任靖先生。

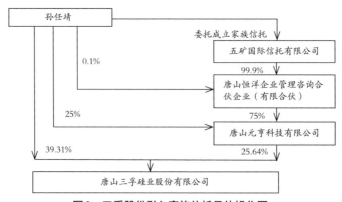

图9 三孚股份引入家族信托具体操作图

虽然孙任靖是三孚股份的实际控制人，但三孚股份作为独立法人，其持有的财富并不完全归孙任靖所有。换句话说，家族企业的财富并不是家族的财富。这里需要有一个"财富合规私有化"的过程。通常情况下这个私有化的过程可以通过工资、分红、一级市场变现、二级市场变现（三孚股份毕竟是上市公司）等合法方式进行。但"合法"不代表"合意"，原因如下。

第一，这些方式的税负都比较高。第二，如果实控人要离婚析产，对上市公司的影响很大。第三，存在不确定的一众法律风险、资金风险、经营风险。第四，再厉害的实控人也有退出历史舞台的那天。偌大的家业，子女能不能、愿不愿继承？我们不知道。就算如愿继承，二代能否如一代一样卓尔不群，亦未可知。

而家族信托的出现，为解决这一系列问题提供了一种可行的工具。

先说"避险"。理论上，强调一下，笔者说的是理论上，家族信托的存在，可以有效避开上述法律问题。

再说"节税"。就本案中实控人的操作来看，笔者怎么都觉得这个安排的重点不是"避险"，而是"节税"。

为什么这么说呢？设想一下，如果有一天三孚股份产生利润分红，作为其法人股东的元亨科技肯定是免征企业所得税的。元亨科技再向上分配呢？按调整前的股权结构，就直接到孙先生本人了，这就涉及20%的个人所得税。按调整后的股权结构，75%以上的部分会被分给唐山恒洋。而唐山恒洋是有限合伙企业，是所得税的透明体，纳税义务直接穿透到唐山恒洋的合伙人，没错，就是那个"恒字28号财富传承财产信托"。可是恒字28号财富传承财产信托只是一个契约，您见过一纸合同能当纳税人的吗？因此，它必然也和唐山恒洋一样是个"利润导管"和"所得税透明体"。纳税义务会再次穿透到信托的受益人。

那么，向信托受益人征收这笔所得税，是否妥当？要说妥当，笔者认为有道理，毕竟最后是信托受益人拿到了这笔钱，本着实质重于形式的原则，你不交税谁交税？要说不妥当，笔者认为也有道理。我拿到的这笔钱是信托收益，而不是股息红利。我作为信托受益人连公司的股东都不是（股东是信托计划本身），为何要按股息红利征其所得税呢？我国税法目前在这个领域还没有相应的规定。对税务机关的执法行为来说，法律若未明确允许征税，税务机关对这笔信托收益征税就比较难了。是的，这笔钱就这样在无任何税负的情况下套现了。

然而，笔者强调的是税务机关征税依据不足，而不是税务机关不能征税。还请那些向企业家们兜售信托产品的机构在宣传时不要把话说得太死，更不要总拿着"规避遗产税"这种不着边际的话制造焦虑。

综上所述，囿于立法与执法方面的诸多不确定性，无论是为了"避险"，还是"节税"，国内家族信托都只能起到表面作用，作为工具无可厚非，但完全倚仗它则尚须探讨。而是否向企业家说明这个问题，则是判断一个机构是否靠谱的关键点。

四、避险？避税？圈钱？外商直接投资（FDI）模式竟被玩得这么溜

关于资本，有这样3个知名的论述：(1)资本无国界（因为它要避险）；(2)为了100%的利润，它敢践踏一切人间法律（包括但不限于避税）；(3)如果有300%的利润，它敢犯任何罪行，甚至冒着被绞首的危险。

下面的这个案例，仅用一个非常基础的海外结构，就把上述对资本的论述展现得淋漓尽致。

（一）金蝉脱壳

提问：有钱应该高调还是低调？

答：小钱高调，大钱低调，老钱消失。

绩迅科技的原始股东显然很可能赚到了老钱，因为它们想"消失"。于是，它们找到了一个既不公开信息，也无外汇管制，更无税收的地方。是的，那就是英属维尔京群岛（The British Virgin Islands，BVI）。

那么，问题来了，它是如何将国内的钱转到BVI去的呢？当然是先在BVI设立控股公司对国内企业投资，等国内企业创造利润后，再以分红的方式汇到境外。

慢着，问题又来了，这种操作方法不是会受到"外汇管制"的影响吗？它这种被称为外商直接投资的模式有个前提条件，即实控人不能是中国籍。那它们加入外籍了？也没有，因为这样就不利于继续在国内赢利了。那还能怎么做呢？您是否听说过一种叫"代持"的方式？

来看下面案例。《绩迅科技：补充申请人律师关于公开转让并挂牌的法律意见书1》〔2023-07-20〕详细披露：

2014年1月，绩迅控股投资设立发行人前身北海绩迅科技。发行人境外股权结构拆除前，股权结构如下：

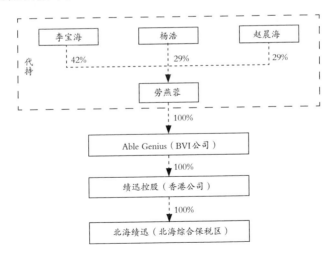

李宝海、杨浩、赵晨海于2010年7月在英属维尔京群岛设立Able Genius，三人分别持有该公司42%、29%及29%股权，并且均委托杨浩的配偶劳燕蓉代为持有前述股权。Able Genius成立时股权代持的原因如下：一方面创立初期股东股权代持的合规性认识不足；另一方面系为了使股东与公司风险隔离，防止股东个人刑事风险损害公司利益或产生其他不利后果，实际股东尽量避免直接持有境内外公司股权，或出任相关公司的董事、监事及高级管理人员。

笔者相信公告前半段内容，但不相信后面对于股权代持的解释。代持人劳燕蓉大概率是外籍身份，因为只有这样，FDI结构才能实现。

那么，问题又又来了，如上图所示，在BVI公司与北海绩迅之间，为什么还要多出一个绩迅控投（香港公司）呢？公告是这样解释的：

经杨浩、李宝海、赵晨海说明，其业务从海外贸易起步，考虑到香港作为自由贸易港有着天然的竞争优势，其次在香港使用外汇进行海外采购或销售，无需频繁结换汇，为便于从事再生墨盒、配件、硒鼓的境外贸易，杨浩、李宝海以及赵晨海于2007年8月29日在香港设立绩迅控股，截至本《补充法律意见书》出具之日，绩迅控股未实际经营任何业务，亦不持有其他任何实体的股权。

既然是做贸易的，为何取名"绩迅控股"？既然那么方便做贸易，为何成立几年未实际经营任何业务？显而易见，这个香港公司的成立根本就不是为了方便做贸易，而是为了避税。因为内地企业向香港企业分红，预提所得税为5%，而直接向BVI公司分红的预提所得税为10%。绩迅控投（香港公司）是一个彻头彻尾的"导管公司"。

中国个人+外籍代持+BVI公司+香港导管公司+内地公司，这一基础的FDI结构让绩迅科技实现了境内赢利、境外避险、跨境避税三不误。

（二）浮出水面

没错，绩迅科技要在境内上市了，而且以被上市公司并购的形式变相上市。面对上市前的监管核查，三位实控人再也不能躲在"外籍人士"劳女士身后了，必须现出真身。

公告接着披露：

2019年，鼎龙股份向杨浩、李宝海、赵晨海发行股份并支付现金，购买其持有的公司59%股权，为了便利境内资产重组及更好地满足鼎龙股份对子公司股权结构清晰的要求，因此对境外架构进行了拆除。拆除境外架构后、申报上市的股权结构图如下：

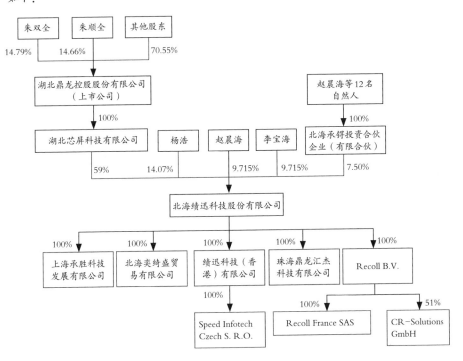

（三）涛声依旧

那么，问题又又又来了，割完这波韭菜挣的钱岂不是更需要避险？是啊，笔者猜测（非常希望是错的），要不了多久，"外籍人士"劳女士定会用基础的FDI模式重演一次金蝉脱壳。

避险，避税，圈线——FDI这样一个基础的海外结构，竟被玩得这么"溜"！

五、搭建直接对外投资（ODI）时，"内地＋海南＋香港"结构是如何实现节税的？

设想一下，如果你是一家年收入达到10亿元、股息分红达到1.9亿元的游戏公司，有没有可能把企业所得税控制到0？这样天方夜谭式的想法竟然被我国的一家游戏公司实现了。而其实现的根基，恰恰在于搭建了一套直接对外投资结构。

某游戏公司（下称"境内A公司"）于2019年8月在海南成立，注册资本为1,000万元人民币，主要经营基础软件服务、应用软件开发、互联网文化活动、互联网游戏活动等。2020年，境内A公司在香港注册成立了一家全资子公司（下称"香港B公司"），香港B公司主要负责境内A公司游戏的海外发行。2021年9月，境内A公司用自有资金向香港B公司汇出资本金1,000万港元，用于购买软硬件设施及境外游戏推广所需的研发、运营及推广费用。其股权结构如下：

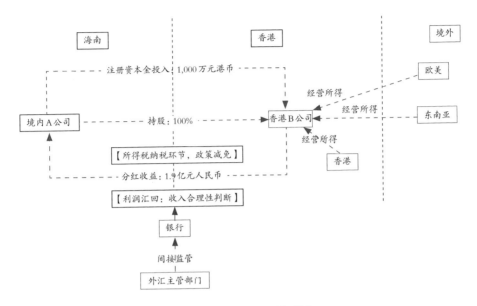

图10 某游戏公司股权结构

香港B公司的收入来源主要为广告变现收入、玩家游戏充值收入。公司成立之后，其所发行游戏在欧美及中国香港地区广受欢迎，并在中东、印尼等国家和地区的游戏下载榜上居首位。以其所发行的某款游戏为例，该游戏在Google Play平台上的累计下载量超5,000万次，按20%月活量、人月均消费5元人民币计算，该产品年均收入为0.9亿美元，香港B公司的年营业收入约10亿元人民币。2022年1月，香港B公司向境内A公司分红1.9亿元人民币。

那么，香港B公司的10亿元营收以及其向境内A公司分红的1.9亿元，在内地和香港应如何纳税？应纳税额又是如何消失的呢？

先看香港。香港利得税规定，凡在香港经营业务都必须缴纳利得税。而且香港采用"地域来源"原则征税，即香港居民从外地赚取的赢利无须缴税，非香港居民若从香港获取利润则须缴税。目前，香港公司首200万港币的利润适用税率

8.25%，其后的利润适用税率16.5%。也就是说，如果按照香港B公司利润1.9亿元人民币测算，香港B公司应向香港特区政府缴纳利得税约3,120万元人民币。

但是，由于香港采用"地域来源"原则征税，而香港B公司的游戏玩家市场主要在境外（欧美、东南亚），95%以上收入来自香港之外，所以香港B公司向香港特别政府税务局提交了"离岸豁免"税务处理申请。最后结果是10亿元收入在香港零纳税。

再看内地。根据《中华人民共和国企业所得税法》，居民企业境外投资的股息、红利等权益性投资收益，一般应按25%的企业所得税税率征税（在不考虑相关税收优惠的情况下）。也就是说，如果按25%税率，香港B公司向境内A公司分红1.9亿元，且无在境外所得税收抵免（香港零纳税），及不计其他扣除的情况下，则应向境内缴税约4,750万元。

但是根据《关于海南自由贸易港企业所得税优惠政策有关问题的公告》（国家税务总局海南省税务局公告2020年第4号），在2020年1月1日至2024年12月31日期间，在海南自由贸易港设立的旅游业、现代服务业、高新技术产业企业新增境外直接投资取得的所得，满足法定条件（被投资企业所在地法定所得税率不低于5%）即可免征企业所得税。由于境内A公司在海南自贸港设立并实际运营，其主营业务游戏属于自贸港鼓励类产业目录中的具体项目，对香港B公司的投资发生在2020年1月1日至2024年12月31日期间，而且被投资地区香港的企业所得税法定税率是16.5%，明显不低于5%，以此，海南境内A公司投资设立香港B公司符合海南境外投资所得免税的法定条件。

所以结果是，通过搭建"内地+海南+香港"直接对外投资结构，该游戏公司实现了经营和分红双零税。

直接对外投资结构模式最多被用在经营层面的对外投资。对于那些有顶层架构设计要求、海外融资要求和资金避险要求的企业来说，直接对外投资结构模式就显得有些力不从心了。

总结一下：

1.直接对外投资模式常用于扩展海外经营业务。

2.直接对外投资时，持股平台最优注册地在海南自由贸易港。

3.特殊前提下，搭建"内地+海南+香港"结构，可以起到意想不到的节税效果。

4.直接对外投资模式并不适合解决对海外顶层控股结构（如海外融资）有要求的情况。

这两节，我们分别谈了外商直接投资模式与直接对外投资模式。下一节，我们聊一聊境外投资中的"返程投资"模式。

六、返程投资与海外红筹结构是如何运作的？

跨境股权架构包括顶层架构与底层架构。其中，FDI模式通常用于顶层架构，要求股东是外籍；而ODI模式通常用于底层架构，要求股东是中国籍。超大房企恒大的老板显然对这两个模式都不是很满意，因为它既要境内赢利，又要境外融资；既要公钱转私，又要资金离岸。最重要的一条，所得都要姓"许"。

不仅恒大的老板，全天下的老板们恐怕都是这样想的，这是资本的天然属性。于是，返程投资模式以及在其基础之上衍生出来的海外红筹及VIE（协议控制）等变种架构粉墨登场。而恒大的许老板，就是用这种结构实现了他的一切愿望，但也掏空了恒大，把自己送入了深渊。

恒大的返程投资结构如下图所示：

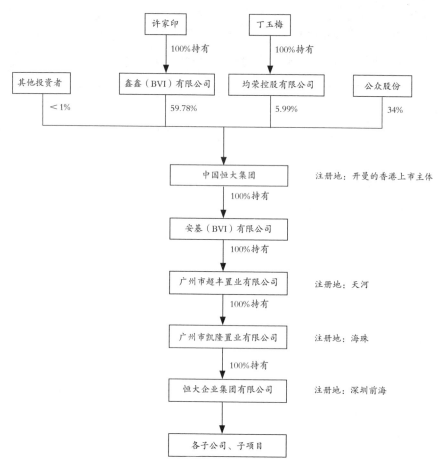

图11　恒大的返程投资结构

运作步骤具体如下：

第一步，海外融资。为此，在开曼群岛注册了中国恒大集团。现阶段，中国香港、新加坡及美国资本市场均接受在开曼群岛注册的豁免公司到当地股票市场挂牌交易。除恒大外，百度、腾讯、阿里巴巴、京东、360、新浪等人们熟知的互联网公司注册地都在开曼群岛，原因是什么呢？

首先是税收优惠。无论是对个体，还是对信托行业，开曼群岛当地政府都不征任何税，只收取少量的年度管理费，这可以降低个人或企业的税收成本。

其次是融资便利，所有国际银行都认可开曼的公司，中国香港、美国、英国、新加坡等国家和地区都认可开曼的公司在当地上市。因此，为便于以后上市融资，选择在开曼注册公司是优胜选择。

最后是信息保密。公司的股东名册、董事名册、股权占比信息、企业收益情况等信息，均受到开曼群岛法律的严格保护，公众无法查阅。

第二步，公钱转私。老许的公钱转私可以归纳为四种手段。

手段一是BVI公司境外套现。2021年11月25日，鑫鑫（BVI）有限公司、丁玉梅、许家印合计卖出12亿股中国恒大股份，套现约26.76亿港元。许家印在BVI设立的鑫鑫公司可以避开直接持股禁售期的限制。开曼公司上市之后，一般交易所会要求其股东在1年或更长时间内禁止出售所持有的股票，而通过设立BVI间接持股的方式，实际控制人（股东）可以免受禁售期限制，处置股权更为便利。

手段二是境内分红。在房企中，恒大分红应该是最狠的。而且根据其财报，恒大很可能涉嫌"庞氏分红"，通过提前确认收入和利润的财务手段，来提高分红金额。分红的转移路径为，境内运营实体→外商独资企业（WFOE）→香港公司→境外控股公司，最终到了许家印的口袋里。由于BVI公司所得税低税率的待遇，无论是收取股利，还是出售BVI公司股权放弃原有业务，均可享受税收优惠。同时，如果实际控制人（股东）直接持有上市主体股权，那么实际控制人的分红就必须按照《国家外汇管理局关于境内居民通过特殊目的公司境外投融资及返程投资外汇管理有关问题的通知》（汇发〔2014〕年37号）的规定，在指定日期内汇入境内；实控人如果有BVI公司，则收益归属BVI公司，无需汇入境内。

手段三是境内发债。也就是将资金注入，成为恒大的债权人。据了解，恒大会发行高息的优先美元债，专供给内部人士，外人买不到。比如在2018年11月6日，许家印认购了恒大两只美元债共计10亿美金，年利率高达13%和13.75%！这些优先美元债具有优先兑付权力，当恒大出事，也可以优先兑付。

手段四是公产私用。公开资料显示，许加印的年薪只有25万元。但其生活极度奢靡，吃穿用度都是顶级进口产品，豪车、豪宅、私人飞机、游艇等奢侈品应有尽有。私人开销极大，25万元还不够他塞牙缝儿。他的高开销是如何维持的？一部分由恒大买单，像空客ACJ330、空客ACJ319在内的4架私人飞机的花销都是恒大公司出的。有消息人士指出，恒大曾以3,200万美元出售许家印的豪华游艇偿还债务。游艇供许家印私人使用，但却以恒大的名义登记。

第三步，资金离岸。通过以上这些方法，恒大的财产被变成了许家的。长此以往，焉能没有风险，难道许老板不怕拉清单吗？他当然怕，所以，这些钱全部通过"返程投资"结构放在了BVI，实现了"资金离岸"。

第四步，家族传承。融资、套现、离岸、避税之后，就是传承。据说许家印给儿子设立了23亿元的信托基金。这个应该是离岸信托，也就在境外设立一个离岸家族信托，将国内所获得的利润、红利以及资本变动外汇收入，以信托契约的方式转移到境外的信托公司。一旦转移到信托，做好了资产隔离，即便遭遇法律诉讼、破产或其他财务困境，也不会受影响，债权人也无法追索。所以，离岸信托又被称为"富二代保护计划"。而这一步，也离不开"返程投资"模式的加持。

其实，国内不少富豪都设立了离岸信托，比如2019年，龙湖的吴亚军、达利食品的许世辉、周黑鸭的唐建芳和融创的孙宏斌将合计170多亿美元的财富转入了离岸家族信托。

表4　吴亚军等四位企业家将财富转入离岸家族信托的情况

企业家姓名	企业名称	日期	股权变动估值	备注
吴亚军	龙湖集团	2018.11.21	79亿美元	全部股份从由吴亚军设立的信托转移至委托人为其女儿设立的信托
许世辉	达利食品	2018.12.07	42亿美元	一项新成立的信托汇集了许世辉部分持股和此前由许世辉妻女持有的股份
唐建芳	周黑鸭国际控股	2018.12.18	6亿美元	此前由唐建芳的离岸公司控制的两笔股份，现由家族信托持有
孙宏斌	龙湖地产	2018.12.31	45亿美元	孙宏斌大部分持股转移至South Dakota Trust

被掏空的何止是恒大，又何止是几家企业！

所以，这种离岸结构已被世界各国政府视为"眼中钉"，事实上，针对这种情况的围剿也已经展开。2015年12月17日，中国签署了《金融账户涉税信息自动交换之多边政府间协议》，这标志着中国正式加入税务情报交换的大网。截至2018年11月，进行首次情报交换的国家和地区已经达到100个。这100张张开的大网，已经向金融账户高净值人士撒去。

第九章　资金融通

一、上市公司重整过程中，6亿元投资收益缘何税负为0？

家家都有孩子，人人望子成龙，要是孩子一不小心望成了"废柴"，当父母的照样得管。做企业也一样，好不容易熬出个上市公司，一不小心挂上了"*ST"，当老板的也得保壳自救。看下面*ST新文于2022年12月30日发布公告的披露：

2022年12月28日，公司获悉双创新文化增资入伙厦门杉南文化传播合伙企业（有限合伙）（以下简称"厦门杉南"），认缴金额为100万元，并于当日完成全额出资，成为唯一实缴出资合伙人。厦门杉南及其另两名合伙人上海弘赛企业管理中心、上海双创企业管理中心均系公司董事长、实际控制人张赛美女士所控制的企业，属于《深圳证券交易所创业板股票上市规则》规定的关联关系情形，为公司的关联方。

2022年12月30日，公司获悉厦门杉南将其持有的上海双创宝励股权投资管理合伙企业（有限合伙）（以下简称"双创宝励"）96.67%的财产份额以6亿元转让给上海岱旭创业投资合伙企业（有限合伙）。双创新文化与厦门杉南各合伙人共同签署了《厦门杉南文化传播合伙企业（有限合伙）合伙人会议决议》，一致同意以实缴比例向合伙人分配该转让收入，将6亿元分配给唯一实缴出资合伙人双创新文化，分配后双创新文化从厦门杉南退伙。双创新文化其他合伙人上海双创投资管理有限公司、匠兴股权投资（苏州）有限公司、上海双创文化产业投资中心（有限合伙）、上海旭巢企业管理中心、上海柠聪企业咨询事务所、上海飓熠信息技术事务所均未实缴出资，并根据《上海双创新文化企业管理中心（有限合伙）合伙人会议决议》一致同意以实缴比例向合伙人分配收益，将6亿元分配给唯一实缴出资合伙人新文化传媒。截至公告日公司已收到该笔款项。

过程如下图所示：

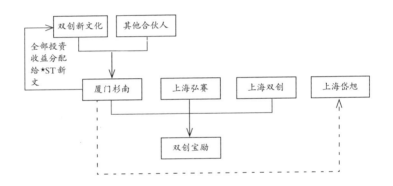

双创新文化12月28日实缴出资100万元成为厦门杉南合伙人，12月30日转让双创宝励合伙人份额，取得投资收益6亿元，按说这会计处理应该是：

借：其他应收款　　600,000,000（笔者猜测大概率是没有实际支付的）

贷：投资收益　　600,000,000

但是，根据《监管规则适用指引——会计类第1号》1-22条：上市公司的实际控制人对上市公司进行直接或间接的捐赠、债务豁免等单方面的利益输送行为，应认定其经济实质具有资本投入性质，形成的利得应计入所有者权益。所以，上市公司的实际处理是：

借：其他应收款　　600,000,000（笔者猜测大概率是没有实际支付的）

贷：资本公积　　　600,000,000

有了这6亿元投资收益，第二天，12月31日的利润表就很养眼了。但是，接下来的问题很棘手，没错，企业所得税！理论上讲，虽然这6亿元投资收益在会计上被计入了资本公积，但在企业所得税上，还是属于财产转让类收入，应该纳入当年度的应纳税所得额。

但是公告里的一处"魔鬼"细节抓住了笔者的眼睛：

通过上述合伙企业分配方式实现实控人对上市公司捐赠的目的，并通过合法合规降低税负使上市公司受益最大化，体现了实控人对上市公司未来发展的信心。该笔款项可支持公司业务发展，改善资产负债结构，进一步提升公司可持续经营能力，将对2022年度财务报表产生积极影响，预计将增加公司2022年度合并所有者权益6亿元，该投资事项不存在损害公司及股东利益的情形，最终会计处理将以年审注册会计师审计确认后的结果为准。

也就是说，这笔作为资本公积核算的投资收益，本来应该交企业所得税，但实际上一分钱都没交，而且整个过程是"合法合规降低税负"。那么问题来了，这个"合法合规降低税负"是怎么实现的呢？

笔者的第一想法是——弥补亏损。您想想，都叫"*ST新文"了，那肯定是巨额亏损啊，网络数据显示，公司亏损6.5亿元，刚好够弥补亏损。

但是不对啊，公告不是说计入资本公积了吗，那怎么能弥补亏损呢？笔者必须啰唆一句，这里所说的亏损并不是指会计利润上的亏损，而是指企业所得税上的亏损。根据《企业所得税法实施条例》的说法，《企业所得税法》第五条所称亏损，是指企业依照《企业所得税法》和本条例的规定将每一纳税年度的收入总额减除不征税收入、免税收入和各项扣除后小于零的数额。此"亏损"非彼"亏损"，读者千万要注意甄别。

按说这个推论是完全说得通的，因为我们也看不到企业所得税申报表。可是，笔者总觉得哪里怪怪的。毕竟，单从"气质"上来讲，弥补亏损这种"大路货"跟"合法合规降低税负"不太搭啊！

电光石火之间，笔者眼前闪过了一组数字："29号"！

对，《国家税务总局关于企业所得税应纳税所得额若干问题的公告》（国家税务总局公告2014年第29号）有一段重要表述：

> 企业接收股东划入资产（包括股东赠予资产、上市公司在股权分置改革过程中接收原非流通股股东和新非流通股股东赠予的资产、股东放弃本企业的股权，下同），凡合同、协议约定作为资本金（包括资本公积）且在会计上已做实际处理的，不计入企业的收入总额，企业应按公允价值确定该项资产的计税基础。

*ST新文恰好在会计上已做实际处理，恰好计入了资本公积，唯一的争议在于，这种另类的注入资产方法是否属于文件所说的"企业接收股东划入资产"。以笔者的多年经验来看，*ST新文极有可能刻意弱化了这个争议点，主动适用29号公告，从而达成了将6亿应收所得不交企业所得税的目的，同时将6.5亿的亏损弥补额度成功向后递延。

二、资金池管理等于避税？被误解最深的企业管理手段的八大税务关键问题

资金池管理是集团经营企业常见的内部资金管理方式。其对提高集团资金运用效率、扩大集团投融资规模、防止资金滥用等方面均有积极的作用。遗憾的是，资金池管理作为企业集团内部管理的手段，常被误认为全然的企业避税工具。

出现这种情况原因不外有三。其一，不可否认，的确有些企业在资金池管理过程中出现过转移利润避税的情形；其二，相关方对集团企业的运作模式不了解，出于惯性而进行有罪推定；其三，企业在资金池管理过程中对税务风险控制不到位。

笔者在这里大声疾呼：资金池管理确实只是企业集团资金管理的手段，其主要目的是提升企业资金管理效率，不是避税！做好企业资金池管理，要把握好以下8个税务关键点。

（一）企业集团的概念认定问题

很多人认为，一个企业只要有母公司和几个子公司，就是企业集团。其实这是对企业集团概念的重大误解。根据《企业集团登记管理暂行规定》，统借统还中的"企业集团"，是指以资本为主要联结纽带，以母子公司为主体，以集团章程为共同行为规范的母公司、子公司、参股公司及其他成员企业或机构共同组成的具有一定规模的企业法人联合体。

也有很多人认为，企业集团认定程序复杂。其实，自2018年起，企业集团的认定程序就变得十分简便了。《关于做好取消企业集团核准登记等4项行政许可等事项衔接工作的通知》（国市监企注〔2018〕139号）规定，各地工商和市场监管部门不再单独登记企业集团，不再核发《企业集团登记证》。按照规定，取消企业

集团核准登记后，集团母公司应将企业集团名称及集团成员信息通过国家企业信用信息公示系统向社会公示。

（二）财务公司模式与结算中心模式的区别

这里所说的财务公司，是由金融监管部门发放金融牌照，允许从事存贷款业务的专业财务公司。这类公司相当于在集团内自建了一个小银行。由于牌照管理极为严格，所以具备专业财务公司的企业集团少之又少。大部分企业采用的都是集团结算中心模式。这就产生了一个重大差异。集团内所有公司的钱存在财务公司里，属于存款性质，其产生的利息属于存款利息，是不征增值税的项目。而集团内所有公司的钱存在母公司结算中心账户，属于借款性质，如果收取利息，应当征收增值税；如果不收取利息，应当视同销售征收增值税。

（三）内部资金借贷循环中的有息借款问题

看下面公告，海康机器于2023年8月3日发布公告披露：

2021年1月31日之前，公司与控股股东海康威视签订资金拆借合同，并将暂时闲置资金归由海康威视统一管理，资金拆借利率按海康威视同期所能获得的最高活期协议存款利率计算。2019年度—2021年度公司计提相关利息收入累计2,963.48万元，因利息收入计提，当年未及时向税务机关进行申报，公司于2022年更正申报时补缴了相应税金，并因税收延迟申报产生滞纳金183.54万元。自2021年1月31日起，海康威视不再对公司的闲置资金进行统一归集。报告期末，通过上述资金拆借合同归集至海康威视的资金及利息均已全部收回，相关事项已整改完毕。

借款利息在增值税中属于"贷款服务"税目，缴纳税款，天经地义。

（四）内部资金借贷循环中的无息借款问题

假设海康威视的上述借款为无息借款，那问题就变得复杂了。

首先，在增值税上，这些借款极有可能被认定为视同销售补缴增值税。好在《财政部 税务总局关于明确养老机构免征增值税等政策的通知》（财税〔2019〕020号）明确规定：对企业集团内单位（含企业集团）之间的资金无偿借贷行为，免征增值税。方才解了这个尴尬。

顺便说一下，很多人问笔者，这个免税政策能持续多久？笔者可以明确答复，只要《中华人民共和国增值税法》不出台，这个政策就会一直延续下去，大家放心使用。

其次，在企业所得税上，税务机关会以不符合独立交易原则为名启动特别纳税调整。《国家税务总局关于印发〈特别纳税调整实施办法（试行）〉的通知》（国税函〔2009〕002号）第三十条规定：实际税负相同的境内关联方之间的交易，只要该交易没有直接或间接导致国家总体税收收入的减少，原则上不做转让定价调查、调整。但是原则上不做，实际上常常会做。何况，如果双方的实际税负真的存在转移利润空间呢。

这也是在一些税务机关看来，"资金池管理＝避税"的根本原因。

（五）外部资金借贷循环中的统借统还问题

伊品生物于2019年5月6日发布年报附注，披露公司及下属主体享受的增值税免税优惠：

3）统借统还业务取得的利息收入免征增值税政策：

根据财政部、国家税务总局联合颁发的《关于全面推开营业税改征增值税试点的通知》（财税〔2016〕36号）附件3第一条第（十九）款第7项的规定，经永宁县国家税务局（永国税通〔2016〕29156号）备案审核，本公司自2016年12月1日起享受统借统还业务取得的利息收入免征增值税政策。

很明显，伊品生物存在企业集团或企业集团中的核心企业以及集团所属财务公司按不高于支付给金融机构的借款利率水平或者支付的债券票面利率水平，向企业集团或者集团内下属单位收取利息的情况。在这种情况下，集团向各下属公司收取的利息属于免征增值税项目。

需要注意的是，统借统还业务有3个关键点：（1）有息。（2）资金必须是"下流"的，即由集团内核心企业或财务公司主导才可以享受。一些企业由集团内的成员单位反向借给核心企业，就不能享受免税政策。（3）集团核心企业向成员企业收取的利息不能高于其对外融资利息，否则将全额征收增值税。

（六）母子公司借贷循环中的资本弱化问题

为了防止集团内部母子公司之间利用资本弱化制造"利息税盾"，转移利润避税，国家税务总局公布的《关于企业投资者投资未到位而发生的利息支出企业所得税前扣除问题的批复》一文（国税函〔2009〕312号）做出反避税技术处理：

关于企业由于投资者投资未到位而发生的利息支出扣除问题，根据《中华人民共和国企业所得税法实施条例》第二十七条规定，凡企业投资者在规定期限内未缴足其应缴资本额的，该企业对外借款所发生的利息，相当于投资者实缴资本额与在规定期限内应缴资本额的差额应计付的利息，其不属于企业合理的支出，应由企业投资者负担，不得在计算企业应纳税所得额时扣除。

这也间接使得所有实缴资本未到位的企业均存在一个所得税风险，即未到位部分对应的利息支出税前不得扣除。

（七）兄弟公司借贷循环中的债资比例问题

很多时候，由于资金池的存在，企业如果想转移利润，并不一定非要在母子公司之间，没有相互投资关系的兄弟公司之间也可以实现。为了堵住这一系统漏洞，国家税务总局再次下发了《财政部 国家税务总局关于企业关联方利息支出税前扣除标准有关税收政策问题的通知》（财税〔2008〕121号）：

在计算应纳税所得额时，企业实际支付给关联方的利息支出，不超过以下规定比例和税法及其实施条例有关规定计算的部分，准予扣除，超过的部分不得在发生当期和以后年度扣除。企业实际支付给关联方的利息支出，除符合本通知第二条规定外，其接受关联方债权性投资与其权益性投资比例为：金融企业为5:1，其他企业为2:1。

需要注意的是，上述121号文件所说的超过比例的部分不得扣除是有条件的，即是否存在避税可能；如果这种可能可以被排除，那么相应利息仍可以扣除。因此，121号文件又做出一项规定：

企业如果能够按照税法及其实施条例的有关规定提供相关资料，并证明相关交易活动符合独立交易原则的；或者该企业的实际税负不高于境内关联方的，其实际支付给境内关联方的利息支出，在计算应纳税所得额时准予扣除。

（八）子公司购货，母公司付款，"三流不一致"问题

最后，也是最有意思的一个问题。很多企业集团采用资金池管理之后会将采购付款权限上收，造成子公司采购、母公司付款情况的出现。很多财务人员担心这样会出现"三流不一致"的问题，导致企业采购进项税额不能抵扣风险。其实

这种担忧大可不必。

"三流一致"的说法最早可以追溯到《国家税务总局关于加强增值税征收管理若干问题的通知》（国税发〔1995〕192号）的规定：

纳税人购进货物或应税劳务，支付运输费用，所支付款项的单位，必须与开具抵扣凭证的销货单位、提供劳务的单位一致，才能够申报抵扣进项税额，否则不予抵扣。

该文件强调的是收款方与开票方的一致性，正所谓"谁收款，谁开票"。集团公司作为付款方，并不在本文不可抵扣的范围之内。也就是说，只要我们把握"谁收款，谁开票"的大原则，那么，谁付的款，并不是评判采购方进项税额是否允许抵扣的关键。

没想到啊没想到，企业搞了个资金池管理，资金效率是上去了，却带来了这么一大堆税务问题，大家可一定要把握好。

三、上市公司重整时债权清偿方案的税务处理

近年来，上市公司重整频发，包括*ST凯撒、坚瑞沃能、*ST沈阳机床、ST康美在内的多家*ST公司完成重组。多家企业的重整方案大体相当，即通过公开招募和遴选，重整企业通过定向增发方式引入管理人、确定产业投资人和财务投资人。之后对担保债权、职工债权、税款债权进行清偿。其余普通债权以"现金+留债+转增股票"的组合方式进行清偿。

重整过程中的四大环节均涉及税务问题，尤其值得关注的是转增股票的税务

处理，十分有趣。我们以*ST凯撒的重整公告为例。*ST凯撒于2023年11月4日发布公告披露：

2023年6月25日，债权人以凯撒旅业不能清偿到期债务，且明显缺乏清偿能力，但具备重整价值为由，向三亚中院申请对债务人进行重整，并申请进行预重整。2023年7月3日，三亚中院决定对凯撒旅业启动预重整；2023年10月28日，三亚中院裁定受理凯撒旅业重整。

重整的债权清偿方案如下：

一是有财产担保债权在优先受偿范围内以现金和留债清偿。有财产担保债权以对应担保财产的市场价值为标准确定优先受偿范围，在重整计划执行期限内以"35%现金+65%留债"方式全额清偿。若担保财产的市场价值不足以清偿所对应的有财产担保债权，则该笔有财产担保债权未获清偿的部分作为普通债权清偿。留债期限7年，留债利率为浮动利率，在重整计划规定的计息期间内，就尚未偿还的留债本金，按同期五年期LPR的70%计算利息，如该利率发生变化，根据该利率的变化分段计算利息。

二是职工债权。不作调整，全额清偿。

三是税款债权。不作调整，全额清偿。

第一部分涉及的税务处理主要是利息费用对应的增值税、发票、税前扣除等常规问题，这里不再赘述。第二部分涉及的税务处理主要是申报、代扣职工的个人所得税问题。第三部分不涉及税务处理。

接下来，最有技术含量的环节来了——没错，就是债转股。公告披露如下：

四是普通债权以现金、留债、转增股票抵债等方式清偿。每家债权人10万元以下（含本数）的普通债权部分，在重整计划执行期限内以现金方式全额清偿。每家债权人10万元以上的普通债权部分，以"5%现金+8%留债+剩余以股抵债"的方式清偿，即每100元债权可获得5元现金、8元留债和约6.69股凯撒旅业的转增股票。留债部分的留债条件与有财产担保债权相同（但担保方式等不适用的安排除外）。根据财务顾问出具的《股权价值分析报告》，预计凯撒旅业重整后股票价格的合理区间在11.88元至14.25元。本次按估值区间的中值约13元/股价格抵债。

让我们先按新债务重组准则来给双方做一下会计分录（分录中的金额单位以万元表示，下同）。

债务人处理：

借：其他应付款　　　　　　　92

　　贷：银行存款　　　　　　　　5

　　　　股本　　　　　　　　　　1

　　　　资本公积——股本溢价　　86

债权人处理：

借：银行存款　　　　　　　　5

　　交易性金融资产　　　　　87

　　贷：其他应收款　　　　　　　92

会计准则是十分先进的，但在企业所得税眼里，这笔业务就不是这样了。《财政部 国家税务总局关于企业重组业务企业所得税处理若干问题的通知》（财税〔2009〕059号）第四条（二）规定：

发生债权转股权的，应当分解为债务清偿和股权投资两项业务，确认有关债务清偿所得或损失。

也就是说，在企业所得税人眼里，这笔交易的分录应该如下所示：

第一步，债务人用银行存款还债。

债务人处理：

借：其他应付款　　　　　92

　　贷：银行存款　　　　　　　92

债权人处理：

借：银行存款　　　　　　92

　　贷：其他应收款　　　　　　92

第二步，债权人以银行存款投资

债务人处理：

借：银行存款　　　　　　87

　　贷：股本　　　　　　　　　1

　　　　资本公积——股本溢价　86

债权人处理：

借：交易性金融资产　　　87

　　贷：银行存款　　　　　　　87

那么，问题来了，这87万元是根据财务顾问出具的《股权价值分析报告》，预计凯撒旅业重整后股票价格的合理区间在11.88元至14.25元，本次的债转股价格是按估值区间的中值约13元/股乘以6.69股计算出来的。而在企业所得税上，这个13元/股是估计出来的——这里企业所得税信奉的是实际成本、历史成本，只认1元原值。也就是说，*ST凯撒用1元股权换了87元债权，其实是有86元收益的，要交企业所得税。同理，债权人实际上用87元债权换了1元股权，其实是有86元损失的，要在企业所得税前扣除。

需要再次强调的是，上面这种分析方法就是我们平常所说的"一般性税务处理"。

如此之大的重组利得，必然成为*ST凯撒的不可承受之重。因此，税政上必须有疏解的办法。没错，《财政部 国家税务总局关于企业重组业务企业所得税处理若干问题的通知》（财税〔2009〕059号）第六条规定：

（一）企业债务重组确认的应纳税所得额占该企业当年应纳税所得额50%以上，可以在5个纳税年度的期间内，均匀计入各年度的应纳税所得额。

也就是说，这笔税款可以在5年内交齐，我们称这种处理方法为"确定性递延纳税"。接着看：

企业发生债权转股权业务，对债务清偿和股权投资两项业务暂不确认有关债务清偿所得或损失，股权投资的计税基础以原债权的计税基础确定。企业的其他相关所得税事项保持不变。

就是说，在本案这种情况下，*ST凯撒可以暂不确认所得，不交税！当然，代价是债权人也不能在企业所得税前扣除。

*ST凯撒在公告里披露：

重整计划执行完毕，重整主体将有可能因债务重组收益产生所得税。重整主体可依法向税务部门申请以账面资产发生的实际损失冲抵债务重组收益、特殊性税务处理等方式，减轻公司重整后的税务负担。

很明显，*ST凯撒是想适用59号文件。问题是，债权人能同意吗？能配合吗？如果能，那么多债权人都能统一配合吗？如果不能，也即无法适用59号文件的"不确定递延纳税"。那么该怎么办呢？

答案在《国家税务总局关于企业所得税应纳税所得额若干问题的公告》（国家税务总局公告2014年第29号）第二条中：

企业接收股东划入资产（包括股东赠予资产、上市公司在股权分置改革过程中接收原非流通股股东和新非流通股股东赠予的资产、股东放弃本企业的股权，下同），凡合同、协议约定作为资本金（包括资本公积）且在会计上已做实际处理的，不计入企业的收入总额，企业应按公允价值确定该项资产的计税基础。

原来，这部分所得可以视为企业接收的股东划入资产，从而不缴企业所得税。视色一变，难题迎刃而解！

看来，好好学习税法还是很重要的。

四、30.61亿元债务重组利得，所得税是如何凭空消失的？

先看一个案例。

2020年11月7日，*ST天娱发布重整计划披露：

2014年天神互动借壳科冕木业以来，主营业务变更为电竞游戏，该产业因2018年以来受游戏、影视行业监管政策调整等因素影响，经营业绩大幅下滑，陷入了严重的债务危机，大额商誉减值、债务利息罚息违约金等导致公司2018年、2019年以及2020年1—9月连续亏损，面临巨大的退市和破产清算风险。2020年7月31日，大连中院作出（2020）辽02破申5号《民事裁定书》，裁定受理天神娱乐重整。通过破产重整程序，2020年度债转股共实现重组收益30.61亿元，系因经过债权人会议和管理人最终确认后的债务总额为49.61亿元，根据《重整计划》，按照每10股约转增7.84股的比例实施资本公积金转增股本7.3亿元，计入资本公积11.7亿元，其余30.61亿元确认债务重组利得。

单位：元

债务重组方式	债务账面价值	债务重组相关损益	股本增加额	资本公积增加额
债务转为权益工具	4,960,825,450.19	3,060,739,553.52	730,871,061.00	1,169,214,835,67

根据《企业会计准则第12号——债务重组》规定，债权债务双方的简要会计处理如下所示：

1. 债权人：

借：长期股权投资　　　　　4,961,000,000（计税基础）

　　贷：其他应收款　　　　　　　　　　　4,961,000,000

2. 债务人：

借：其他应付款　　　　　　4,961,000,000

　　贷：股本　　　　　　　　　　　　　　730,000,000

　　　　资本公积　　　　　　　　　　　1,170,000,000

　　　　其他收益——债务重组利得　　　3,061,000,000

那么问题来了，对于债务人*ST天娱来说，这30.61亿元其他收益是否要交企业所得税呢？

根据《财政部 国家税务总局关于企业重组业务企业所得税处理若干问题的通知》（财税〔2009〕59号）：

企业债务重组，相关交易应按以下规定处理：

（1）以非货币资产清偿债务，应当分解为转让相关非货币性资产、按非货币性资产公允价值清偿债务两项业务，确认相关资产的所得或损失。

（2）发生债权转股权的，应当分解为债务清偿和股权投资两项业务，确认有关债务清偿所得或损失。

（3）债务人应当按照支付的债务清偿额低于债务计税基础的差额，确认债务重组所得；债权人应当按照收到的债务清偿额低于债权计税基础的差额，确认债务重组损失。

（4）债务人的相关所得税纳税事项原则上保持不变。

也就是说，不考虑亏损的情况下，这30.61亿应该全额计入 *ST天娱重组当期应纳税所得额，缴纳企业所得税约7.65亿元。但是59号文件同时提供了特殊性税务处理方法：

企业发生债权转股权业务，对债务清偿和股权投资两项业务暂不确认有关债务清偿所得或损失，股权投资的计税基础以原债权的计税基础确定。企业的其他相关所得税事项保持不变。

根据这一条，*ST天娱在公告中说明：

重整计划执行完毕，公司将有可能因债务重组收益产生所得税。公司可依法向税务部门申请以历史经营性亏损、账面资产损失等冲抵债务重组收益、特殊性税务处理等方式，减轻公司重整后的税务负担。

事实清楚，依据充分，*ST天娱大概率是可以享受特殊性税务处理的，也就是说，*ST天娱暂不确认债务重组所得，债权人也不确认债务重组损失，而是将"长期股权投资——*ST天娱"的计税基础确定为49.61亿元，待未来有一天转让股权时再行确认。

等等！*ST天娱暂不确认债务重组所得，那么它什么时候应该确认？如果它永远没有确认的时点，这笔7.6亿元的税款岂不就凭空消失了？

因为特殊性税务处理的原则是不确定递延，所以这笔7.6亿元的税款总有一天要交回去。债权人虽然没有在当期确认债务重组损失，但是拉大了长期股权投资的计税基础，在将来转让长期股权投资时所得就低了。相应地，债务人当期也没有确认债务重组利得，这笔7.6亿元的税款将来有一天应该也要交回去，这才能跟债权人处理保持一致。可是，债务人全部为进权益，并没有相应的资产或负债去装这个利得。这一天是哪一天呢？没有这一天！永远都没有！7.65亿元所得税，就这样消失了！

第十章　分红转增

一、资本公积转增资本时自然人股东的个税问题

先来说说资本公积转增资本这件事。

众所周知，资本公积是由股东投入，但不能构成股本或实收资本的资金部分。换句话说，不同于留存收益，资本公积并不是企业日常生产经营中产生的税后利润，而是股东自己的投入。照理说，自己投入的东西还归自己，只是改变了记账科目，自然人股东不应该涉及个人所得税。

因此，《国家税务总局关于股份制企业转增股本和派发红股征免个人所得税的通知》（国税发〔1997〕198号）中明确：

> 股份制企业用资本公积金转增股本不属于股息、红利性质的分配，对个人取得的转增股本数额，不作为个人所得，不征收个人所得税。

然而，仅仅过去一年，《国家税务总局关于原城市信用社在转制为城市合作银行过程中个人股增值所得应纳个人所得税的批复》（国税函〔1998〕289号）却"画风突变"：

《国家税务总局关于股份制企业转增股本和派发红股征免个人所得税的通知》（国税发〔1997〕198号）中所表述的"资本公积金"是指股份制企业股票溢价发行收入所形成的资本公积金。将此转增股本由个人取得的数额，不作为应税所得征收个人所得税。而与此不相符合的其他资本公积金分配个人所得部分，应当依法征收个人所得税。

这一解释把不征收个人所得税范围牢牢限制在了"股份制企业股票溢价发行收入所形成的资本公积金"的范围内。是什么导致了此次的巨大变化呢？读者在思考这类税务问题时需运用链条思维。

举个例子，自然人股东A实缴资本金100，本次转增100，如果按规定缴纳20%个税，则A持有股权的计税基础就是200；将来有一天，如果A将这部分股权以200对外转让，则应纳税额为0。如果转增的100没有纳税，则A持有股权的计税基础仍为100，转让环节应纳税额为20。

换句话说，转增和转让这两个环节，并不存在税多税少的问题，只是早交晚交的问题。

把问题放在整个链条上考虑，就会得到答案。我们讨论的是上市前的转增。2009年以前，我国个税规定，无论限售股还是流通股，在转让环节都是免征个人所得税的。这就意味着，如果在转增环节不把税征上来，到了上市以后的转让环节，就没有征上来的可能性了，所以才有了289号函的"画风突变"。

2009年，财政部、国家税务总局、证监会出台的《财政部 国家税务总局 证监会关于个人转让上市公司限售股所得征收个人所得税有关问题的通知》（财税〔2009〕167号）对限售股开始征收个人所得税，将这个漏洞堵上，又恢复到转增与转让环节必须有一个纳税的基本原理上了。反正转增时候交了，转让时候就少了。

转增和转让这两个环节，并不存在税多税少问题，只是早交晚交的问题。道理就是这么简单，可人性却很复杂。虽然总数不差，但谁也不愿意早交！不同公司在这两个环节中的税务处理方式不同，具体有以下4种类型。

（一）中规中矩型

国芯科技于2021年12月16日发布《国芯科技首次公开发行股票并在科创板上市招股意向书附录》，其中披露：

截至本补充法律意见书出具日，发行人合伙企业股东均已完成当年度的纳税申报工作，其中麒越基金、嘉信佳禾、矽芯投资、矽丰投资、矽晟投资和旭盛科创已经就本次整体变更中盈余公积、未分配利润转增实收资本及资本公积的情况代扣代缴自然人合伙人个人所得税；清商创投、君子兰投资承诺，其上层自然人合伙人将依法向税务机关申报并缴纳国芯有限整体变更设立国芯科技过程中相应的个人所得税，如其上层自然人合伙人未依法缴纳前述所得税，日后税收征管机关、相关监管部门认定或要求其上层自然人合伙人缴纳或补缴相应税款及相关费用（如滞纳金、罚款等）时，清商创投、君子兰投资将全额承担本企业上层自然人合伙人应缴纳或补缴的税款及因此所产生的所有相关费用（如滞纳金、罚款等），以避免给国芯科技或国芯科技其他股东造成损失或影响；如届时因前述所得税事宜导致国芯科技承担责任或遭受损失，清商创投、君子兰投资将及时足额地向国芯科技补偿所发生的与此有关的所有损失。

国芯科技的处理方式中规中矩，符合规定，做到了应纳尽纳。经济性方面理想，公告内容合法！

（二）享受优惠型

采纳股份于2022年1月10日发布《采纳股份：首次公开发行股票并在创业板

上市招股意向书》，其中披露：

针对股份公司设立所涉及的个人所得税相关事项，公司已于2020年9月21日向国家税务总局江阴市税务局第一税务分局进行了分期缴纳备案，上述个人所得税税款将在2022年9月一次性予以缴纳。出于个人资金规划考虑，并根据《关于将国家自主创新示范区有关税收试点政策推广到全国范围实施的通知》（财税〔2015〕116号）的相关规定："自2016年1月1日起，全国范围内的中小高新技术企业以未分配利润、盈余公积、资本公积向个人股东转增股本时，个人股东一次缴纳个人所得税确有困难的，可根据实际情况自行制定分期缴税计划，在不超过5个公历年度内（含）分期缴纳，并将有关资料报主管税务机关备案。"发行人实际控制人陆军、赵红、陆维炜申请了个人所得税缓缴并取得了国家税务总局江阴市税务局出具的备案证明文件。

中小高新技术企业享受国家政策优惠，虽然还是得交，但是可以递延5年，经济上有一定缓解，依然合法。

（三）"一站到底"型

科强股份于2022年1月18日发布《科强股份：公开转让说明书》，其中披露：

相关法律法规并未明确针对有限公司阶段溢价增资形成的资本公积在股改后转增股本是否需要缴纳个人所得税作出明确规定……相关股东周明、周文、金刚、高丽军、毕瑞贤均已出具承诺："截至本承诺出具之日，本人没有收到主管税务机关就公司历次股权转让、增资、整体变更为股份有限公司等公司股权变动事宜要求本人缴纳未缴的个人所得税的任何通知或函件。若未来本人因前述股权变动事宜被有权机关要求缴纳个人所得税的，本人将全额、及时按照要求缴纳。如科强股份因未为本人代扣代缴前述个人所得税而被有权机关要求补缴税款、加收滞纳金或被处以罚款等，致使科强股份受到损失，本人将全额补偿科强股份因此而受到的全部损失。"

既然没有明确规定，相关股东在转增环节索性不交，承诺到转让或被强制要求交时及时缴纳。

（四）"逃出生天"型

瑞泰新材于2022年1月24日发布《3-3-1法律意见书（注册稿）（江苏瑞泰新能源材料股份有限公司）》，其中披露：

发行人及子公司华荣化工、超威新材的历次增资情况如下：

序号	主体	时间	增资金额（万元）	出资形式	是否涉及发行人及子公司代扣代缴税款事宜
1	瑞泰有限	2020年4月	5,000	货币	否
2	华荣化工	2001年9月	350	货币	否
3		2002年6月	600	货币	否
4		2004年12月	2,390	未分配利润、资本公积及货币形式	是，但未代扣代缴自然人股东所需缴纳的个人所得税
5		2007年3月	2,810	货币	否
6		2010年9月	3,094.91	现金增资及资本公积转增	是，但未代扣代缴自然人股东所需缴纳的个人所得税
7		2017年6月	92,94.91	资本公积和盈余公积转增	是，已缴纳
8	超威新材	2013年12月	100	货币	否
9		2014年11月	5,500	货币	否

对于华荣化工2004年、2010年增资，华荣化工未直接代扣代缴个人所得税。考虑到各转增方可能未及时、足额履行税款缴纳义务，发行人存在因此受到影响的可能。但根据《中华人民共和国税收征收管理法》的相关规定，"违反税收法律、行政法规应当给予行政处罚的行为，在5年内未被发现的，不再给予行政处罚"，据此，因增资事宜距今已超过5年，华荣化工不会因未代扣代缴个人所得税而受到税务部门的行政处罚，仅可能面临因各转增方未及时、足额履行税款缴纳义务而被追缴税款的情况。

根据相关规定，在5年内未被发现，通常不会再有行政处罚，最多将来需要补税，经济性第一！

上市前后的税务问题没有秘密，从环节到方法，全是明牌。

二、留存收益转增资本时自然人股东的个税问题："怪胎"来自技术、制度、文化之间的错配

如果说资本公积转增资本这事还有些许争议，那么留存收益转增资本就是再明白不过的问题了。

何为留存收益？留存收益是盈余公积和未分配利润形成的收益。这些都是企业经营过程中产生的收益，不论是直接分红，还是转增资本，自然人股东都要按"股息、红利所得"缴纳个人所得税。

要吃透一个税务实务问题，通常要从技术、制度、文化这3个层面来考虑。如果从技术层面上看没问题，那可再看看制度层面。《国家税务总局关于印发〈征收个人所得税若干问题的规定〉的通知》（国税发〔1994〕89号）规定：股份制企业

在分配股息、红利时，以股票形式向股东个人支付应得的股息、红利（即派发红股），应以派发红股的股票票面金额为收入额，按利息、股息、红利项目计征个人所得税。《国家税务总局关于股份制企业转增股本和派发红股征免个人所得税的通知》（国税发〔1997〕198号）规定：股份制企业用盈余公积金派发红股属于股息、红利性质的分配，对个人取得的红股数额，应作为个人所得征税。此外，《国家税务总局关于进一步加强高收入者个人所得税征收管理的通知》（国税发〔2010〕54号）还规定：加强企业转增注册资本和股本管理，对以未分配利润、盈余公积和除股票溢价发行外的其他资本公积转增注册资本和股本的，要按照"利息、股息、红利所得"项目，依据现行政策规定计征个人所得税。以上三者都非常明确要征税，看来制度上也很明晰。下面，我们以维尼健康的案例为代表，来说明按规定缴税的正常情形。

维尼健康于2021年6月10日发布《维尼健康（深圳）股份有限公司创业板首次公开发行股票招股说明书（申报稿）》披露：

2015年9月发行人前身维尼有限整体变更，以净资产5,145,354.72元折股——实收资本500万元（折股前夕实收资本为100万元），其余145,354.72元计入资本公积，根据深圳市税务局于2020年8月出具的完税证明，刘春静、石万明、金波、刘芳、郁梦荣均已就本次未分配利润转增股东缴纳完毕应纳个人所得税。

按规定交税，看似得到的经济利益少了，但真的是有损失吗？笔者始终认为，成大事者切不可因小失大，都是上市公司股东了，应该按规定交税，清清白白，坦坦荡荡。

可惜，一些自然人股东却认为："我没收到钱，为什么要交税？"你看，是否收到现金与是否产生纳税义务，正常要交的税与苛捐杂税，就这样被画上了等号，那么理所当然。尤其当这些人还是股东时，"怪胎"就产生了。

洪兴股份于2021年6月7日发布《洪兴股份：首次公开发行股票招股意向书》披露：

根据《国家税务总局关于进一步加强高收入者个人所得税征收管理的通知》（国税发〔2010〕54号，自2010年5月31日起施行），加强企业转增注册资本和股本管理，对以未分配利润、盈余公积和除股票溢价发行外的其他资本公积转增注册资本和股本的，要按照"利息、股息、红利所得"项目，依据现行政策规定计征个人所得税。

什么？仅以未分配利润、盈余公积转增为资本公积？我的天哪！税法真没有规定过这种情况需要缴纳个人所得税！而且，因为这一转发生在股改过程中，所以顺理成章地被计入资本公积——股本溢价，成了股票溢价发行形成的资本公积。过一段时间，上市公司再把这部分资本公积转增股本。

盘古智能于2021年10月13日发布《律师事务所补充法律意见书》，其中披露：

2020年8月10日，盘古有限召开股东会，全体股东一致同意盘古有限注册资本由2,430万元增加至10,813.5万元，新增注册资本8,383.5万元由全体股东根据累计增资溢价资本公积的8,505万元按照持股比例转增。2021年7月26日，国家税务总局青岛高新技术产业开发区税务局出具《税务证明》证明：盘古智能自2018年1月1日以来根据法律法规正确确定税种、税率，正确核算税额，依法申报并按时缴纳盘古智能应缴纳与应代扣代缴相关税款，没有任何偷税、漏税和欠税等情形；盘古智能未因纳税问题而受到过任何税务主管部门的行政处罚；没有与国家税务总局青岛高新技术产业开发区税务局有关税务的争议；亦不存在因本证明出具日之前的事宜而需要补缴税款或被处罚的情形。

原来，由于留存收益直接转股本要征自然人股东个税，盘古智能就分两步走：第一步，先转入资本公积中的股本溢价；第二步，再由资本公积转入股本。将技术玩到如此境界，笔者无力吐槽。因为这种方法注定走不长远，果不其然，请看下面这则公告。

科强股份于2022年1月18日发布公开转让说明披露：

2016年12月，整体变更以净资产折股，新增注册资本3,000万元，其余3,849.82万元计入资本公积。鉴于公司股改时将股改前的盈余公积、未分配利润合计38,498,235.66元转入股改后的资本公积，其中6,660,000元在2018年第二次增资（资本公积转增股本）已代扣代缴个人所得税，无锡市税务局于2020年4月2日对公司下发《税务处理决定书》，针对剩余31,832,235.66元要求公司补扣个人所得税6,366,447.13元。公司称，周明、周文、毕瑞贤、金刚和高丽军因股改过程中未分配利润和盈余公积转增资本公积产生的个人所得税纳税义务，相关股东已足额缴纳相关个人所得税税款。

这种方法机关算尽，却掩盖不了净资产折股的商业本质，注定走不长远。

三、欲东家食，而西家宿：公积金转增资本时法人股东的尴尬

通常情况下，能够持股的主体不外乎5种：（1）自然人；（2）有限责任公司；（3）有限合伙企业；（4）个人独资企业；（5）以上4种主体的组合。

上述5种持股主体在上市前后各环节中起到的作用各不相同，所谓税务规划，不过是如何灵活运用不同平台实现目的而已。比如我们之前谈到的自然人股东直接持股，虽然股改转增时税负较重，但在未来解禁时一方面可免征增值税，另一方面可因成本增加而减少税负压力。

有限责任制持股平台则刚好相反。众所周知，转增环节对有限责任制持股平台最为有利，企业所得税是免掉的。但到了解禁环节，一方面，增值税如影随形；另一方面，企业所得税不离不弃。这就是我们常说的"链条思维"，总有一个环节在等着，交税是早晚的事。

这让笔者想到了"东食西宿"的历史故事，它讲的是齐国一户人家有个女儿，有两家人来求婚。东家的男子长得丑陋但家境富裕；西家的男子长得俊美却家境贫寒。父母犹豫不决，问女儿想要同谁结亲，女儿说："我想在东家吃饭，在西家住宿。"该成语比喻贪利之人企图两利兼得。

让我们看两则上市公司公告。先看第一个，绝味食品于2020年7月8日发布公告披露：

控股股东湖南聚成投资有限公司及三家一致行动人（长沙汇功投资有限公司、长沙成广投资有限公司、长沙富博投资有限公司），均已迁址到上海市金山区，完成了变更公司名称、公司住所及经营范围的工商变更登记手续，且四家主体均变更为有限合伙企业。主要变更事项梳理如下：

项目	变更前	变更后
名称	湖南聚成投资有限公司	上海聚成企业发展合伙企业(有限合伙)
	长沙汇功投资有限公司	上海慧功企业发展合伙企业(有限合伙)
	长沙成广投资有限公司	上海成广企业发展合伙企业(有限合伙)
	长沙富博投资有限公司	上海福博企业发展合伙企业(有限合伙)
性质	有限责任公司	有限合伙企业
地址	长沙市芙蓉区晚报大道267号晚报大厦1804室	上海市金山工业区亭卫公路6495弄168号5栋4楼2886室
	长沙市芙蓉区晚报大道267号办公楼17楼	上海市金山工业区亭卫公路6495弄168号5栋4楼2884室

续表

项目	变更前	变更后
	长沙市芙蓉区晚报大道267号办公楼17楼	上海市金山工业区亭卫公路6495弄168号5栋4楼2883室
	长沙市芙蓉区晚报大道267号办公楼17楼	上海市金山工业区亭卫公路6495弄168号5栋4楼2885室
经营范围	以自有资产进行实业投资（不直接参与经营管理的投资）；投资管理咨询……	企业管理、社会经济咨询服务、会议及展览服务、信息咨询服务（不含许可类信息咨询服务）、技术服务、技术开发、技术咨询、技术交流、技术转让、技术推广、软件销售、农副产品销售、食用农产品批发、供应链管理服务、品牌管理、市场营销策划、信息系统集成服务、计算机系统服务、大数据服务

股改时用有限责任公司的形式持股、分红与转增，以免征企业所得税。处置时改迁地址，摇身一变，成为有限合伙企业，再加上"税收洼地"，低税负套现，还真是"欲东家食，而西家宿"。

只是这"东食西宿"，即将有限责任公司变为有限合伙企业的背后隐藏着三大风险：一是有可能被追征清算税款；二是解禁时优惠政策取消；三是很多企业到合伙地注册，要跟地方政府签署几年内不得迁出的协议。这三大风险不论发生哪一个，结果都是"竹篮打水一场空"。

接着，我们来看第二个公告，思维造物于2021年4月30日发布公告披露：

拆除红筹过程中，为将两名A轮境外投资人在境内的权益平移落地，2015年7月，思维造物（开曼）分别以1,961,007美元和1,470,755美元价格回购两境外投资人Shunwei和TRADE LEAD分别持有的思维造物（开曼）6%和3%股份。Shunwei和TRADE LEAD指定的境内实体（拉萨顺盈和北京合一）通过增资的方式进入发行人前身思维造物有限，分别获得增资完成后的思维造物有限 6% 及 3% 的股权。该步骤完成后，思维造物有限的股权结构如下：罗振宇（47.84%），李天田（23.97%），拉萨顺盈（6.00%），北京合一（3.00%），杰黄罡（19.19%）。

根据网络数据，拉萨顺盈是一个有限责任制持股平台。当有限公司遇到少数民族自治区这一地域因素，结果就很明确了。

《西藏自治区人民政府关于印发西藏自治区招商引资优惠政策若干规定》（藏政发〔2018〕25 号）有如下规定：

第四条　企业自 2018 年 1 月 1 日至 2020 年 12 月 31 日，从事《西部地区鼓励类产业目录》产业且主营业务收入占企业收入总额 70% 以上的，执行西部大开发 15% 的企业所得税税率。

第五条　企业符合下列条件之一的，自 2018 年 1 月 1 日至 2021 年 12 月 31 日，减半征收应缴的企业所得税中属于地方分享部分。

因此，既然改制有风险，那就选择迁址，选择更具合法性的少数民族自治区，这就是思维造物的策略。

四、公积金转增资本时，合伙企业合伙人的个税还能分期缴纳吗？

关于上市前股改时的公积金转增涉税，我们在本节谈谈合伙企业股东的个税缴纳问题。

让我们先来看一则公告。软通动力于 2021 年 6 月 1 日发布申报会计师回复意见披露：

根据中汇会计师事务所于2020年12月24日出具的《审计报告》（中汇会审〔2020〕7012号），软通动力有限截至2020年5月31日的净资产为2,497,954,227.88元，其中，360,000,000元折合为发行人实收资本，2,144,694,690.01元计入发行人资本公积，同时保留其他综合收益-7,640,462.13元。

根据我们前几节的分析，不同性质的股东应分别按不同规定进行涉税处理。

1.居民企业股东无需缴纳所得税。

《国家税务总局关于贯彻落实企业所得税法若干税收问题的通知》（国税函〔2010〕79号）第4条规定：

被投资企业将股权（票）溢价所形成的资本公积转为股本的，不作为投资方企业的股息、红利收入，投资方企业也不得增加该项长期投资的计税基础。

《中华人民共和国企业所得税法》第26条规定：

企业的下列收入为免税收入：

…………

（二）符合条件的居民企业之间的股息、红利等权益性投资收益；

…………

二、根据《中华人民共和国企业所得税法实施条例》第83条规定：企业所得税法第二十六条第（二）项所称符合条件的居民企业之间的股息、红利等权益性投资收益，是指居民企业直接投资于其他居民企业取得的投资收益。

发行人共计3个居民企业股东：深创投、腾云投资、红土创业，根据上述规定，就软通动力有限股改事项，它们无需缴纳所得税。

2.非居民企业股东无需缴纳所得税。

《关于扩大境外投资者以分配利润直接投资暂不征收预提所得税政策适用范围的通知》（财税〔2018〕102号）规定：

对境外投资者从中国境内居民企业取得的分红，新增或转增中国境内居民企业实收资本或者资本公积，暂不征收预提所得税。

发行人共计8个非居民企业股东：CEL Bravo、FNOF Easynet、晋汇国际、领富中国、Foreign Partners、Venturous、光大财务、班诺香港，根据上述规定，就软通动力有限股改事项，它们无需缴纳所得税。

3.自然人股东缴纳个人所得税。

《国家税务总局关于切实加强高收入者个人所得税征管的通知》（国税发〔2011〕50号）规定：

为加强企业转增注册资本和股本管理，对以未分配利润、盈余公积和除股票溢价发行外的其他资本公积转增注册资本和股本的，按照"利息、股息、红利所得"项目，依据现行政策规定计征个人所得税。

发行人共计1个自然人股东刘天文，其已按照上述规定，就软通动力有限整体变更为股份有限公司缴纳了个人所得税。

4.合伙企业股东缴纳个人所得税。

需要注意的是，软通股份还涉及合伙制股东。有限合伙制股东在转增时的基本涉税处理包括：

（1）自然人合伙人要交个税。

（2）个税税目适用"利息、股息、红利所得"，适用税率20%。

（3）个税要在有限合伙企业所在地自行申报缴纳，上市公司本身没有代扣代缴义务。

我们接着看公告：

根据《关于个人独资企业和合伙企业投资者征收个人所得税的规定》（财税〔2000〕91号）、《财政部 国家税务总局关于合伙企业合伙人所得税问题的通知》（财税〔2008〕159号）等相关规定，合伙企业生产经营所得和其他所得采取"先分后税"的原则，合伙企业以每一个合伙人为纳税义务人，合伙企业合伙人是自然人的，缴纳个人所得税。自然人合伙人从合伙企业取得的生产经营所得，由合伙企业向企业实际经营管理所在地主管税务机关申报缴纳自然人合伙人应纳的个人所得税。就软通动力股改事宜，发行人合伙企业股东的自然人合伙人取得实际收益后由合伙企业或其自然人合伙人申报缴纳个人所得税，合伙企业或其自然人合伙人自行履行纳税义务和承担相应责任，不涉及软通动力的代扣代缴义务。

跟我们分析的一样，这就是标准的处理方法。笔者多么希望能陶醉在这和谐的气氛中啊。然而，现实中的贪婪之火吞噬了心灵的荒原。来看下面公告。

腾亚精工于2022年1月21日发布公告披露：

2019年8月腾亚有限整体变更，以经审计净资产值7,878.06万元折股4,750万元，其余3,128.06万元计入资本公积，改制前后注册资本不变。本次公司整体变更，存在盈余公积、未分配利润转增资本公积情形，个人股东、合伙企业股东已于南京市江宁区税务办理个人所得税分期缴纳备案。

合伙企业股东？个人所得税分期缴纳？笔者翻遍现行税制，只找到了《关于将国家自主创新示范区有关税收试点政策推广到全国范围实施的通知》（财税〔2015〕116号）的相关规定：

自2016年1月1日起，全国范围内的中小高新技术企业以未分配利润、盈余公积、资本公积向个人股东转增股本时，个人股东一次缴纳个人所得税确有困难的，可根据实际情况自行制定分期缴税计划，在不超过5个公历年度内（含）分期缴纳，并将有关资料报主管税务机关备案。

除此之外，并未找到关于合伙企业股东合伙人可以分期缴税的规定，但这也没有影响腾亚精工办理个人所得税分期缴纳备案。

五、基金筹划分红个税：那些"砖家"一本正经地胡说八道

经常有人向笔者灌输一种观念——分红交个税这个事，通过基金持股就可以规避。但只要笔者一追问：您说的是什么类型的基金？是合伙型的，还是契约型的？是证券投资基金，还是股权投资基金？是公募基金，还是私募基金？对方就避而不谈了。

（一）言之凿凿

这不，某专家讲了："为什么很多企业家背后股东都是基金公司？因为它们背后都是基金公司来操作的。我现在把2,000万元给一个基金公司，我的身份就是这个基金公司的客户。我不直接投，而是让基金公司帮我投。如果A公司赚钱了，向谁分红？向基金分红，各位不交税了；因为个人所得税法现在明文规定，个人购买的股票、基金所获收益暂免个税。"

（二）付诸行动

有敢说的也就罢了，还真有敢干的！2023年6月15日晚间，佳源科技股份有限公司在首发上市相关资料中披露：

发行人控股股东、实际控制人周云锋基于税务筹划考虑，搭建了私募投资基金及信托持股架构。公司实际控制人为周云锋，本次发行前，周云锋直接和间接控制公司合计57.44%的股份，本次发行完成后，周云锋仍将处于控股地位。周云锋控制的相关企业的股权结构如下：

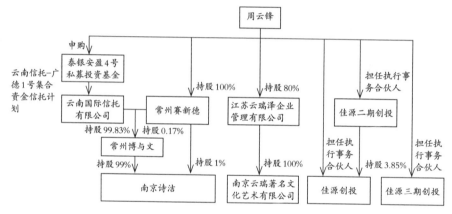

列位看官，这持股结构真是令人惊叹。"私募基金+信托计划+有限合伙+有限合伙"，主家这是在做什么？且看公告下面的披露：

《财政部 国家税务总局关于证券投资基金税收问题的通知》规定：对基金从证券市场中取得的收入，包括买卖股票、债券的差价收入，股票的股息、红利收入，债券的利息收入及其他收入，暂不征收企业所得税。因此周云锋通过南京诗洁设置该持股架构，主要系基于税务筹划考虑，通过前述持股架构可降低南京诗洁减持亿嘉和股份的税务成本。

有人说，有人干，搞得笔者也很头秃，是我草率了。

（三）风波又起

一波未平，一波又起。近期，一则法院判决结果引起了笔者的注意。该判决内容部分摘录如下：

2012年10月18日，拉萨信泰合伙企业注册成立，合伙人为温纪明与牛国强。2014年9月至2015年4月，拉萨信泰作为代扣代缴义务人，分三次代温纪明、牛国强向税务机关缴纳个人所得税，品目名称为"股息、利息、红利"，共缴纳税款75,607,592元，其中温纪明缴纳税款52,925,314.12元，牛国强缴纳税款22,682,277.88元。2016年5月12日，温纪明因意外事件去世。2017年11月10日，温纪明的配偶与牛国强一起向税务一分局提出退税申请，2017年12月26日，二人又委托律师向税务一分局递交退税申请书。其认为涉案收入系从证券投资基金分配所得，应按财税字〔2002〕128号和财税字〔1998〕55号文件属暂不征收个税，要求税务一分局依法退还税款。

2018年12月19日，税务一分局以拉萨信泰合伙企业为告知对象，作出拉税一分税通二〔2018〕701号《税务事项通知书》，认为不适用上述两文件规定，决定不予退税。2019年1月28日，拉萨信泰合伙企业与付艳荣、牛国强共同向拉萨市税务局提出复议申请，要求撤销拉税一分税通二〔2018〕701号《税务事项通知书》，退还拉萨信泰合伙企业错误以股息、红利代扣代缴温纪明、牛国强个人所得税共计75,607,592元。拉萨市税务局于2019年2月20日受理复议申请，后因案情复杂，经该机关负责人批准，决定行政复议延期至2019年5月20日前作出，并于2019年4月17日向申请人送达了拉税复延字〔2019〕1号《行政复议决定延期通知书》。2019年5月19日，拉萨市税务局作出拉税复决字〔2019〕第1号《行政复议决定书》，结论为："申请人的涉税业务应当适用个人所得税（个体工商户的生产、经营所得）的税目征税，不适用财税字〔2002〕128号和财税字〔1998〕55号文件关于免征个人所得税的规定。被申请人作出的不退税的决定适用依据错误，根据《中华人民共和国行政复议法》第二十八条第三款的规定，本机关决定撤销被申请人作出的拉税一分税通二〔2018〕701号税务事项通知书，责令被申请人在30个工作日内重新作出具体行政行为。"后税务一分局重新做出决定，按"生产、经营所得"税目补征税款6,633.52万元，加收滞纳金，合计税款12,417.94万元。

2019年6月6日，拉萨信泰合伙企业、付艳荣、牛国强向法院起诉，拉萨市城关区人民法院于2019年8月25日立案受理，后向拉萨市中级人民法院申请提审。拉萨市中级人民法院于2019年10月29日立案受理，随后做出行政裁定，驳回起诉。拉萨信泰合伙企业不服，向西藏自治区高级人民法院提起上诉，结果为驳回上诉，维持原裁定。

申请退税不成，反被补税6,600多万元。也算是惊神泣鬼之举了。

（四）冰山之下

这基金节税背后到底藏着什么鬼神？待笔者为您揭开冰山之下的重重暗影。

冰山之下第一层：专家口中的免征个税源于财税字〔1998〕55号和财税字〔2002〕128号两个文件，让我们看看文件中的规定。

《财政部 国家税务总局关于证券投资基金税收问题的通知》（财税字〔1998〕55号）：

对个人投资者从基金分配中获得的企业债券差价收入，应按税法规定对个人投资者征收个人所得税，税款由基金在分配时依法代扣代缴；对企业投资者从基金分配中获得的债券差价收入，暂不征企业所得税。

《财政部 国家税务总局关于开放式证券投资基金有关税收问题的通知》（财税字〔2002〕128号）：

对基金取得的股票的股息、红利收入，债券的利息收入、储蓄存款利息收入，由上市公司、发行债券的企业和银行在向基金支付上述收入时代扣代缴20%的个人所得税；对投资者（包括个人和机构投资者）从基金分配中取得的收入，暂不征收个人所得税和企业所得税。

但证券投资基金多为契约型，它只是一个合同，并不是一个纳税主体。所以，我们的税制倾向于将其视为税收透明体。当被投资企业分红时，直接先将个人所得税代扣代缴掉。也就是说，分到基金本身的分红，其实是扣过个人所得税的，并不存在规避分红个税的功效。

冰山之下第二层：在第一个案例中，佳源科技大股东取得的并不是分红，而是转让限售股。这部分所得在两个文件中并没有明确规定是否免税。如果非要往上靠，恐怕只能根据导管理论推导，相当于穿透到自然人直接转让流通股，所以可以免税，但必须是基金直接持有股票。

问题是，佳源科技大股东投资的基金并不是直接持有上市公司限售股，而是采用了"私募基金+信托计划+有限合伙+有限合伙"的四层结构，能否适用这条政策大家可想而知。

冰山之下第三层：只有看到这一层，才算触及基金避税这个问题的灵魂。细看55号和128号两个文件，一个说的是"封闭式证券投资基金"，一个说的是"开放式证券投资基金"。根据《中华人民共和国证券投资基金法》第七十二条，基金财产应当用于上市交易的股票、债券，以及国务院证券监督管理机构规定的其他证券及其衍生品种的投资。也就是说，以上两个文件中所说的基金，是严格限制在"证券投资基金"范围内的，而证券投资基金仅允许投资二级市场，并不允许投资二级市场以外的一般股权。投都不让投，自然也就不存在分红免税的事情了。在上述拉萨信泰的案例中，几人成立的仅是一个有限合伙企业，跟证券投资基金实在是不搭界。硬生生往免税政策上靠，结果不但没退税，还被补税6,000多万元。

此外，我国私募基金是在2013年《证券投资基金法》颁布后才取得合法地位的，55号和128号文件分别发布于1998年和2002年，那时候我国还没有私募基金，所以财政部、税务总局在多个场合强调，这两个文件所指的都是公募基金。

现在我们揭晓谜底，根据佳源科技的公告披露："2022年9月26日，周云锋已缴纳减持收益相关个人所得税，相关税务行为合法合规。"因为其采用的"泰银安盈4号"是一只私募基金，就算其直接持有上市公司股权，也没法享受免税待遇。

总结一下，免税基金政策有如下特点：

1.必须是证券投资基金。

2.必须是公募基金。

3.必须是投资于二级市场的股票。

4.分红部分已由上市公司代扣个税，基金再分红并不能免税。

5.基金转让股票所得是否需要由投资人交个税，政策并没有写，根据导管理论，相当于自然人直接转让流通股，所以可以免税，但必须是基金直接持有股票。

6.真正可以免税的只有个人投资者申购和赎回基金单位取得的差价收入。

私募基金、有限合伙持股平台，还有言之凿凿的"砖家们"，还是洗洗睡吧。

六、股权结构被锁死，大股东如何控制股改时的个税负担？

上一节我们谈到，大股东们喜欢"一言不合"就上有限合伙持股。而一旦到了股改时，面对公积金和留存收益转增股本时高额的个人所得税负担，又往往束手无策。

我们在前文多次提到，上市的高额税收负担的最佳解决时间是在产生上市想法之时，尤其是在投资人进入之前，此时启动合规化进程代价最小，收益最大。如果此时我们就将大部分股权改为法人持有，不仅操作空间大，而且税负非常低。但贪婪的人们总是被逼到墙角时才想到改变，而此时的条件往往已经限制住了他们的操作空间。一方面，投资人已经大量进入，大股东想改变自己的持股主体，就必须得到全部投资人的同意，这本就是个难题。另一方面，大量资本溢价和未分配利润已经产生，在更换持股主体时，无论采用哪种路径，都必然涉及个人所得税。

那么，在这种情况下，企业还可以有哪些做法呢？我们来看下面的几个例子。

（一）就是不交

盛景微于2023年3月1日发布招股书披露：

2020年10月，发行人整体变更、新增注册资本6,412.945万元。共14名发起人股东，涉及张*刚等6名自然人股东已在主管税务机关办理了分期5年缴纳个人所得税的备案，缴税截止时间为2024年12月31日。针对富海新材、无锡九安芯、佛山保兴（已退出）、众合鑫、湖州久科芯成、上海建辕共6名合伙企业发起人包含自然人合伙人尚未缴纳个税的情况，前述合伙企业股东已就自然人合伙人应缴个人所得税出具风险兜底承诺。

这种情况自不用多讲,各位看官自行品味。

(二)强行平价转让

科源股份于2022年12月15日发布公告披露:

2016年11月25日,实控人黄*平等4名家族成员将发行人共计86.25%的股份平移至家族持股平台广东金塬(股权转让后成为发行人控股股东)名下,此次股权转让未支付对价。公司称,实质上为实控人家庭内部的股权结构调整,实控人对公司及广东金塬均具有绝对控制权。本次调整后,黄*基和黄*兰仍直接持有公司股份,黄*平、黄*媚、黄*群由直接持股公司变更为通过广东金塬间接持股公司,未支付相应对价。公司认为,符合税务总局公告2014年第67号所说的"价格明显偏低"、且有正当理由。

强行平价转让的做法属于强行往67号公告上靠。企业若采用这种激进的处理方法,极易被要求补税。可以看到,以上两种做法均存在补税的风险,使用前要慎重考虑。

(三)严格控制转增实收资本额度,以资本公积消解多余份额

恒鑫生活于2023年3月14日发布公告披露:

2021年6月,恒鑫有限整体变更为恒鑫生活,以净资产3.68亿元折股7,200万股,剩余2.96亿元计入资本公积。根据长丰县税务局双凤经济开发区税务分局出具的《说明》,公司整体变更时股本(实收资本)未发生变化,不存在转增股本的情形,不涉及自然人股东缴纳个税的义务,不涉及所得税代扣代缴。

这种方法就合适多了——按净资产直接折股,其余全部计入资本公积。毕竟,

对于转增资本公积尚未有明确的征税条款。

（四）转增部分申请递延纳税

信宇人于2023年2月9日发布公告披露：

2017年3月，信宇人有限整体变更为股份有限公司时，注册资本由1,240.91万元增加为5,417万元，新增注册资本4,176.09万元，自然人发起人获得转增的股本，应按照"利息、股息、红利所得"项目，适用20%税率征收个税。发行人就自然人发起人的个人所得税事宜向主管税务机关申请了分期缴纳备案，相关自然人发起人因股份制改造产生的个人所得税可延期一次性缴纳，2022年2月7日，发行人向主管税务机关足额缴纳了发行人整体变更时自然人发起人应缴个税649.03万元并取得完税证明（其中杨*明应缴个人所得税448.71万元，曾*应缴个人所得税192.96万元，王*砚应缴个人所得税4.22万元，王*妮应缴个人所得税3.14万元），相关关联方已归还全部借款（代扣代缴税款）并按照银行活期存款利率支付利息。

如果前述几个方法都用尽了，还是消化不了，针对必须转增股东的部分，我们还可以利用财税〔2015〕116号文件的规定申请5年递延纳税。可是116号文件针对的是中小高新技术企业，那如果企业不是中小高新技术企业该怎么办呢？请看下面这个案例。

嘉诺科技于2023年1月4日发布公告披露：

2021年11月8日，发行人嘉诺有限整体变更，以经审计的净资产值14,468.63万元折股5,000万股，余额9,468.63万元转为资本公积。涉及以未分配利润、盈余公积金转增股本，共新增注册资本328.69万元（改制前注册资本为4,671.31万元）。发行人整体变更为股份有限公司时的发起人共7人，其中法人股东1人（嘉诺控股）、合伙企业股东1人（亨嘉之会）、自然人股东5人（王*根、廉*晟、沈*荣、陶*炎、黄*英）。涉税情况：1）嘉诺控股无需缴纳企业所得税；2）发行人已经为亨嘉之会合伙人代扣代缴个人所得税；3）发行人自然人股东个税获地方政府及金融办认可，可递延至成功上市时一次性缴清，故暂不需缴纳。

"发行人自然人股东个税获地方政府及金融办认可，可递延至成功上市时一次性缴清"？一般来说，这种做法不具有普适性，权且供大家参考。

（五）尽量减少大股东控制有限合伙转增份额

锡南科技于2022年12月3日发布公告披露：

发行人于2020年11月整体变更为股份有限公司，折股新增注册资本5,806.35万元（由1,693.65万元增至7,500万元）；涉及5名自然人发起人及1家合伙企业共缴纳个税1,028.48万元，另有3家合伙企业发起人因投资成本高于整体变更折股所对应的经审计净资产值，未产生"所得"，故未缴纳个税，且发行人无代扣代缴义务，该3家合伙企业出具了风险兜底承诺。

因为有限合伙存在诸多政策争议，所以在转增时，应该尽量转到大股东个人身上。对于大股东控制的那些"任性的"有限合伙而言，获得的转增份额越少越好，最好没有。

"凡事预则立，不预则废"。企业上市最大的成本就是税务成本，如果能提前做出规划和调整，这些成本是可以大大节省的。这考验的就是企业管理者的眼光和能力了。种一棵树，最好的时间是十年前，其次是现在。

七、海外结构中境内公司向香港母公司分红的四种不同预提所得税待遇

一个外资企业，不论它是外商直接投资结构，还是返程投资结构（CFC），通常会通过香港进入内地。在这个过程中，有一个颇受关注的点，那就是内地公司向香港母公司分红时的5%预提所得税优惠税率。

其实，内地公司向香港母公司分红的预提所得税待遇共有4种可能性。

（一）预提所得税税率5%

若符合条件，则预提所得税税率为5%，如下面的案例所示。

中富电路于2021年6月17日发布招股书披露：

2019年9月派发2018年度分红共9,000万元给予全体股东，其中扣缴两个香港非居民股东预提所得税354.36万元，其中控股股东中富电子有限公司（香港税收居民）享受5%的预提所得税税率。

公司	分红金额（万元）	税后分红金额（万元）	预提所得税（万元）
中富电子有限公司（控股股东之一，注册于香港）	3,924.00	3,727.80	196.2（5%）
深圳市睿山科技有限公司	2,126.82	2,126.82	—
深圳市泓锋投资有限公司	1,331.5	1,331.55	—
香港慧金投资有限公司（控股股东之一）	1,581.62	1,423.46	158.16（10%）
深圳市中富兴业电子有限公司	36.00	36.00	—
合计	9,000.00	8,645.64	354.36

政策依据：

1.《企业所得税法》中关于非居民企业取得来源于我国的股息、红利等权益性投资收益适用10%优惠税率的规定；

2.《内地和香港特别行政区关于对所得避免双重征税和防止偷漏税的安排》第十条以及《国家税务总局关于执行税收协定股息条款有关问题的通知》（国税函〔2009〕81号）；

3.《关于如何理解和认定税收协定中"受益所有人"的通知》（国税函〔2009〕601号）；

4.《国家税务总局关于认定税收协定中"受益所有人"的公告》（总局公告2012年第30号）；

5.《非居民纳税人享受税收协定待遇管理办法》（总局公告2015年第60号）中履行备案手续的规定。

享受5%的优惠税率条件包括：

1.公司身份：可享受税收协定待遇的纳税人应是税收协定缔约对方税收居民。

2."受益所有人"：可享受税收协定待遇的纳税人应是相关股息的受益所有人（国税函〔2009〕601号和总局公告2012年第30号）。

3.所得性质：可享受税收协定待遇的股息应是按照中国国内税收法律规定确定的股息、红利等权益性投资收益。

4.控股条件：香港居民公司直接拥有支付股息的内地居民公司25%比例以上资本，即要同时符合以下三个方面的条件：（1）取得股息的该对方税收居民根据税收协定规定应限于公司；（2）在该内地居民公司的全部所有者权益和有表决权股份中，该对方税收居民直接拥有的比例均符合规定比例25%以上；（3）该对方税收居民直接拥有该内地居民公司的资本比例，在取得股息前连续12个月以内任何时候均符合税收协定规定比例的25%以上。

（二）预提所得税税率10%

但是，是不是只要控股公司满足上述条件就一定可以享受5%预提所得税税率呢？答案是否定的。非居民企业要想享受与股息、利息和特许权使用费相关的税收协定（安排）待遇，符合"受益所有人"条件是必要的。不符合受益所有人条件时，预提所得税税率为10%。

根据《国家税务总局关于税收协定中"受益所有人"有关问题的公告》（国家税务总局公告2018年第9号），受益所有人是指对所得或所得据以产生的权利或财产具有所有权和支配权的人。请看以下案例。

A公司是我国税收居民企业，是位于中国香港的B公司的全资子公司。2022年，A公司通过股东会决议，决定向其股东B公司分配股息红利共计1.4亿元。作为非居民企业B公司的扣缴义务人，A公司根据《国家税务总局关于发布〈非居民纳税人享受协定待遇管理办法〉的公告》（国家税务总局公告2019年第35号）和《内地和香港特别行政区关于对所得避免双重征税和防止偷漏税的安排》，申报股息红利所得预提所得税，并自行享受内地与中国香港税收安排的优惠待遇，减免税额700万元，实际缴纳税款700万元。

A公司主管税务机关在后续检查时发现，作为A公司的全资控股母公司，B公司一直对外称，企业营业收入主要来源于销售收入，2021年全年收入超过4亿港元。但是，B公司自成立以来始终没有设立采购部门、销售部门，没有与采购、销售业务相关的订单，员工数量与企业资产规模、收入金额不相匹配。同时，B公司控股母公司披露的年报信息显示，B公司仅负责"相关产品之成品及原材料之转运业务"，不承担其所声称的商品经销职能。同时，B公司的主要决策行为基本由其母公司作出，B公司并未实际承担投资控股职能。

上述9号公告第二条还明确了不利于申请人"受益所有人"身份判定的几类因素，其中包括"申请人从事的经营活动不构成实质性经营活动"。也就是说，判断非居民企业是否符合受益所有人条件、能否享受税收协定（安排）待遇，要判定其是否从事实质性经营活动。

实质性经营活动主要包括具有实质性的制造、经销、管理等活动。如果申请人从事具有实质性的投资控股管理活动，可以构成实质性经营活动；如果申请人在从事不构成实质性经营活动的投资控股管理活动的同时，还从事其他经营活动的，且其他经营活动不够显著的，不能构成实质性经营活动。

申请人从事的经营活动是否具有实质性，应根据其实际履行的功能及承担的风险进行判定。如果根据实际履行的功能及承担的风险判断，申请人从事的是具有实质性的制造、经销、管理等活动，或从事具有实质性的投资管理活动，则可以认定申请人的经营活动属于实质性经营活动。如果根据实际履行的功能及承担的风险判断，申请人从事的投资管理活动不构成实质性经营活动，且申请人从事的其他经营活动不够显著，则可认定申请人的经营活动不构成实质性经营活动。

结合B公司的情况分析，其仅承担产品和原材料的转运业务，且主要决策均由母公司作出，经营活动不具有实质性，实际履行的功能、承担的风险与其获得的利润明显不匹配。据此，税务机关最终判定，B公司对所得或所得据以产生的权利或财产不具有所有权和支配权，不符合"受益所有人"的条件，不得享受税收协定（安排）待遇减免。对于A公司向B公司分配的1.4亿元股息红利，B公司应当适用10%的税率缴纳所得税。最终，B公司补缴了700万元（14,000×10%-700）的所得税款。

（三）免征所得税

若企业被认定为非境内注册居民企业，则免征所得税。具体看下面案例。

首旅酒店于2018年3月30日发布年报披露：

子公司如家酒店集团在内地的主要子公司税后利润分配至其香港控股公司，用于偿还境外银行借款及利息。当前红筹架构下如家酒店集团相关境外子公司的税收身份申请变更为内地税收居民企业之前，股息分红缴纳预提所得税。如果申请变更为中国税收居民企业，则上市公司无论在维持如家酒店集团目前境外股权架构或拆除境外股权架构的情况下，均有可能减免或递延相关税额：作为国有企业，首旅酒店在收购如家酒店集团后将在具体营运、人员、资产、管理决策等方面上做出一定改变，若通过相关税务机构审核确认，有可能使上述境外公司符合申请成为中国税收居民企业的条件。在成功申请成为中国税收居民企业的情况下则首旅酒店未来在内部架构重组时可能适用关于同一集团内部重组的相关税收优惠政策，从而递延上述中国预提所得税的缴纳。在此情况下，拆除境外架构对上市公司当年经营业绩无影响。

依据：

1.《国家税务总局关于境外注册中资控股企业依据实际管理机构标准认定为居民企业有关问题的通知》（国税发〔2009〕82号）；

2.《国家税务总局关于印发〈境外注册中资控股居民企业所得税管理办法（试行）〉的公告》（国家税务总局公告2011年第45号）；

3.《国家税务总局关于依据实际管理机构标准实施居民企业认定有关问题的公告》（国家税务总局公告2014年第9号）。

非境内注册居民企业从中国境内其他居民企业取得的股息、红利等权益性投资收益，按照《企业所得税法》第二十六条和《实施条例》第八十三条的规定，作为其免税收入。非境内注册居民企业的投资者从该居民企业分得的股息红利等权益性投资收益，根据《实施条例》第七条第（四）款的规定，属于来源于中国境内的所得，应当征收企业所得税；该权益性投资收益中符合《企业所得税法》第二十六条和《实施条例》第八十三条规定的部分，可作为收益人的免税收入。

（四）免征预提所得税

若投资者将分配的利润直接用于境内投资，则免征预提所得税。具体见下面案例。

英科新创于2021年12月23日发布公告披露：

2020年11月进行2019年度利润分配，以公司156,071,992股为基数，向全体股东现金分红3,500万元，各股东按其持股比例取得分红金额，涉及香港注册的控股股东英科控股预提所得税事项。依照财税〔2018〕102号，境外投资者以分配利润直接投资暂不征收预提所得税；由于英科控股决定将分红所得中的500万元留存在境内进行再投资，该部分分红可享受暂不征税政策，其余部分已由发行人代扣代缴。

依据如下：

1.《财政部 税务总局 国家发展改革委和商务部2018年9月29日联合发布的《关于扩大境外投资者以分配利润直接投资暂不征收预提所得税政策适用范围的通知》（财税〔2018〕102号）；

2.《国家税务总局关于扩大境外投资者以分配利润直接投资暂不征收预提所得税政策适用范围有关问题的公告》（国家税务总局公告2018年第53号）。

境外投资者以分得利润进行的直接投资，包括境外投资者以分得利润进行的增资、新建、股权收购等权益性投资行为，但不包括新增、转增、收购上市公司股份（符合条件的战略投资除外）。具体是指：

1.新增或转增中国境内居民企业实收资本或者资本公积；

2.在中国境内投资新建居民企业；

3.从非关联方收购中国境内居民企业股权；

4.财政部、税务总局规定的其他方式。

八、当"暗度陈仓"式分红遭遇"万物皆可不合理"大法

市场经济在中国已发展很多年，中国企业的老板们仍普遍缺乏系统化的财富管理能力，一个主要表现就是酷爱现金。偏偏个人所得税总是横亘在套现的路上，于是，一幕幕"猫鼠游戏"不断上演。来看下面的案例。

迪嘉药业于 2023 年 11 月 16 日发布公告披露：

2022 年 10 月增资前，发行人一共有 2 名法人股东——迪沙集团和迪沙集团山东营销公司，其中迪沙集团持股 85%，迪沙集团山东营销公司持股 15%，迪沙集团山东营销公司是迪沙集团的全资子公司，股权结构单一。为了优化发行人股权结构，完善公司治理机制，同时也为了增强穿透后自然人股东的股东身份认同感，2022 年 10 月，迪嘉药业召开股东大会，决议通过新增注册资本 16,000 万元，新增注册资本由王德军、王琳嘉、多月英等 16 名自然人以货币形式出资，本次增资系穿透后的全体自然人股东同比例增资。

明眼人都能看得出来，"优化发行人股权结构""完善公司治理机制""增强穿透后自然人股东的股东身份认同感"都是表象，背后的真正目的是，上市后以自然人身份低税负套现。

如意算盘打得啪啪响。只是这高达 1.6 亿元的增资款到哪里去找呢？那一定是羊毛出在羊身上啊。

于是我们看到，2022 年 1 月，迪嘉药业经股东会决议向股东分红 2 亿元，其中控股股东迪沙集团取得分红 1.7 亿元。2022 年 10 月，16 名自然人从迪沙集团借款 1.6 亿元用于对发行人增资——增资价格为 1 元/股。

迪嘉药业、迪沙集团、16 个自然人股东形成了"三角关系"。

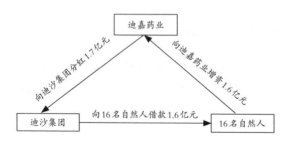

图12 迪嘉药业、迪沙集团、16个自然人股东的三角关系

然而，这个操作存在着一个很大的问题，根据《财政部 国家税务总局关于规范个人投资者个人所得税征收管理的通知》（财税〔2003〕158号）的相关规定：

纳税年度内个人投资者从其投资的企业（个人独资企业、合伙企业除外）借款，在该纳税年度终了后既不归还，又未用于企业生产经营的，其未归还的借款可视为企业对个人投资者的红利分配，依照"利息、股息、红利所得"项目计征个人所得税。

另外，再参看迪沙集团的股权结构：

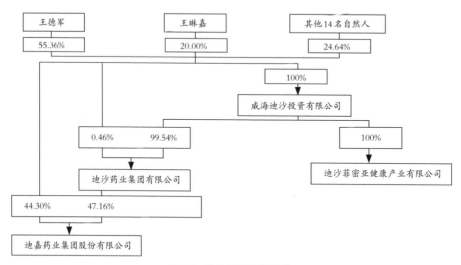

图13 迪沙集团股权结构

可以看出，这16个自然人同时也是迪沙集团的股东。根据158号文件，他们从迪沙集团借出来的1.6亿元极有可能被认为是企业对个人投资者的红利分配，依照"利息、股息、红利所得"项目计征个人所得税。

很显然，迪沙集团也发现了这个问题，于是它做了一波"暗度陈仓"式分红——在借款协议到期前，将股东借款事宜转至关联方菲密亚，成功规避了158号文件的规定。其具体操作步骤如下：

第一步，2022年12月11日，迪沙集团召开股东会，审议通过《关于利润分配的议案》，本次迪沙集团一共向股东分红1.6亿元，其中向迪沙投资分红15,926.09万元。

第二步，2022年12月11日，菲密亚作出股东决议同意《关于公司增资的议案》和《关于向自然人提供借款的议案》，菲密亚本次增资1.6亿元，增资后拟将增资款借给16名自然人。

第三步，2022年12月15日，菲密亚与王德军、王琳嘉等16名自然人签署《借款协议》，约定借款期限为2022年12月15日至2023年12月31日，计息从收款到转账之日起计算，借款利率为2.5%，借款到期后一次性偿还本息，可以提前还款。

第四步，截至2022年12月29日，16名自然人收到了菲密亚1.6亿元的借款，并全部偿还给迪沙集团，同时支付了借款利息合计67.57万元。至此，16名自然人的借款由迪沙集团转移至菲密亚。

以上四步操作具体如图14所示：

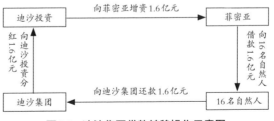

图14　迪沙集团借款转移操作示意图

经此折腾，16名自然人股东把对迪沙集团的欠款变成了对菲密亚的欠款，成功规避了158号文件的征税规定。迪沙药业集团有限公司对此的解释如下：

①16名自然人因资金有限，短期内筹措资金困难，于2022年10月从迪沙集团借款16,000万元，根据《借款协议》及还款记录，该部分借款已于2022年12月偿还完毕，借款周期较短，不属于借款长期不还的情形。

②本次借款协议到期前，迪沙集团根据资金安排，将16名股东借款事宜转至关联方菲密亚。根据菲密亚财务报表，菲密亚截至2022年12月31日，未分配利润为负，不具有分红的条件。同时，菲密亚的直接股东系迪沙投资，不适用财税〔2003〕158号规定。

综上所述，发行人16名自然人股东借款增资均经过迪沙集团和菲密亚的内部程序审议，借款主要用于增资发行人，16名自然人股东借款增资具有合理性。

这个过程是，迪沙药业分红给迪沙集团→迪沙集团投资给菲密亚→菲密亚把钱借给自然人，同时，菲密亚根本没有利润，也就不能说这是分红。

明修栈道，暗度陈仓。不得不说，迪沙药业这一波分红操作如果放在往昔，还是有极大的可能通过的。

但是，今时不比往昔。2023年以来，有关部门对分红股东这些资本类个人所得税的征管重视度提高，补税案件层出不穷。而打破迪沙药业美梦的很可能是——"万物皆可不合理"大法。

这是条什么规定呢？来看《个人所得税法》第八条：

有下列情形之一的，税务机关有权按照合理方法进行纳税调整：

（一）个人与其关联方之间的业务往来不符合独立交易原则而减少本人或者其关联方应纳税额，且无正当理由；

（二）居民个人控制的，或者居民个人和居民企业共同控制的设立在实际税负明显偏低的国家（地区）的企业，无合理经营需要，对应当归属于居民个人的利润不作分配或者减少分配；

（三）个人实施其他不具有合理商业目的的安排而获取不当税收利益。

在这条规定之下，只要抓住合理的线索，就完全可以认定迪沙集团的这种运作属于个人实施其他不具有合理商业目的的安排而获取不当税收利益，从而补征个人所得税。那么，合理的线索在哪里呢？远在天边，近在眼前！正是前文迪嘉药业的那则公告啊。

你有"暗渡陈仓"式分红，我有"万物皆可不合理"大法。一切皆有可能。

第十一章　股权转让

一、个人股东代持股还原时，个税问题全靠这条了

上市前披露公司股权的历史沿革是必然过程，代持股东还原给实际控制人也是十分常见的现象。只是这一还原涉及股东之间的股权转让，所得税问题就摆在面前了。

宏英智能于2022年2月9日发布《上海市锦天城律师事务所关于公司首次公开发行股票并上市的补充法律意见书（一）》，披露了公司设立以来的历次股权转让情况：

时间	转让方	受让方	股权转让背景	是否涉及股份支付	相关依据
2007年7月	张化宏	曾晖	张化宏将自己持有的宏英有限51.00%股权转交曾晖代持	否	股份代持的形成导致的股份变动
2011年8月	刘新东	曾木根	张化宏将原委托刘新东代持的宏英有限49.00%股权转交曾木根代持	否	股份代持的演变导致的股份变动

续表

时间	转让方	受让方	股权转让背景	是否涉及股份支付	相关依据
2013年11月	曾晖	谢春风	张化宏将原委托曾晖代持的宏英有限51.00%股权转交谢春风代持	否	股份代持的演变导致的股份变动
2017年12月	曾木根	曾晖	张化宏将原委托曾木根代持的宏英有限49.00%股权中的30.00%无偿赠与配偶的弟弟曾晖，19.00%无偿赠与配偶曾红英	否	解决股份代持的规范措施及家族内部财产赠与的非交易行为
		曾红英			
	谢春风	曾红英	张化宏将原委托谢春风代持的宏英有限51.00%股权中的11.00%无偿赠与配偶曾红英，40.00%转交配偶曾红英代持		
2018年3月	曾红英	张化宏	张化宏将原委托配偶曾红英代持的宏英有限40.00%股权进行还原	否	解决股份代持的规范措施

照理说，两个自然人股东之间转让股权，最低计税价格不应该低于被转让股权对应的净资产份额，如果低于这个价格，税务机关是有权调整的。如果是正常股权转让，肯定要按要求征税。但宏英智能的情况有些特殊。

第一，从转让目的来看，以上几次转让均不具有商业实质，仅是代持人与被代持人之间的股权还原，纯粹是为了上市做的前期准备。

第二，以上几次转让都是近亲属之间的转让，价格似乎不重要，也不存在真正的资金交割。

基于以上两点，如果对这种情况征收个税，似乎不妥。道理上能说得通的，自然也会有政策上的规定。公告继续披露了公司的处理方法：

保荐机构及发行人律师走访了公司注册地的主管税务机关国家税务总局上海市嘉定区税务局第十六税务所，主管税务机关确认如下：

自2005年11月设立之日至2018年3月，涉及公司自然人股东刘新东、曾木根、谢春风、张化宏、曾红英、曾晖的历次股权变动（包括但不限于股权转让、股权代持及还原和股权赠与等变动）应当按照工商行政管理部门登记的名义股东作为股权转让方认定缴纳个人所得税，而不按照历次股权变动的交易实质性情况（包括但不限于股权代持的形成、还原以及股权赠与）对隐名股东征收个人所得税。

关于涉及公司的历史股东曾木根、谢春风以及公司的控股股东、实际控制人张化宏、曾红英、曾晖之间自然人股权转让应当根据《股权转让所得个人所得税管理办法（试行）》等相关法律法规的规定，如工商行政管理部门登记的转让方和受让方之间存在配偶、父母、子女、祖父母、外祖父母、孙子女、外孙子女、兄弟姐妹关系的，转让股权的价格如果偏低视为正当理由，未产生应纳税所得额，因此无需缴纳个人所得税。

公司股东曾木根曾以1元/股出资额的价格向曾晖转让其所持有的公司30%股权，虽然实际上系张化宏委托曾木根将公司30%股权无偿赠与给曾晖，但工商行政管理部门登记的转让方曾木根和受让方曾晖为父子关系，属于《股权转让个人所得税管理办法（试行）》所规定的股权转让收入明显偏低但具有正当理由的情形，本次股权转让未产生应纳税所得额，因此无需缴纳个人所得税，亦无需进行补缴。

根据主管税务机关对公司历次股权变动（包括股权转让、股权代持及还原和股权赠与等变动）的查验，历次股权变动涉及的自然人股东均按期申报并依法纳税，历次股权变动中未缴纳税款的情况系由于未产生应纳税所得额，根据相关法律规定无需缴纳。

虽然公告说得有理有据，但笔者还是发现了"魔鬼"细节：

细节1：2007年7月，张化宏将自己持有的宏英有限51.00%股权转交曾晖代持。

细节2：2011年8月，张化宏将原委托刘新东代持的宏英有限49.00%股权转交曾木根代持。

张化宏与曾晖是姐夫和小舅子的关系，与刘新东是同学关系，这两种关系均不在前述"配偶、父母、子女、祖父母、外祖父母、孙子女、外孙子女、兄弟姐妹关系"之中。

既然不在当中，为什么还可以不交个人所得税呢？难道还有另外的规定？

其实，对于这种代持还原行为，无论是近亲属之间，还是非近亲属之间，能够依靠的都只有一个政策条文，即《股权转让所得个人所得税管理办法（试行）》（国家税务总局公告2014年第67号）第十三条：

符合下列条件之一的股权转让收入明显偏低，视为有正当理由：

（一）能出具有效文件，证明被投资企业因国家政策调整，生产经营受到重大影响，导致低价转让股权；

（二）继承或将股权转让给其能提供具有法律效力身份关系证明的配偶、父母、子女、祖父母、外祖父母、孙子女、外孙子女、兄弟姐妹以及对转让人承担直接抚养或者赡养义务的抚养人或者赡养人；

（三）相关法律、政府文件或企业章程规定，并有相关资料充分证明转让价格合理且真实的本企业员工持有的不能对外转让股权的内部转让；

（四）股权转让双方能够提供有效证据证明其合理性的其他合理情形。

近亲属之间，当然就是此条第（二）款所说的情形；而非近亲属之间，就是此条第（四）款所说的情形。

但是！但是！但是！重要的事情说三遍！千万不要以为代持还原一定可以适

用此条政策，不一定！不一定！不一定！

因为67号公告还有这样的表述：

第十二条　符合下列情形之一，视为股权转让收入明显偏低：

（一）申报的股权转让收入低于股权对应的净资产份额的。其中，被投资企业拥有土地使用权、房屋、房地产企业未销售房产、知识产权、探矿权、采矿权、股权等资产的，申报的股权转让收入低于股权对应的净资产公允价值份额的；

…………

（六）主管税务机关认定的其他情形。

也就是说，这件事情的结果，关键取决于主管税务机关的态度。主管税务机关对包括本案在内的越来越多的代持还原情况持开放态度。

最后，还是要强调一点，对于这类情况，主管税务机关一般不会出具直接认可的文书，充其量"口头答复"。可万一税务机关以后"反悔"了怎么办？对，提前让股东出具《承诺书》！如公告所继续披露的：

此外，公司控股股东、实际控制人张化宏、曾红英、曾晖已出具承诺书："本人承诺，不存在被立案调查行政处罚和被追究刑事责任的风险。如本人因公司股权变动、分红和薪酬等方面原因未按规定足额缴纳税务或未及时缴纳税务，需要本人承担相关责任的，或因未及时缴纳税务，被税务主管部门要求补缴税款或缴纳相关滞纳金的，或因政府机关要求等其他原因导致本人承担责任的，本人将无条件承担全部费用，若未来存在任何税务风险将积极配合税务主管机关，并自行承担相应责任，以确保发行人及其下属公司不会因此遭受任何损失。

碰到个人股东代持股还原这种情况，个税问题全靠67号公告第十三条了。

二、自然人持股变法人持股的4个"平行宇宙"

上市前最佳持股架构是"法人（持股）＋有限合伙（融资）＋自然人（解禁）"的嵌套结构。掌握了这个结构的精妙之处还只是个开始，如何把多年来形成的千疮百孔的股权架构调整成这种标准架构才是见真功的地方。在调整过程中，原自然人股东将自己持有的股权转让给其控制的有限公司，这样的情况屡见不鲜。

我们先来看一个上市公司公告。

鼎际得于2022年7月11日发布招股意向书附录披露：

2018年5月30日，实控人张再明将其持有公司的5,805.80万元注册资本转让给鼎际得实业（为实控人设立的一人有限公司），辛伟荣将其持有公司的1,701.70万元注册资本转让给盛金实业（为股东辛伟荣设立的一人有限公司），公司称，转让对价均为1元/注册资本。

问题很明显，就是自然人股东在上市前为了构建标准架构而进行股权转让，由自然人将其控制的股权转让给自己控制的法人持股平台。也许有人会说，这不就是股东自己左手倒右手嘛，按投资成本平价转让不就行了？

然而，事实上，自然人股东与法人股东根本上是不同的法律主体，他们之间的资产完全独立，不可混淆。自然人将其控制的股权转让给自己控制的法人持股平台，也要按股权转让相关政策计算个人所得税。但就是这么个简单的工作，却形成了4种不同的税务处理方式，像极了平行宇宙。

（一）直接交税

《股权转让所得个人所得税管理办法（试行）》（国家税务总局公告2014年第67号）第十二条规定：

符合下列情形之一，视为股权转让收入明显偏低：（一）申报的股权转让收入低于股权对应的净资产份额的。其中，被投资企业拥有土地使用权、房屋、房地产企业未销售房产、知识产权、探矿权、采矿权、股权等资产的，申报的股权转让收入低于股权对应的净资产公允价值份额的。

上市之前，哪家企业账上不是留存收益、资本公积一大堆？股权对应净资产份额远远超过初始投资成本了。比如以下公告：

上海谊众于2021年6月8日发布法律意见书，披露2019年11月（股改前夕），实控人周劲松将其持有的发行人前身500万元出资以1元/股出资额的价格转让给其新设立的合伙企业——上海杉元，公司称，系同一控制下不同持股主体的转让，按照1元/股出资额的价格转让，定价公允。上海杉元遂于次月向久垄投资、贤呈投资分别转让其持有的上海杉元出资份额166.7万元（出资比例33.34%）。份额转让完成后，久垄投资、贤呈投资通过上海杉元分别间接持有发行人2.1008%的股份。就上述交易，周劲松实缴个人所得税100.2万元、印花税2,083.8元。

这种情况没得商量，来吧，直接交税。

（二）自然人以股权向有限责任公司增资，按5年递延纳税

神马电力于2019年6月25日发布公告披露：

实际控制人马斌曾将直接持股方式调整为由其个人独资企业间接持股的方式，即，于2016年8月，将其持有的神马电力75%股份合计作价32,400万元用于认缴神马控股（自然人独资公司）的注册资本32,400万元。此前的6月，公司曾向其截至2016年8月20日登记在册的股东转增股本2.772亿元，转增完成后，总股本由8,280万股变更为36,000万股。马斌获江苏省南通地方税务局第一税务分局批准，依照财税〔2015〕

41号自2016年起分五年缴纳个人所得税，并已按时缴纳了2016、2017年度的分期税款。

政策适用没问题，税款也分5年交了，一切正确。只是终究还是要交的。

（三）免税

本节开篇的鼎际得的公告利用了《股权转让所得个人所得税管理办法（试行）》（国家税务总局公告2014年第67号）第十三条第（四）款。该公告还称：

根据营口市老边区地方税务局于2018年5月31日出具的《关于自然人股东股权转到其设立的一人有限公司是否缴纳个人所得税请示的回复》，鉴于公司目前的实际情况，该局暂未查到此行为征收个人所得税的相关税收政策依据，可暂按国家税务总局公告2014年第67号关于《股权转让所得个人所得税管理办法》第十三条第（四）款，股权转让双方能够提供有效证据证明其合理的其他合理情形，视为正当理由，不征收个人所得税。认为不存在利用低价转让规避税收缴纳义务的情形。

但笔者认为，不是所有税务机关都会认可这种做法。那么，有没有一种方法，既不用交税，又能符合税务要求呢？还真有！

（四）增资＋定向分红

风光新材于2020年12月18日提交创业板上市保荐机构回复意见，其中披露：

持发行人5%以上股份的主要股东风光实业（实控人母子持股主体，王*持股95%、其母韩*兰持股5%）在2016年10月成立的次月（11月）即向发行人增资、拟认缴1.4亿元，且在2016年11月30日完成实际出资之前的6天内——即2016年11月25日至30日获公司前身收风*有限分红款2.24亿元（定向分红）。

风光新材的处理过程分为如下几步：

第一步，成立自己控制的有限责任公司作为持股平台。

第二步，以新成立的有限责任公司对拟上市主体进行认缴增资。

第三步，以拟上市主体对有限责任公司进行定向分红，有限责任公司免征企业所得税。

第四步，原自然人股东减资或将股权转让给有限责任制股东。由于留存收益大部分分给了有限责任公司，所以被投资企业所有者权益大为减少，甚至减到初始投资成本，因此本轮转让个税极少或没有。

第五步，有限责任制股东把分红对拟上市企业进行增资，完成实缴，架构调整完成。

就这么一个股权架构的内部调整，就有4种不同的处理方法，真让人眼花缭乱。

三、上市目标未达成，触发投资人回购条款时，财税如何处理？

笔者曾与一科技类企业CEO交谈，提及公司上市前景堪忧，可能面临触发回购条款风险。CEO云淡风轻地表示，他对投资人"拿捏"到位，届时投资人除展期外别无他选，仿佛投资人都是任人摆布的"傻白甜"。

笔者表面附和，但内心并不认同，这位CEO显然低估了资本的力量，见多识广的资本们哪个不是"提剑跨骑飞鬼雨，白骨如山鸟惊飞"的主儿，岂是那么容易被人拿捏的？

究竟谁才是"傻白甜"还不得而知。这不，剑桥科技的公告就披露了其因未在约定的36个月的时间内完成上市计划，对赌失败，触发了与原投资人签署的投资协议中的回购条款：

发行人未在约定时间内完成上市计划，触发了与部分投资人签署的投资协议中的回购条款，从而依约通过减少注册资本的方式回购部分投资人所持发行人股份。具体情况如下：

2012年2月15日，剑桥有限股东CIG开曼、CIG Holding、康宜桥、康桂桥、康梧桥、上海康令与新股东安丰和众、上海盛万、天津盛彦、天津盛万、上海建信、安丰领先、烟台建信、江苏高投、上海金目和上海仲赢签署了《上海剑桥科技有限公司增资扩股协议》，约定由新股东向发行人增资共23,857万元。同时，安丰和众、上海盛万、天津盛彦、天津盛万、上海建信、安丰领先、烟台建信分别与发行人签订协议，约定：如因发行人自身原因对上市进程造成实质障碍，或在36个月内（部分投资协议规定2014年3月31日前或2014年12月31日前）发行人未能达成在国内证券市场挂牌上市的目标，则由发行人向投资者回购其股份；江苏高投、上海金目和上海仲赢分别与发行人、发行人的控股股东CIG开曼、实际控制人控制的公司CIG Holding、实际控制人GERALDG WONG及发行人股东上海康令的控制人赵海波共同签订协议，约定：如因发行人自身原因对上市进程造成实质障碍，或在一定期限内发行人未能达成在国内证券市场挂牌上市的目标，则由发行人、控股股东、实际控制人、赵海波连带承担向投资者回购股份的责任。

2014年8月7日，因预期无法完成原上市目标，经各方协商一致，发行人与安丰和众、上海盛万、上海盛彦（原名为"天津盛彦"）、上海盛万彦润（原名为"天津盛万"）、上海建信、安丰领先、烟台建信、江苏高投、上海金目以及上海仲赢（以下合称"出售方"）签订《关于上海剑桥科技股份有限公司之股份收购协议》，约定发行人通过减少注册资本形式回购部分投资人所持发行人的部分股份。发行人同意向出售方合计回购950万股股份并相应减少总股本（注册资本），出售方同意发行人收购该等股份。各方经协商确定本次收购的股份按16.0860元/股作价，收购总价款合计为152,817,063元，出售方各自出售的具体股数、价格分别如下：

序号	出售股份的股东名称	出售股数（股）	回购价格（元）
1	安丰和众	2,269,774	36,511,599.55
2	江苏高投	1,991,030	32,027,718.91
3	上海金目	1,075,156	17,294,968.21
4	上海建信	774,101	12,452,204.18
5	上海盛彦（原天津盛彦）	1,009,054	16,231,647.94
6	上海仲赢	836,233	13,451.647.00
7	上海盛万	398,206	6,405,543.78
8	上海盛万彦润（原天津盛万）	398,206	6,405,543.78
9	安丰领先	318,565	5,124.435.02
10	烟台建信	429,675	6,911,754.68
合计		9,500,000	152,817,063.05

我们通常习惯依次从商务、法务、财务、税务四个方面来分析案例，本案也不例外：

第一，从商务方面看，上市前以增资方式引入战略投资人，往往伴随的业绩对赌方式是上市主体的股权回购。而原股东现金回购和0元退股则往往出现在上市公司的并购业务中。本案显然是第一种业绩对赌方式。

第二，从法务方面看，自《全国法院民商事审判工作会议纪要》（简称"《九民纪要》"）以来，法律界摒弃了以往司法实务中以对赌的主体作为判断对赌协议有效与否的标准，而在原则上认为，如无其他无效事由，无论是与公司对赌，还是与公司股东或实际控制人对赌，均是有效的。但当与公司对赌，在投资方请求依约履行时，需要结合股东不得抽逃出资、股份回购、利润分配等强制性规定来具体判断是否具有可履行性。人民法院审理对赌协议的重点已从效力规制转向履行规制。因此，目前理论及实务界对于对赌协议效力的争论已经逐渐消弭。

第三，从财务方面看，公告披露了其财务处理方法：

	会计处理	金额（万元）	事项
2015年以减少注册资本的方式回购部分投资人所持股份会计处理	现金支付	15,281.71	给予投资者每年10%的投资回报率作为补偿，据此计算，本次向投资者支付的15,281.71万元中，有3,360.27万元可视为给予投资者的补偿，11,921.44万元可视为股权投资款的退还
	撤资冲减：注册资本950万元	950	共计11,921.44万元视为退回投资款
	冲减：资本公积14,331.71万元	10,971.44	
		3,360.27	双方协商以10%的投资回报率作为资金成本，3,360.27万元视为给予投资者的补偿

第四，从税务方面看，这里要强调一点，可能有人觉得投资成本以外多收取的10%资金成本有点像"利息"，但从其业务实质及操作路径上看，其本质上都是"股息"。搞清楚这个问题是本案税务处理的根本。基于"股息"的基本前提，不同类型的投资人才都可以找到自己的税务待遇。

（1）对自然人投资人来说，投资成本以外多收取的10%资金回报，通常会被视为股权收回之后的投资所得，按"财产转让所得"征收20%个人所得税。是的，您没看错，是"股权转让所得"，而不是"股息红利所得"。其原理在于，自然人股东从被投资企业减资或撤资，在个人所得税上被认为是被投资企业收回自身股权，从而适用"财产转让所得"。

（2）对有限合伙投资人来说，这部分资金回报，根据《国家税务总局关于个人独资企业和合伙企业投资者征收个人所得税的规定执行口径的通知》（国税函

〔2001〕第84号），应作为股息红利所得处理：

个人独资企业和合伙企业对外投资分回的利息或者股息、红利，不并入企业的收入，而应单独作为投资者个人取得的利息、股息、红利所得，按"利息、股息、红利所得"应税项目计算缴纳个人所得税。以合伙企业名义对外投资分回利息或者股息、红利的，应按《通知》所附规定的第五条精神确定各个投资者的利息、股息、红利所得，分别按"利息、股息、红利所得"应税项目计算缴纳个人所得税。

（3）对有限责任公司投资人来说，根据《国家税务总局关于企业所得税若干问题的公告》（国家税务总局公告〔2011〕第34号），这部分资金回报应作为股息红利所得处理：

投资企业从被投资企业撤回或减少投资，其取得的资产中，相当于初始出资的部分，应确认为投资收回；相当于被投资企业累计未分配利润和累计盈余公积按减少实收资本比例计算的部分，应确认为股息所得；其余部分确认为投资资产转让所得。

四、业绩对赌失败，收购方0元回购股权时，税务处理如何"不在伤口上撒盐"？

由业绩不佳引发的对赌失败的现象在资本市场上屡见不鲜。通常情况下，收购方在收购时支付给被收购企业原股东的是现金，现在业绩对赌没完成，被收购方原股东当然要把多得的现金还回去。

但是，也有一种特殊情况，就是收购方收购时支付的不仅是现金，还有股权。

现在业绩对赌没有完成，被收购企业原股东还回去的就不仅是现金，多拿的股权也得免费还回去不是？这就是所谓"业绩对赌失败，收购方0元回购股权"。

下面我们按一贯风格看一则上市公司公告。筠诚和瑞于2022年12月9日发布公告披露：

> 因收购之子公司北京盈和瑞（发行人2019年通过向北京盈和瑞部分股东增发新股的方式，换股取得北京盈和瑞79.65%股权。2020年8月以现金收购北京盈和瑞剩余20.35%股权，北京盈和瑞成为发行人全资子公司）之原股东李旭源、周建华、胡爱凤未完成与筠诚控股（发行人控股股东）、戴睿智及温氏产投相关的业绩对赌承诺，2020年8月和2021年2月，北京盈和瑞原股东李旭源、周建华、胡爱凤以其所持筠诚和瑞有限的股权向筠诚控股、戴睿智及温氏产投进行股份补偿，交易对价为0元。

转让方	转让注册资本数（万元）	转让股权比例	受让方	受让注册资本数（万元）	受让股权比例
李旭源	220.3958	2.3205%	筠诚控股	220.3958	2.3205%
周建华	44.6417	0.4700%	筠诚控股	44.6417	0.4700%
周建华	6.7686	0.0713%	戴睿智	6.7686	0.0713%
周建华	56.8543	0.5986%	温氏产投	56.8543	0.5986%
胡爱凤	57.9989	0.6107%	温氏产投	57.9989	0.6107%
合计	386.6593	4.0711%	合计	386.6593	4.07119%

本案中的情形等于将吃到肚子里的油水向外倒。本来就肉疼，哪里知道，税务问题搞不好还会"在伤口上撒一把盐"呢？我们来分析一下。

所谓零对价回购股权型的对赌方式只是看上去复杂，其本质仍然是现金补偿。假设这些股票成本价为1,000万元，市值为5,000万元。那么，这个业务其实可以拆解为3步：

第一步，原股东们拿出5,000万元现金补偿给筹诚和瑞。

第二步，筹诚和瑞用这5,000万元现金向原股东们回购增发的股票。

第三步，筹诚和瑞将回购的股票核销。

经过这样一轮拆解，复杂情况立马变得简单了。但要注意的是，零对价回购股权可能会遇到如下3个税务问题。

问题1：第一步中，作为收购方的筹诚和瑞此次收到的5,000万元现金补偿（对应总股本2.8%的股权）是否需要缴纳企业所得税？

问题2：第一步中，作为支付方的几位原自然人股东（实践中也可能是法人股东）是否可以申请退税或税前扣除？

问题3：第二步中，由于是上市公司股票，虽然筹诚和瑞是通过零对价收回的，作为支付方的几位原自然人股东（实践中也可能是法人股东）是否应该按公允价值（1,000万~5,000万元）计入当期应纳税所得额缴纳所得税？

关于问题1和问题2，还没有明确的政策可以依靠、解决。关于这点，目前存在3种主流观点：

第一种：权益调整观。

这种观点认为，筹诚和瑞收到5,000万元现金环节是对之前收到子公司对价时的一种调整，等于是少花了5,000万元，所以应该冲减"长期股权投资——北京盈和瑞"5,000万元。相应地，盈和瑞原股东们等于是少转让了5,000万元，所以应该就这5,000万元对应的部分向税务机关申请退税。

第二种：衍生工具观。

这种观点认为，筹诚和瑞收到5,000万元现金环节是之前收购子公司时存在的衍生工具的真正兑现，等于是多得到了5,000万元，所以无论会计上被计入什么科目，都应该交所得税。相应地，盈和瑞原股东们因衍生工具兑现而产生了一笔支出，所以无论会计上被计入什么科目，都应该允许税前扣除。（前提条件：应是法人股东，但本案中盈和瑞的原股东是自然人。）

第三种：投资补偿观。

这种观点认为，筠诚和瑞收到的 5,000 万元现金实际上是被收购方北京盈和瑞原股东们原本投资不足（因为业绩不达标），现在给补齐的。一开始，筠诚和瑞自然不用交所得税，但它的代价是，原股东们在收购环节交过的所得税既无法申请退税，也不能税前扣除，充其量只能追加 5,000 万元计税基础。

各位读者觉得，哪种观点正确呢？

笔者的答案是：那得先看我是收钱的筠诚和瑞，还是付钱的原股东们。言归正传，笔者内心是支持第二种观点即衍生工具观的，原因有三：

第一，从政策依据上看，根据《国家税务总局关于企业所得税应纳税所得额若干税务处理问题的公告》（国家税务总局公告〔2012〕第 15 号）第八条：

关于税前扣除规定与企业实际会计处理之间的协调问题。根据《企业所得税法》第二十一条规定，对企业依据财务会计制度规定，并实际在财务会计处理上已确认的支出，凡没有超过《企业所得税法》和有关税收法规规定的税前扣除范围和标准的，可按企业实际会计处理确认的支出，在企业所得税前扣除，计算其应纳税所得额。

企业所得税的一般原则是：当税法有规定时，按税法规定；当税法没有规定时，可暂按会计规定处理。目前会计准则对这类业务采取的观点正是衍生工具观。

不过在本案中，由于北京盈和瑞的原股东是自然人，即便采用衍生工具观，也无法在个人所得税前扣除。这也是为什么笔者一直强调，当公司发展进入成长期以后，一定要把大部分股权换成法人持股。

第二，从税务执法上看，目前只有海南省地税曾在海航的并购上部分支持过第一种观点权益调整观。为什么说是部分支持呢？因为当年海南省地税只是发文明确了获得补偿的海航可以冲减长期股权投资，而没有说被收购企业原股东是否可以退税。实践中，即使筹诚和瑞的主管税务机关允许其冲减长期股权投资，被收购企业北京盈和瑞的原股东税务机关大概率也不会冒着被内部追责的风险为其退税。而在衍生工具观下，一方交税，另一方扣除，从税务角度看"和谐"多了。

第三，对于投资补偿观，既无政策支持，也无实践案例，被收购企业原股东更无法接受，在实践中几乎不会被选择。

最后，笔者想补充一点，那就是无论采用哪一种观点，哪一种处理方式，并购双方的处理务必保持一致，切忌出现一方采用权益调整观，另一方采用衍生工具观的情况。因为这样会失去与税务机关良性沟通的基础，并将埋下重大隐患。甘蔗没有两头甜，小心两头全失。

至于问题3，如果被收购北京方盈和瑞的股东是法人那还好，因为在采用衍生工具观的情况下，会形成5,000万元的损失，这可以税前扣除，这步即便按公允价值计算，也是可以冲抵前述损失的。

但是，北京盈瑞和的原股东全部是自然人。根据《国家税务总局关于发布〈股权转让所得个人所得税管理办法（试行）〉的公告》（国家税务总局公告〔2014〕第67号）第十三条：

> 符合下列条件之一的股权转让收入明显偏低，视为有正当理由：……（四）股权转让双方能够提供有效证据证明其合理性的其他合理情形。

那么问题3的情况算不算"能够提供有效证据证明其合理性的其他合理情形"呢？这个事得由其主管税务机关说了算。继续看筹诚和瑞的公告：

> 根据新兴县税务局第二税务分局分别出具的《新兴县税务局个人股东股权转让核查意见表》，上述股权转让为无偿转让，转让时基于合理的商业目的（因对赌失败进而无偿转让股权），根据《股权转让所得个人所得税管理办法（试行）》第十三条规定，

符合下列条件之一的股权转让收入明显偏低，视为有正当理由：……（四）股权转让双方能够提供有效证据证明其合理性的其他合理情形；故核定上述股权转让中，出让方李旭源、周建华、胡爱凤需缴纳个人所得税0元。综上，上述股权转让符合《公司法》及税收相关规定。

据公告所示，主管税务机关认为其股权转让为无偿转让，转让时基于合理的商业目的（因对赌失败进而无偿转让股权）。

总结一下：

1. 被上市公司并购时，收购方很可能直接用股权支付对价，一旦对赌失败，相当一部分股权会被零对价收回。

2. 这种零对价回购会遇到如前所述的3个税务问题。

3. 关于问题1和问题2有3种主流观点，即权益调整观、衍生工具观、投资补偿观。

4. 目前各实践案例更倾向于认可第二种观点，即衍生工具观。

5. 无论采用哪种处理方式，并购双方都要保持一致，切忌错配情况发生。

6. 关于问题3，可以通过67号公告第十三条第四款与主管税务机关争取。

7. 切记，当公司发展进入成长期以后，一定要把大部分股权换成法人持股，否则遗患无穷。

五、承债式股权转让的教科书案例

关于承债式股权转让，宁波联合给我们上了经典的一课。请看下面这则公告。

宁波联合于2020年3月17日发布2019年年报，披露2019年公司处置全资子公司梁祝旅游公司100%股权（开展酒店建设、出让时点评估值为-5,927,600元），股权转让款金额4,800,000.00元，同时收回土地使用权款项65,080,702.18元，股权转让净收益为3,930,000元。出让前，全资子公司梁祝公司于2017年12月将用于建设酒店的土地使用权划转至其全资子公司梁祝旅游公司，已获税局确认除印花税以外无其他税费。目前，梁祝旅游公司主要从事酒店项目的开发与建设工作，随着2019年股权转让完成，上述酒店项目随之转出。

根据公告内容我们推测出以下情况：

1.当时，宁波联合给子公司梁祝旅游公司实投资本很少。

2.梁祝公司摘得酒店建设用地的拿地款大多数为宁波联合借给它的，大概是6,500万元。

3.宁波联合曾改变主意，准备把这块地卖掉变现。

4.梁祝公司并不想直接转让土地，因为这会涉及增值税、土地增值税、企业所得税、印花税、契税这5个税种。

基于上述情况，可以按照传统套路，把梁祝公司卖了好了。但这样不行，因为梁祝公司账上除了这块土地以外，可能还有其他资产，要是把梁祝公司卖了，岂不是把其他资产一起卖了？不妥。

办法总比困难多。可以让梁祝公司成立一个100%控股的子公司"梁祝旅游公司"，之后把这块土地"划转"给该子公司。

梁祝旅游公司账上倒是干净，除了这块土地什么都没有。下一步，把它的股权全部卖掉不就实现目标了吗？

很好，开干！

第一步，梁祝公司于2016年1月14日成立子公司梁祝旅游公司，注册资本

480万元人民币。

第二步，梁祝公司于2017年12月将用于建设酒店的土地使用权划转至梁祝旅游公司。这步就是我们熟悉的"资产划转"，其中可能涉及的税种及处理思路如下：

1.增值税：不征税。

《财政部 国家税务总局关于全面推开营业税改征增值税试点的通知》（财税〔2016〕036号）规定：

在资产重组过程中，通过合并、分立、出售、置换等方式，将全部或者部分实物资产以及与其相关联的债权、负债和劳动力一并转让给其他单位和个人，其中涉及的不动产、土地使用权转让行为不征增值税。

2.土地增值税：不确定。

资产划转到底征不征土地增值税？各地执行标准不一，具体要看主管税务机关的态度。

3.印花税：按产权转移书据，税率为万分之五。

4.契税：免征。

《财政部 税务总局关于继续执行企业事业单位改制重组有关契税政策的公告》（财政部、税务总局公告2021年第17号）规定：

同一投资主体内部所属企业之间土地、房屋权属的划转，包括母公司与其全资子公司之间，同一公司所属全资子公司之间，同一自然人与其设立的个人独资企业、一人有限公司之间土地、房屋权属的划转，免征契税。

5.企业所得税：特殊性税务处理。

《财政部 国家税务总局关于促进企业重组有关企业所得税处理问题的通知》（财税〔2014〕109号）规定：

对100%直接控制的居民企业之间，以及受同一或相同多家居民企业100%直接控制的居民企业之间按账面净值划转股权或资产，凡具有合理商业目的，不以减少、免除或者推迟缴纳税款为主要目的，股权或资产划转后连续12个月内不改变被划转股权或资产原来实质性经营活动，且划出方企业和划入方企业均未在会计上确认损益的，可以选择按以下规定进行特殊性税务处理：

（1）划出方企业和划入方企业均不确认所得；

（2）划入方企业取得被划转股权或资产的计税基础，以被划转股权或资产的原账面净值确定；

（3）划入方企业取得的被划转资产，应按其原账面净值计算折旧扣除。

根据宁波联合公告披露：

梁祝旅游公司申请减免相关契税并获取了宁波市海曙区地方税务局的批复，该划转事项未产生除印花税以外的其他税费。本期梁祝旅游公司股权已转让给雷孟德集团有限公司。

大额不动产转让基本都采用股权转让模式。如果有股权，直接卖股权；如果没股权，或本级股权不好卖，那就造出股权！造股权的方法无外乎两种：横向分立，纵向划转。这是本案的第一个亮点。

需要注意的是，划转时虽然可以享受企业所得税特殊性税务处理，但是划转完成后12个月内是不能转让子公司股权的，否则可能会被税务机关以改变资产用途为名追征企业所得税。

宁波联合显然是注意到了这点，公告披露：

2019年12月20日，全资子公司梁祝公司将其全资子公司梁祝旅游公司100%股权在宁波产权交易中心以480万元价格挂牌出让。

这是划转之后2年才转让的，这下没问题了吧？宜未雨绸缪，莫临渴掘井！这是本案的第二个亮点。

接下来的问题就是，孙公司梁祝旅游账上现在有资产，有负债，净资产为-592.76万元。很显然，买家感兴趣的是地，而不是公司。之所以同意买公司，是因为买进之后，土地仍然挂在公司名下，省下了一笔契税。

以下是宁波联合案公告中的点睛之笔：

12月30日，雷孟德集团有限公司以480万元价格摘牌，同日与梁祝公司签订了《非国有产权交易合同》，按挂牌条件要求支付了全部股权转让款和代梁祝旅游公司支付了其所欠梁祝公司的65,080,702.18元款项。

买公司，买的是总资产还是净资产？当然是净资产！换句话说，土地是我的，债务我也接了，我一共拿出6,900万元，但请注意，其中480万元是股权转让款，另外6,500万元是替梁祝旅游公司还债的！而对于卖家梁祝公司来说，一共收到了6,900万元，其中6,500万元是收回的债权，真正的股权转让收入只有480万元，并没有体现出太多所得。这就是本案的第三个亮点——承债式股权转让。

总结一下：

1.直接转让大额不动产税负较重，所以常用的操作方式都是把持有资产的公司卖掉。

2.如果不方便卖公司，那就通过分立或划转把不动产单独装进一个壳公司里。

3.由于新成立的壳公司股权12个月内不宜转让，所以，划转时应尽早规划。

4.承债式股转才是王道。

第十二章　股权激励

一、说起权益支付的股权激励，先要搞清 4 个问题

本节讲的股权激励主要是指权益支付的股权激励。在讲这个概念前，我们要先搞清楚 4 个问题：

问题 1：要区分股权激励与员工持股计划，不能只通过名字。

问题 2：要综合考虑股权激励时涉及的 3 个环节与 3 个利益相关方的税务问题。

问题 3：要区分上市公司与非上市公司股权激励，两者很不一样。

问题 4：持股平台的出现打破了旧秩序，而新秩序又亟须重建。

先说问题 1。很多时候，股权激励在文件中的表述虽然叫"员工持股计划"，但它实质上可能是员工股权激励。我们先来看三美股份 2022 年 1 月 27 日发布的《浙江三美化工股份有限公司第一期员工持股计划》：

一、员工持股计划参加对象的范围：本员工持股计划参加对象的范围为公司董事（不含独立董事）、监事、高级管理人员、公司及控股子公司中高层管理人员、骨干员工以及公司董事会认为应当激励的其他员工。二、员工持股计划的股票来源：本员工

持股计划的股份来源为公司回购专用账户回购的股份。本员工持股计划经公司股东大会审议通过后，拟通过非交易过户等法律法规允许的方式受让公司回购的股票。本员工持股计划受让公司回购股份的价格为12.52元/股，为公司回购股份均价（25.05元/股）的50.02%。

严格来看，员工持股计划和限制性股票的差异是很大的。在实施目的上，限制性股票主要是为了激励，因此在购股价格上有很大折扣。目前，购股的折扣在个人所得税上是按照工资、薪金所得缴纳个人所得税的。但是，员工持股计划遵循的是"公司自主决定，员工自愿参加"的原则，实现公司和员工利益的捆绑，这里并没有激励的成分，也就不存在限制性股票按照工资、薪金所得缴纳个人所得税的问题。

三美股份员工持股计划受让公司回购股份的价格为12.52元/股，为公司回购股份均价（25.05元/股）的50.02%，这显然不符合员工持股计划按市场价格取得股权的基本要求。所以，三美股份这个公告虽然名字叫"员工持股计划"，但其财税处理依然要按照股权激励中的"限制性股票"的相关规定进行。

有些所谓"员工持股计划"的本质可能是股权激励，判断的关键在于员工购买价格是多少（当然，还有其他方面的判断标准）。就像骑着白马的不一定是王子，也可能是唐僧。

再看问题2。股权激励时涉及的3个环节与三个利益相关方的税务问题：

（1）激励主体取得股权的环节。这个环节涉及激励主体的股权从哪里来的问题，如果是大股东让渡，则大股东为利益相关方一。

（2）激励对象取得股权的环节。这个环节涉及员工取得股权时的个税，以及激励主体管理费用的税前扣除这两个问题，激励主体和员工分别为利益相关方二、三。

（3）激励对象处置股权的环节，在这个环节中，持有股权的员工作为股权转让方，可能涉及个人所得税问题，此时员工仍为利益相关方三。

接着来看问题3。关于如何区分上市公司与非上市公司股权激励。还是以三美股份的公告为例，这是典型的上市公司限制性股票股权激励。它有以下特点：

第一，由于股票是从市场回购的，所以股权转让方的税务问题与公司主体无关，也就不用考虑了。

第二，员工们应该在每批次股票解禁时根据《国家税务总局关于股权激励有关个人所得税问题的通知》（国税函〔2009〕461号）等文件规定按"工资、薪金所得"缴纳个人所得税。

如果一次性缴纳有困难，还可以根据《财政部 国家税务总局关于完善股权激励和技术入股有关所得税政策的通知》（财税〔2016〕101号）文件的规定进行缴纳：

上市公司授予个人的股票期权、限制性股票和股权奖励，经向主管税务机关备案，个人可自股票期权行权、限制性股票解禁或取得股权奖励之日起，在不超过12个月的期限内缴纳个人所得税。

第三，未来如果想要将这些股票卖掉，还用交个税吗？根据《国家税务总局所得税司关于印发〈限售股个人所得税政策解读稿〉的通知》（所便函〔2010〕5号）：

对上市公司实施股权激励给予员工的股权激励限售股，现行个人所得税政策规定其属于"工资、薪金所得"，并明确规定了征税办法，转让这部分限售股暂免征税。因此，《通知》中的限售股也不包括股权激励的限售股。

第四，激励主体企业所得税税前扣除，只要严格遵守《国家税务总局关于我国居民企业实行股权激励计划有关企业所得税处理问题的公告》（国家税务总局公告〔2012〕第18号）即可。

也就是说，上市公司股权激励在几个利益相关方中基本只涉及激励主体、子公司和员工；从环节上看，最重要的是解禁。所以，问题相对少些。

而非上市公司股权激励就完全不一样了。

第一，非上市公司股权激励中，股权通常是由大股东让渡出来的，这个环节，大股东涉及个人所得税或企业所得税。

第二，非上市公司股权激励通常给的是期权，员工在期权行权时，要按工资、薪金所得缴纳个人所得税。这就涉及一个重要问题：如果公司将来能上市还好，但如果不能上市，这个税岂不是白交了？好在《财政部 国家税务总局关于完善股权激励和技术入股有关所得税政策的通知》（财税〔2016〕101号）文件提供了递延纳税政策。

第三，如果员工适用101号文件递延缴纳个人所得税，那么激励主体企业账上的管理费用是否允许在企业所得税前扣除呢？如果允许扣除，那么像三美股份这样母公司激励子公司员工的情况，是母公司扣除，还是子公司扣除呢？如果是子公司扣除，如果发生员工一年期间在两个以上子公司调动工作的情形，要在哪个子公司扣除呢？

第四，因为员工是在上市之前取得的原始股，所以将来上市以后转让时，还要按限售股转让再缴纳20%个税。三重征税，想想都可怕。

第五，前面说的还都是股票涨了的情况，那如果股票跌了呢？本来就是期权，先交了的个人所得税还能退吗？如果不能退，这对纳税人来说公平吗？

一地鸡毛！

最后来看问题4。持股平台的出现，打破了旧秩序，新秩序亟须重建。基于股东控制权、减轻税收负担等多重考量，很多企业采用了有限合伙制持股平台进行股权激励。结果是"一块石头"击碎了旧的税收政策。因为原来关于股权激励的所有政策都基于激励对象是个人的前提，一旦激励对象由个人变成合伙企业，现行政策便无法完全覆盖。

旧秩序崩塌了，新秩序应如何构建？个人还要不要纳税？如果个人不用纳税，那么激励主体企业是否可以税前扣除？如果个人要纳税，应该按什么税目缴纳个人所得税？是否可以享受101号文件的递延纳税政策？如果不能，又该怎么办？

想要解答这些问题，却完全没有政策规定可以供参考，各路"神仙"奇招频出，花样翻新。不过以笔者的经验来看，这些花样都是企业的自娱自乐，在税收征管口径趋势严格的大背景下，结果都不会太好。

这样看来，当企业制定股权激励方案时，对税务问题的处理方式还是保守一些为好。

二、有限合伙持股平台解散实现洗股：企业玩得狠，税局抓得准

当前，有限合伙制员工持股平台在企业所得税和个人所得税方面还缺乏完整的政策，相关规定亟待明确，关于这方面的讨论基本限于授予员工股权环节。其实，在解禁环节，有限合伙持股平台面临的问题更多。比如，皮阿诺于2021年7月3日发布《关于持股5%以上股东权益及部分董监高人员持股方式发生变动的提示性公告》披露：

广东皮阿诺科学艺术家居股份有限公司收到持股5%以上的股东温州盛和正道企业管理合伙企业（有限合伙）的通知，因盛和正道决定解散并进行清算，其持有的公司首次公开发行前股份16,855,505股（占公司目前总股本9.04%）已通过证券非交易过户方式登记至盛和正道的全体合伙人名下，相关手续已办理完毕。盛和正道已于2021年7月2日取得中国证券登记结算有限责任公司深圳分公司出具的《证券过户登记确认书》。相关情况具体如下：

序号	过出方	过入方	过户数量(股)	占公司目前总股本比例	过入方与公司的关系
1	温州盛和正道企业管理合伙企业（有限合伙）	马礼斌	15,181,736	8.149%	实际控制人、董事长、总经理
2		马瑜霖	727,725	0.39%	董事、财务单监
3		王华利	145,545	0.08%	公司员工
4		熊信国	145,545	0.08%	公司员工
5		杨海燕	145,545	0.08%	无(离职员工)
6		占海港	145,545	0.08%	无(离职员工)
7		魏茂芝	145,545	0.08%	无(离职员工)
8		黄霞	72,773	0.04%	董事
9		张小林	72,773	0.04%	公司员工
10		孙晓阳	72,773	0.04%	公司员工
合计	—		16,855,505	9.04%	—

高管持股平台放着好好的上市公司限售股不要，突然解散，把所有股票通过非交易过户转给平台合伙人，这是要闹哪样？

想搞清楚背后的原因，就要从我国的个人所得税制说起。根据我国个人所得税相关规定，自然人转让流通股，既不征收增值税，也不征收个人所得税；而有限合伙企业转让限售股，既要征增值税，还要对自然人合伙人征收个人所得税。所以，换成是您，此时是希望用自然人持有这些限售股呢，还是希望用有限合伙企业持有呢？肯定是自然人啊！

然而，这些股权是从哪里来的呢？对，是股权激励！笔者经常强调"链条思维"，征税是一个完整的链条，任何税务问题只要不着眼于单一环节，而是放在链条中，结果就会改变。我们现在看的是解禁环节，那肯定要用自然人直接持有的好。但是别忘了前面还有一个授予环节，该环节如果直接授予自然人，那自然人是要按"工资、薪金所得"缴纳个人所得税的!

正是这个原因,让皮阿诺的高管股东们在取得股权激励时采用了有限合伙持股平台。这种情况下,相当于股票授予给了平台,而不是直接授予给个人,是否征收个人所得税还存在争议,很多企业在这种情况下没有按照规定缴纳个人所得税(也有些企业适用了递延纳税优惠,其实也存在很大争议)。显然,一些企业利用规则漏洞躲过了股权授予环节的个人所得税,那税局就没有办法了吗?

不,办法当然有!

第一个办法,还是以皮阿诺案为例,既然不交个人所得税,那么,皮阿诺股份支付的其所确认的管理费用就不能在企业所得税前扣除!个人还是企业,所得税上总要选一个。

第二个办法,因为授予时没有完税,所以有限合伙持股平台手中的股权原值约等于0,解禁时必须按照"生产、经营所得"全额缴纳个人所得税。(其实还有个增值税)

看吧,单看一个环节,确实有限合伙持股平台很合适;但若放在整个链条中,就变得四处漏风了。

皮阿诺必然也遇到了这个问题,该怎么办呢?还是那句话——如果是自然人直接持有,而且还是流通股,那就什么税都没有了。

把有限合伙持股平台在解禁前直接解散掉,这样一来,原来在合伙企业手里的股权就通过非交易过户方式平移到了各个自然人合伙人身上。这样做有以下几个好处:(1)非交易过户方式转移限售股在我国目前的证券交易系统中是不代扣个人所得税的,这是由于非交易过户的原因有很多,需要区别对待,不能一棒子全打死。(2)由于禁售期已过,一旦过户,股票的性质就从限售股被洗成了流通股。未来,无论这些高管在什么时间以什么价格套现,都不存在增值税和个人所得税了。这样一来,授予时用有限合伙规避个人所得税,解禁时再把有限合伙解散变回个人，就可以再次规避个人所得税，如意算盘打得啪啪响！

可是，天网恢恢，终究是疏而不漏，皮阿诺这个如意算盘落空了！这是因为，虽然非交易过户方式转移限售股在我国目前的证券交易系统中不代扣个人所得税，但是，"不代扣"不等于"不用交"！《财政部 国家税务总局 证监会关于转让上市公司限售股所得征收个人所得税有关问题的通知》（财税〔2010〕70号）明确规定：

二、根据《个人所得税法实施条例》第八条、第十条的规定，个人转让限售股或发生具有转让限售股实质的其他交易，取得现金、实物、有价证券和其他形式的经济利益均应缴纳个人所得税。限售股在解禁前被多次转让的，转让方对每一次转让所得均应按规定缴纳个人所得税。对具有下列情形的，应按规定征收个人所得税：

（一）个人通过证券交易所集中交易系统或大宗交易系统转让限售股；

（二）个人用限售股认购或申购交易型开放式指数基金（ETF）份额；

（三）个人用限售股接受要约收购；

（四）个人行使现金选择权将限售股转让给提供现金选择权的第三方；

（五）个人协议转让限售股；

（六）个人持有的限售股被司法扣划；

（七）个人因依法继承或家庭财产分割让渡限售股所有权；

（八）个人用限售股偿还上市公司股权分置改革中由大股东代其向流通股股东支付的对价；

（九）其他具有转让实质的情形。

也就是说，合伙企业解散，股票被非交易过户到合伙人个人手上，是具有转让实质的情形，即便交易所没有代扣个税，个人合伙人也应该自行申报。而皮阿诺是怎么做的呢？

公告接着披露:

经查,温州盛和正道企业管理合伙企业(有限合伙)2020年度主营业务收入6,425,300.17元,利润总额6,303,230.69元,核实纳税调整后所得6,303,230.69元。该公司合伙人张小林2020年度经营所得应纳税所得额为274,053.53元,经营所得个人所得税零申报。

竟然是零申报!

其实,通过这种方式洗股的案例在近两年屡见不鲜,但皮阿诺并没有那么幸运。下面是国家税务总局温州市税务局第三稽查局行政处罚信息公示表(2022年第5期,其中的处罚依据均为《中华人民共和国税收征收管理法》第六十三条第一款:

国家税务总局温州市税务局第三稽查局行政处罚信息公示表(2022年第5期)

受罚人	行政处罚决定书文号	类型	违法事实	处罚内容
张小林	温税三稽罚〔2022〕26号	偷税	经查,温州盛和正道企业管理合伙企业(有限合伙)2020年度主营业务收入6,425,300.17元,利润总额6,303,230.69元,核实纳税调整后所得6,303,230.69元。该公司合伙人张小林2020年度经营所得应纳税所得额为274,053.53元,经营所得个人所得税零申报	对少缴的个人所得税44,310.71元处以50%的罚款,计22,155.36元
魏茂芝	温税三稽罚〔2022〕27号	偷税	经查……该公司合伙人魏茂芝2020年度经营所得应纳税所得额为548,107.01元,经营所得个人所得税零申报	对少缴的个人所得税126,337.45元处以50%的罚款,计63,168.73元

续表

受罚人	行政处罚决定书文号	类型	违法事实	处罚内容
王华利	温税三稽罚〔2022〕28号	偷税	经查……该公司合伙人王华利2020年度经营所得应纳税所得额为548,107.01元，经营所得个人所得税零申报	对少缴的个人所得税126,337.45元处以50%的罚款，计63,168.73元
黄霞	温税三稽罚〔2022〕29号	偷税	经查……该公司合伙人黄霞2020年度经营所得应纳税所得额为274,053.53元，经营所得个人所得税零申报	对少缴的个人所得税44,310.71元处以50%的罚款，计22,155.36元
马瑜霖	温税三稽罚〔2022〕30号	偷税	经查……该公司合伙人马瑜霖2020年度经营所得应纳税所得额为2,740,534.05元，经营所得个人所得税零申报	对少缴的个人所得税893,686.92元处以50%的罚款，计446,843.46元
熊信国	温税三稽罚〔2022〕31号	偷税	经查……该公司合伙人熊信国2020年度经营所得应纳税所得额为548,107.01元，经营所得个人所得税零申报	对少缴的个人所得税126,337.45元处以50%的罚款，计63,168.73元
杨海燕	温税三稽罚〔2022〕32号	偷税	经查……该公司合伙人杨海燕2020年度经营所得应纳税所得额为548,107.01元，经营所得个人所得税零申报	对少缴的个人所得税126,337.45元处以50%的罚款，计63,168.73元
孙晓阳	温税三稽罚〔2022〕33号	偷税	经查……该公司合伙人孙晓阳2020年度经营所得应纳税所得额为274,053.53元，经营所得个人所得税零申报	对少缴的个人所得税44,310.71元处以50%的罚款，计22,155.36元
占海港	温税三稽罚〔2022〕34号	偷税	经查……该公司合伙人占海港2020年度经营所得应纳税所得额为548,107.01元，经营所得个人所得税零申报	对少缴的个人所得税126,337.45元处以50%的罚款，计63,168.73元

据上表所示，该公司不仅被要求补税，而且被认定为偷税。此外，还被处以0.5倍罚款。需要注意的是，该处罚并没有要求合伙企业补缴增值税，这是为什么？因为增值税的纳税人是合伙企业，现在已经解散了，向谁去征？但跑得了和尚跑不了庙，合伙企业虽然没了，合伙人还在，个人所得税的纳税人不是合伙企业，而是这些合伙人。这也从侧面证明，那些说合伙企业注销就死无对证的"专家"们有多么不靠谱，连基本的纳税人是谁都没分清，真是害人不浅！

这正是：企业洗股玩得狠，税局手快抓得准，机关算尽太聪明，反误了卿卿性命！

三、多层"嵌套法"：以英集芯为例

近些年，上市公司们发展出了多层嵌套的方法，具体过程在下文展开，先看以下公告。

英集芯于2021年10月21日发布公告披露：

发行人实控人黄洪伟直接持有公司1.21%股份，并通过珠海英集、珠海英芯、成都英集芯企管三家员工持股平台（执行事务合伙人、普通合伙人均为黄洪伟）间接控制发行人33.28%股份，合计控制公司34.49%的股权。2018年7月，基于税收筹划等考虑，在珠海英集、珠海英芯上层分别设立员工持股平台宁波皓昂、宁波才烁作为有限合伙人；宁波皓昂、宁波才烁层面的普通合伙人一直为实控人配偶廖熠，直至2021年1月将其所持有的份额转让给英芯有道（为实控人新设的一人有限公司）。

公司称，珠海英集、珠海英芯自设立以来的普通合伙人、执行事务合伙人均为黄洪伟且未发生变更；宁波皓昂、宁波才烁执行事务合伙人、普通合伙人职权行使的意思表示主体始终为黄洪伟，合伙企业的实际控制权亦始终由黄洪伟掌握，双层合伙架构系基于税收筹划等考虑、不存在控制关系变更的情形。

为了更清晰地了解，下面我们用图片来展现英集芯的股权架构，具体见图15：

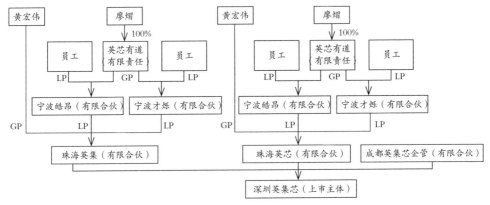

图15 英集芯的股权架构图

上市公司英集芯为了对员工进行股权激励，成立了珠海英集和珠海英芯两个有限合伙企业作为员工持股平台。然而，大股东要把股权给员工，最想给的是收益权，而不是控制权。所以，员工持股平台多选择有限合伙企业，员工们只是LP，大股东才是GP，拥有全部控制权。但是，有多大权，就有多大责任，大股东很少会以个人身份担任GP，而是成立有限责任公司英芯有道作为GP，从而完美地实现了有限责任下的无限控制。正如公告所说：

根据发行人的工商档案、公司章程，珠海英集直接持有发行人104,535,837股股份，珠海英芯直接持有发行人14,341,554股股份，合计占发行人总股本的31.45%。珠海英集、珠海英芯的普通合伙人、执行事务合伙人均系黄洪伟，且自设立以来未发生变更的情形，宁波皓昂、宁波才烁仅分别系珠海英集、珠海英芯的有限合伙人。

根据珠海英集、珠海英芯合伙协议的相关约定，珠海英集、珠海英芯的执行事务合伙人由普通合伙人担任，且未经普通合伙人同意不得变更。普通合伙人黄洪伟从合伙企业事务对外执行权，对内经营、管理、决策权，合伙企业财产处分权，人事任免权，新合伙人入伙否决权，合伙份额转让权，质押决定权，合伙协议修订的否决权等多方面享有对珠海英集、珠海英芯的绝对控制权，宁波皓昂、宁波才烁作为有限合伙人不执行有限合伙企业的事务，不参与有限合伙企业的决策，仅以出资额为限享有对应的投资收益权。

按说这就很完美了吧，可是"宁波皓昂"和"宁波才烁"两个有限合伙企业凭空出现了，并且与"珠海英集"和"珠海英芯"形成了两层嵌套持股平台，这是为什么呢？

这就要从未来员工如何套现上市公司股票来解释了。

第一，如果员工个人直接作为珠海英芯、珠海英集的LP，将来套现时，个人所得税就要交在珠海，但珠海可能没有多少优惠政策，所以税负会很高。而宁波则优惠多多。

第二，珠海英芯、珠海英集当初为什么不直接注册在宁波，而要注册在珠海呢？这其中有更深刻的考量。

一来，员工解禁可能要在几年以后，到时候宁波的政策如何我们尚不知晓，万一优惠政策没有了，持股平台可能要迁址。这一迁址闹出点儿什么动静来，恐对大家都不利。如果设计成现在这样的双层嵌套形式，即便要迁址，也只迁两个宁波的有限合伙就好，直接持有上市公司的两个珠海有限合伙是不用动的。这将极有利于保证上市公司的安全。

二来，即便不涉及迁址，宁波合伙直接持有上市公司股权，将来解禁时也会引起税务机关的注意。搞个员工持股平台，直接放在宁波这种大洼地，明眼人一看就能看穿。如果设计成这样的双层嵌套形式，将来套现时珠海合伙负责卖股票，明里风平浪静，暗里纳税地被悄然转移到了宁波。

三来，如果中途有被激励的高管意志不坚定，想提前套现，或是确有资金需求，即便上市公司股票不能随便卖，他也可以直接把在宁波两家合伙企业持有的珠海合伙企业的合伙份额卖掉。这样既能满足资金需求，又不会影响到上市公司，更能享受宁波的个税优惠。

可是这种多层嵌套的方法，又能走多远呢？

第十三章　限售股解禁

一、世间安得双全法，不负如来不负卿：25亿元税案背后的持股平台选择难题

此前，上市公司同花顺高管持股平台有限责任公司迁址改制为有限合伙企业而引发的10亿元补税大案，吸引了各路财税人的眼光。

2022年11月，上海凯士奥信息咨询中心（有限合伙）（下称"凯士奥"）收到国家税务总局上海市宝山分局《税务事项通知书》，通知书提出凯士奥"涉嫌在转换组织形式的过程中未申报缴纳相关税款"，需要补缴税款25亿元。

网络数据显示，凯士奥于2020年迁址北京，2020年4月从有限责任公司转为有限合伙企业的企业组织形式，由北京凯士奥信息咨询有限公司变更为北京凯士奥信息咨询中心（有限合伙）。2020年6月，公司迁回上海，并多次变更名称。凯士奥为同花顺核心员工持股平台，目前为同花顺第三大股东。在同花顺上市时，凯士奥曾做出股份自愿性锁定承诺：

除前述锁定期外，本公司每年转让的股份不超过本公司所持有的浙江核新同花顺

网络信息股份有限公司股份总数的百分之二十五。

由于不存在其他生产经营业务，凯士奥只能通过出售股票来筹集税款。根据自愿性锁定承诺、《中华人民共和国证券法》和深圳交易所相关要求大致测算，股票全部解禁尚需30多年。事实上，如果无法筹集到资金补缴税款，无疑将对凯士奥和同花顺产生重大负面影响。对此，同花顺董事长易峥就记者的提问回复道："有关单位告知我们有刑事（责任）风险。"

将有限责任持股平台迁址改制成有限合伙企业，这个招数也算老套路了。其容易出现问题的关键在于《财政部 国家税务总局关于企业重组业务企业所得税处理若干问题的通知》（财税〔2009〕第59号）的如下规定：

企业由法人转变为个人独资企业、合伙企业等非法人组织，或将登记注册地转移至中华人民共和国境外（包括港澳台地区），应视同企业进行清算、分配，股东重新投资成立新企业。

不过，如此明确爆雷的情况还不多见。本案也向业界传达了一个明确的信号——针对资本交易避税的各种花活可能是走到尽头了。在笔者看来，造成这种情况的根本原因是上市时不同股东对持股主体的选择面临着以下两个错配。

错配1：控制权与出资的错配。股权有点像"千手观音"的舞蹈，表面上看着是一个人，其实背后藏着"四个兄弟"：身份权、控制权、分红权、增值权。这哥几个时而一起，时而分离，相当鬼魅。对上市公司老板来说，身份可以给你，分红可以给你，增值也可以给你，但控制权是免谈的。按说直接用有限合伙持股平台是可以解决这一错配的，可同花顺为什么偏偏选择有限责任公司做持股平台呢？这就不得不提到下一个错配了。

错配2：净资产折股环节税负与解禁环节税负的错配。根据《同花顺：关于部分持股5%以上股东、董事股份减持计划实施结果及实际控制人、部分持股5%以上股东、董事股份下期减持计划的公告》〔2023-03-28〕的披露，凯士奥持有上市公司股比如下，且均为上市前取得。

股东名称	股份性质	本次减持前持有股份股数（股）	本次减持前持有股份占总股本比例	本次减持后持有股份股数（股）	本次减持后持有股份占总股本比例
凯士奥	合计持有股份	50,905,629	9.47%	50,881,829	9.46%
	其中：无限售条件股份	12,684,407	2.36%	12,716,707	2.36%
	有限售条件股份	38,221,222	7.11%	38,165,122	7.10%

在整个上市过程中，会有两个关键环节：一个是股份制改革时净资产折股环节，另一个是上市以后的限售股解禁环节。我们假设凯士奥在一开始就选择了有限合伙持股，那么在净资产折股环节就会面临大量个人所得税。因为准上市公司折股时会出现大量的资本公积、盈余公积、未分配利润折股情况，对自然人股东和有限合伙股东来说都要视同分配缴纳20%个人所得税，这就是我们经常提到的溢价浮盈税。

但是，如果凯士奥是有限责任制持股平台，就不一样了，因为资本公积、盈余公积、未分配利润折股对于有限责任制股东来说是免税的！这就不难理解为什么凯士奥一开始要注册成有限公司了。

然而，到了解禁前，凯士奥这个有限公司就傻眼了。因为有限责任公司转让上市公司原始股，需要交25%的企业所得税，税后利润再分配到高管个人身上，还要交20%的个人所得税，妥妥40%的税负。而如果换成有限合伙持股的话，最高个人所得税只有35%，而且当时上海的一些地区是存在地方财政奖励等优惠政策的。于是，就有了开篇所说的迁址改制、计划败露，最后一地鸡毛的剧情。

眼看他起朱楼，宴宾客，最终楼塌了。

上面两个错配像两道真气在投资人体内狼奔豕突，卷起无限贪欲。既要控制权，又要"割韭菜"，又要少交税，还要不违法。每每遇到这种要求的投资人，笔者心里都会升起仓央嘉措的那首诗："曾虑多情损梵行，入山又恐别倾城。世间安得双全法，不负如来不负卿。"

不知那些借着时代发展大势完成原始积累的投资者们是否能想明白，控制权拿到了，韭菜也割了，安心纳税是必须的选择，是应尽的义务。毕竟人间正道是沧桑。

二、同样是生活在一起的所得税"两口子"，个税处理上的差距昨就那么大呢？

笔者曾与一欲上市老板探讨收并购业务，不算不知道，一算吓一跳，这家企业仅仅个人股权转让环节涉及的个税就将近亿元。这让笔者不由得想起一桩旧事。

遥想2015年，江苏环亚建设工程有限公司老板张惊涛踌躇满志，欲借国投中鲁果汁的壳一跃成为资本市场弄潮儿。然而，借壳过程中高达2.4亿元的个人所得税成了重组路上的拦路虎，公司虽多次停牌寻求解决办法，但结果都不理想。最终，张惊涛不得不于2015年4月2日签署函告，本次重组终止。

借壳的原理不过是以股换股，在这种情况下，企业所得税上是有财税〔2009〕第59号文件加持的，该文件中关于不确定性递延纳税的规定可以将重组中的法人股东的企业所得税无限期推迟。而个人所得税上，仅有财税〔2015〕第41号文件这一聊胜于无的5年递延纳税。同样是生活在一起的两口子，两者的差距咋就那么大呢？

东方电热于2023年3月23日与投资者的一次问答似乎给了我们一丝线索，问答内容如下：

问：你好，董秘。请问去年向13名投资人定增时，这些投资人中有没有自然人？如果有，他们卖出定增股份而获利，需不需要缴纳个人所得税？谢谢！

答：您好，谢谢您对公司的关注！根据财政部、国家税务总局、证监会《关于个人转让上市公司限售股征收个人所得税有关问题的通知》（财税〔2009〕167号）及《关于个人转让上市公司限售股所征收个人所得税有关问题的补充通知》（财税〔2010〕70号）中限售股的定义，个人投资者参与上市公司定向增发获得的限售股份不在应纳税限售股范围之内。谢谢！

东方电热所言不虚，《国家税务总局所得税司关于印发〈限售股个人所得税政策解读稿〉的通知》（所便函〔2010〕第5号）有如下规定：

此次明确要征税的限售股主要是针对股改限售股和新股限售股以及其在解禁日前所获得的送转股，不包括股改复牌后和新股上市后限售股的配股、新股发行时的配售股、上市公司为引入战略投资者而定向增发形成的限售股。

这就形成逻辑闭环了，特殊性税务处理的本质是递延纳税，而不是免税。也就是说，这笔所得税早晚都要交的。这就需要有一个哪怕仅是理论上存在的纳税日。如果是法人股东，其注销日就是这个理论上的纳税日。而对张惊涛而言，因为他是自然人，所以将来股票解禁时是免税的，也就是说，哪怕是理论上的纳税日也不存在了。因此，只能在重大重组定向增发当时就纳税，不能给递延纳税政策。至于41号文件所讲到的5年递延纳税，则纯粹是从资金上的考量，与所得税原理无关。

　　税务来自经营，经营是一个过程，一旦割裂经营连续性去看问题，得出的结论必然是片面的。不过话又说回来，笔者始终认为，只搞懂理论还远远不够，解决实际问题才是王道。张惊涛们的难题在实务中是否还有回旋的余地呢？当然有，那就是立刻变为法人持股。

　　这里笔者必须啰唆一句，这么简单的问题难道张老板身边的一众高手不知道吗？显然不是，非不知也，实不能也。因为操作晚了，生米早已煮成熟饭，无法再改了。所以，想上市的企业，调整持股结构一定要趁早。

　　最后，又有人说了，法人股东借壳时税少了，解禁时却要面临增值税、企业所得税、个人所得税，这可如何是好？答案当然是要提前给自己预留一部分股权个人持有啊！这是最古老而有效的解决办法。所以，上市前大股东的股权一定是分为3份的：

　　（1）一份绝对多数由法人平台持有，用于未来长期控制上市公司；

　　（2）一份绝对少数由自然人持有，用于上市后解禁套现；

　　（3）一份相对少数由有限合伙持有，用于股权激励的同时保留控制权。

　　同样是生活在一起的两口子，企业所得税与个人所得税待遇不一样也不见得是坏事，只要运筹得当，坏事也可以变成好事。

三、那些离婚的AI大佬们，税务局喊你去申报个税

　　这是一个奇怪的世界，很多看上去没有任何关系的事情总能莫名其妙地一起出现在你面前。比如ChatGPT的火爆全网与董事长们的离婚案件。

2023年6月20日，昆仑万维发布公告：创始人周亚辉的前妻计划减持20亿元。公告称，为了支持昆仑万维AI事业发展，前妻李琼将把套现的50%再度借给公司，年利率为2.5%（约2,500万元/年）。

无独有偶！2024年4月4日，360集团创始人周鸿祎与妻子离婚，后者获得约90亿元股票。自2023年以来，360的股票涨幅超200%，市值从400亿元飙升至1,500亿元。

层见迭出！2024年6月20日，卓胜微实控人唐壮宣布与妻子（易戈兵）离婚——唐壮将其80.05%的股份（市值约34.1亿元）转让给后者。

三大离婚案件一出，引发行业警惕。以此次昆仑万维为例，深交所已下发关注函问询：是否借助市场热点操纵股票，以配合李琼减持？笔者不关心证券业务，也不关心董事长们与其前妻们的关系，只关心董事长离婚析产时的个人所得税处理。

离婚析产，不是可以零对价转让吗？的确有这个说法，《国家税务总局关于发布股权转让所得个人所得税管理办法（试行）的公告》（国家税务总局公告〔2014〕第67号）第十三条规定：

符合下列条件之一的股权转让收入明显偏低，视为有正当理由：

（二）继承或将股权转让给其能提供具有法律效力身份关系证明的配偶、父母、子女、祖父母、外祖父母、孙子女、外孙子女、兄弟姐妹以及对转让人承担直接抚养或者赡养义务的抚养人或者赡养人。

可是，这个公告说的是一般股权转让，而AI大佬们析产给前妻的是一种特殊的股权——限售股。

自从当年福建某陈姓企业家的超级避税事发生后，国家就出台过《财政部 国家税务总局 证监会关于个人转让上市公司限售股所得征收个人所得税有关问题的补充通知》（财税〔2010〕70号），其中明确指出：

对具有下列情形的，应按规定征收个人所得税：（七）个人因依法继承或家庭财产分割让渡限售股所有权。

该规定很明确，不同于普通股权，AI大佬们离婚析产转让的上市公司限售股是属于个人所得税应税项目的。问题是，属于应征个人所得税事项就一定要交税吗？那可不一定！

70号文件还包含一个关键内容：第二条第（七）（八）项的转让收入以转让方取得该股时支付的成本计算。

什么？转让收入以取得时的成本计算？那个人所得税不就是0咯！怪不得大佬们离起婚来云淡风轻，一边高位套现，一边借给公司收息，一边没有税。

不过笔者还是要善意地提醒一下，70号文件还规定：纳税人发生第二条第（五）（六）（七）（八）项情形的，采取纳税人自行申报纳税的方式。也就是说，虽然个人所得税是0，但还是要申报，不仅要申报，还要大佬亲自去申报。

这正是：大佬夫妻配合好，挥舞镰刀来割草。个税虽然没多少，申报程序别忘了。

那些离婚的AI大佬们，税务局喊你去申报个税呢！

四、海力股份由法人持股变为个人持股，到底为哪般？

海力股份于2021年5月14日发布公告披露：

实际控制人为江海林、江云锋。截至目前，江海林（控股股东）直接持有海力股份29.19%的股份，江海林之子江云锋直接持有海力股份29%的股份，父子二人通过海力控股间接控制海力股份20.13%的股份，通过益中投资间接控制海力控股0.45%的股份。综上，江海林、江云锋父子二人合计控制海力股份78.77%的股份（合计5,262万股）。此外，江云锋目前担任发行人董事长，江海林担任发行人董事。

2019年以来，大股东海力控股共减持了近900万股上市公司股票，这种突然大幅度的减持引起了监管部门的注意。证监会要求其说明集中减持的原因及合理性，了解其是否存在规避关于控股股东监管要求的情形。

那么这个事件跟税务有什么关系呢？众所周知，上市公司大股东的税务问题包括永恒不变的三大主题：取得税负、持有税负、处置税负。也就是说，如果这个减持跟税务有关系，原因一定出自这三大主题。从公告内容上看，我们似乎应该关注的是大股东减持时的税负处置问题。

但是，当我们再往下看时就会发现一个奇怪的现象：海力控股减持的8,995,000股股票，除2,000股为二级市场向公众股东减持外，其余8,993,000股均为实际控制人及一致行动人之间的交易。也就是说，江海林、江云锋父子，将自己控制的有限公司制持股平台海力控股手里的海力股份股票转手卖给了自己。

这种左手倒右手的操作到底是何用意？

首先排除取得税负问题。因为海力控股都是大股东了，自然不用考虑这个问题。其次考虑持有税负。持有税负来自哪里？没错，股息红利！但是大股东海力控股作为有限责任公司，从持有期间超过12个月的上市公司取得股息红利应该是免征企业所得税的。倒手到自然人手里有什么意义呢？我们继续看公告：

海力控股作为法人股东，收到股利分配后再分红至自然人股东时，个人仍需缴纳个人所得税，即无法享受前述个人所得税优惠政策。基于此项税务筹划原因，将部分股份转让给自然人持有。

上市公司分红到法人股东身上，的确是免税了，但是，如果法人股东再分红给上面的自然人股东呢，不是还有20%的个人所得税吗？如果转给自然人持有呢？

《关于继续实施全国中小企业股份转让系统挂牌公司股息红利差别化个人所得税政策的公告》（财政部、税务总局、证监会公告〔2019〕第78号）有如下规定：

个人持有挂牌公司的股票，持股期限超过1年的，对股息红利所得暂免征收个人所得税。本公告所称个人持有挂牌公司的股票包括在全国中小企业股份转让系统挂牌前取得的股票。

哎呀！这么简单的套路竟然被忽视了！正当我拍腿大呼惭愧之时，慢着，我一定是忽略了什么！但是到底忽略了什么呢？

三大问题已去其二，最后那个呢？对，处置税负！

如果是法人股东海力控股持股，解禁退出时如果有增值，是不是还得有企业所得税？就算新三板股票没有增值，那现金分回自然人股东是不是还有个税？现在转成了自然人持有，最大的变化是什么？是股票的性质！

限售期虽然结束了，但只要股份还在原股东手里不转让，那就还是限售股。而现在"左手右手一个慢动作"，股票卖给了自然人，股票性质就变成了流通股。这种操作被称为"洗股"。

因为自然人是在二级市场上取得的股票，根据《关于个人转让全国中小企业股份转让系统挂牌公司股票有关个人所得税政策的通知》（财税〔2018〕第137号）：

自2018年11月1日（含）起，对个人转让新三板挂牌公司非原始股取得的所得，暂免征收个人所得税。本通知所称非原始股是指个人在新三板挂牌公司挂牌后取得的股票，以及由上述股票孳生的送、转股。

持有股息、转让所得，所得税全免，一石二鸟。而上市公司在答复证监会的公告中却只说了第一步，对第二步只字未提！

五、限售股解禁节税的隐秘大法——大宗代持：这是"一盘大棋"

此前，有几家上市公司实控人将其持有股份内部转让给私募基金，这操作像是在下"一盘大棋"。

深圳新星于2021年9月14日—24日连续发布3篇公告，披露"股票内部转让—公告减持计划—股份质押"事项，实控人拟将不超2%的股份内部转让给其控制的私募基金。事项梳理如下：

时间	"股份内部转让—公告减持计划—股份质押"事项
2021年9月14日（内部转让）	实际控制人陈学敏先生拟于2021年9月14日至2021年12月12日期间通过大宗交易方式转让不超过公司总股本的2%（即不超过3,200,087股）股份给上海利位投资管理有限公司——利位复兴十号私募证券投资基金，该基金由陈学敏先生和岩代投资共同100%持有；同时，陈学敏先生与上海利位投资管理有限公司——利位复兴十号私募证券投资基金、岩代投资签署了《一致行动协议》。截至目前，该股份转让计划尚未完成
2021年9月22日（减持）	公告通过上海证券交易所集中竞价交易方式减持不超过3,200,087股，占公司总股本的比例不超过2%
2021年9月24日（质押）	公司控股股东、实际控制人陈学敏先生及其一致行动人累计持有公司股份数量为83,878,320股，占公司总股本比例为52.42%；本次岩代投资股份质押后，控股股东、实际控制人陈学敏先生及其一致行动人累计质押公司股份数量37,538,795股，占其持股数量的比例为44.75%，占公司总股本的比例为23.46%

无独有偶，几乎在同一时间，华策影视于2021年9月22日发布公告披露：

实际控制人、董事长傅梅城因个人资产规划需要，拟以大宗交易方式转让不超过华策影视当前总股本2%的股票（即不超过38,021,474股）给浙江银万斯特投资管理有限公司作为基金管理人管理的"银万全盈31号私募证券投资基金"和"银万全盈32号私募证券投资基金"，并与其签署《一致行动人协议》。银万全盈31号、银万全盈32号最终由傅梅城先生及其配偶赵依芳女士共同10%持有。

实控人将其持有的股权以大宗交易方式转让给私募证券投资基金，并与其签署《一致行动人协议》，这是在玩什么？

其实，所有操作都指向一个目的——融资！上市公司实控人想套现融资，就必须出售其持有的上市公司限售股。限售股不同于流通股，我国《个人所得税法》规定，个人转让流通股是免征个人所得税的，但是对于限售股却要按20%税率征收个人所得税。为了规避这部分个人所得税，上市公司大股东们绞尽脑汁地想出了一个方法——洗股。

何谓"洗股"？就是指限售股禁售期过后，只要交易一次，其性质就会变成流通股，而流通股未来无论再次转让多少钱，都是免征个人所得税的。这就是"洗股"的基本原理。

理想是丰满的，现实是骨感的。将限售股"洗"成流通股，大股东们至少要面对4重难题：

1. 由谁来接盘？接盘时的大额资金从哪来？

2. 接盘人接盘后，大股东如何实现对这部分限售股的继续控制？

3. 未来有一天，接盘人如果将这部分限售股卖掉，资金如何合法回流到大股东手中？

4. 如何处理能不违反证券监管？

前面提到的两家上市公司正是利用证券投资基金"完美"地解决了上述难题，这就是传说中的隐秘大法——大宗代持。大宗代持的步骤如下。

第一步，由谁来接盘？接盘时的大额资金从哪来？

答：私募证券投资基金。为什么必须是基金？因为基金有钱啊。这步完成后，大股东就实现了两个目的：第一，成功套现；第二，由于采用的是大宗交易，通常可以在市场价基础上打个9折，个税也能少一些。

第二步，接盘人接盘后，大股东如何实现对这部分限售股的继续控制？

答：此时的基金实际上是在配合大股东进行融资，所谓转让，其实更像一种"让与担保"，双方通常会约定大股东在一定期间把股票买回。因此，大股东通常会与基金签订《一致行动人协议》，可参考本文中两家公司的公告。这样一来就解决了控制权的问题。

第三步，未来有一天，接盘人如果将这部分限售股卖掉，资金如何合法回流到大股东手中？

答：在约定的期限到达时，大股东会将这部分股票从基金手中赎回，再在二级市场上抛售，此时的股票已经被洗成了流通股，大股东怎么卖都是免征个人所得税的。当然，基金做了这么多，大股东肯定要给基金应得的部分。

第四步，如何处理，才能不违反证券监管？

答：部分上市公司大股东或董监高之所以选择大宗代持融资，而不去做股权质押，很大一部分原因在于，大股东大宗代持融资不仅可以实现融资，由于明面上的股东方已经改变，还可以在后续减持的过程中避开此前减持新规的限制。

那么，为什么说这是"一盘大棋"呢？原因有如下5点：

第一，大股东减持的核心目的是融资，通过大宗代持，大股东实现了融资目的。

第二，如果为了融资真把股票卖了，将来股价大涨，岂不是亏大了？所以，来个"让与担保"，以便将来有权收回。

第三，转让期间的控制权怎么办？没关系，有《一致行动人协议》的加持。

第四，顺带，以一个打过9折的转让价和打过9折的个税为代价，把限售股洗成流通股，为未来高价转让时避税扫清道路。

第五，相对于大股东股权质押，基金大宗代持由于发生了转让，更能避开减持的限制。

融资、控制权、证券监管、未来收益、节税，一举五得。难怪大宗代持模式这么火。

最后，请允许笔者发一句感慨，金融真是人类智慧的试金石啊。

第十四章　并购重组

一、资产收购与股权收购的相互转化

上市之前，企业集团内部进行资产重组是非常常见的现象。都是一家人，本质上不是商业交易，纯粹是整合资产，所以，最好别动钱，大家都方便。但有些时候，不动钱而大家都方便在税务上是行不通的。这不，冀东水泥就遇到了这一难题。

冀东水泥于2019年1月24日发布公告披露，冀东水泥与金隅集团均系北京市国资委下属企业。为彻底解决双方之间的同业竞争问题，制定了以下重组方案：

1. 由冀东水泥与北京金隅共同出资成立合资公司，专门从事水泥业务。

2. 冀东水泥以所持有的临澧冀东水泥有限公司等5家公司的股权，约合23.93亿元及24.82亿元现金出资，持有合资公司52.91%的股权，为合资公司的控股股东。

3. 另外47.09%由金隅集团持有，代价是金隅集团下属的赞皇水泥等14家水泥厂必须全部装进合资公司当中。

这样一来，金隅和冀东就合兵一处，变同业竞争为强强联合。

这本是一家人内部之间的利益关系重整，所有交易并无商业实质。但是有一个问题必须考虑，那就是重组税负。除去现金部分，双方一共将19家子公司股权（冀东5家，金隅14家）装入了合资公司。从冀东和金隅角度看，这是典型的非货币资产投资。19家公司股权公允价值高于账面价值部分应交企业所得税。以下为涉及企业所得税的三种可能处理方式。

方式1：一般性税务处理，即正常交税。

方式2：5年期确定性递延纳税。

根据《财政部 国家税务总局关于非货币性资产投资企业所得税政策问题的通知》（财税〔2014〕116号）规定：

居民企业以非货币性资产对外投资确认的非货币性资产转让所得，可在不超过5年期限内，分期均匀计入相应年度的应纳税所得额，按规定计算缴纳企业所得税。

以上两个处理方式的区别在于，1年交还是5年交。对于案例中的企业来说，企业会认为重组就是自家人玩玩，怎么弄出了这么多税呢？这时候，另一个重要文件出现了。

方式3：不确定性递延纳税。

先来看《财政部 国家税务总局关于企业重组业务企业所得税处理若干问题的通知》（财税〔2009〕59号）的如下规定：

资产收购，受让企业收购的资产不低于转让企业全部资产的50%，且受让企业在该资产收购发生时的股权支付金额不低于其交易支付总额的85%，可以选择按以下规定处理：

1.转让企业取得受让企业股权的计税基础，以被转让资产的原有计税基础确定。

2.受让企业取得转让企业资产的计税基础，以被转让资产的原有计税基础确定。

也就是说，满足上述规定中50%、85%这两个比例的情况下，重组各方就是一家人：从我这儿平移到你那儿，咱们暂时就别纳税了，等到将来真的卖掉的那天再说。如果能满足这一条件，那当然皆大欢喜。但现实并非如此。

对于冀东水泥来说，它卖掉了旗下的5家子公司100%的股权，换来的是合资公司100%的股权支付，自然满足59号文件中特殊性税务处理的条件。照理说，金隅水泥的14家子公司如法炮制即可，可是一个重要的问题拦住了去路，那就是冀东水泥的持股比例，52.91%这个数是不能动的！

换句话说，合资公司向金隅水泥发起资产收购，在所支付的对价中，股权占比不能达到85%！因为一旦达到85%，就意味着冀东水泥的大股东的地位将不保，除非冀东水泥再次同比例向合资公司增资，但此时冀东水泥再也拿不出资产增资了。资产收购这条路已经被堵死了。

资产收购不行，就不能化整为零，那可以改用股权收购吗？

再看《财政部 国家税务总局关于企业重组业务企业所得税处理若干问题的通知》（财税〔2009〕59号）的如下规定：

股权收购，收购企业购买的股权不低于被收购企业全部股权的50%，且收购企业在该股权收购发生时的股权支付金额不低于其交易支付总额的85%，可以选择按以下规定处理：

…………

3.收购企业、被收购企业的原有各项资产和负债的计税基础以及其他相关所得税事项保持不变。

如果把对金隅水泥的整体资产收购改为对14个子公司分别进行股权收购，那么，只要每一个子公司股权的收购对价超过85%以上是股权，不就可以了吗？第1家，收购100%股权，对价100%股权；第2家，收购100%股权，对价100%股权；

第3家……到第7家结束后，发现合资公司47.09%的股权已经支付完毕，不能再增加股权了，剩下的就直接上现金了。这样一来，至少保住了前7家公司股权增值部分不用交所得税了。放心，这7家一定是增值最大的7家；而另外7家是增值较小或没有增值的，于是干脆用现金收购并交税。

所以，我们会看到公告中有如下表述：

北京金隅集团股份有限公司所持有的赞皇金隅水泥有限公司、北京金隅琉水环保科技有限公司等7家公司注入合资子公司，剩余左权金隅水泥有限公司、陵川金隅水泥有限公司等7家公司由冀东水泥支付现金收购。

有时候，退而求其次也不失为明智的选择。

顺便提醒一句，适用59号文件时，一定要满足：具有合理的商业目的，且不以减少、免除或者推迟缴纳税款为主要目的。怎么证明呢？冀东水泥称：经交易双方共同商议确定，金隅集团所持14家水泥企业股权以增资合资公司和上市公司现金收购两种方式注入冀东水泥。方案设计及相关交易标的支付对价处理的主要考虑因素有上市公司的资金状况和上市公司的后续管理。

最后，这一教科书般经典的集团内重组案例给我们了哪些启示呢？总结一下：

1.集团内重组时，多数时候应考虑适用财税〔2009〕59号文件不确定性递延纳税政策。

2.资产收购与股权收购很多时候可以互相转化。关键在于站在哪个重组参与方的角度去看。

3.特殊情况下，丢车保帅，让增值大的部分享受特殊性税务处理，让增值小的部分交税。

二、为更换上市主体，母子公司"乾坤大挪移"背后的"内功心法"

俗话说，计划没有变化快，上市工作就是这样的。本来确定好母公司作为上市主体，但由于环境变化突然改成子公司的情况并不鲜见。遇到这种情形，就得让母子公司"换位"，母公司变成子公司，子公司变成母公司。完成这种母子公司间的"乾坤大挪移"，的确需要一套"内功心法"。

恩威医药于2020年12月31日提交招股书申报稿披露：

2016年12月控股股东恩威集团、成都杰威、成都瑞进恒、成都泽洪以其各自持有的发行人原100%控股股东四川恩威股权合计实缴恩威有限4,301.69万元的注册资本（截至2016年12月20日止，变更后的累计注册日止，变更后的累计注册资本50,000,000元，实收资本44,016,948.17元），恩威集团和昌都恩威商务分别以现金实缴恩威有限598.31万元的注册资本。就本次恩威集团、成都杰威、成都瑞进恒、成都泽洪以其各自持有的四川恩威股权合计实缴恩威有限4,301.69万元的注册资本，股权增资事项相关主体已向主管税务机关申报适用企业重组所得税业务特殊性税务处理。恩威医药于2022年1月4日发布公告，此次恩威集团、成都杰威、成都瑞进恒、成都泽洪转让恩威制药股权无需缴纳所得税。

图16为恩威医药原本的股权架构。

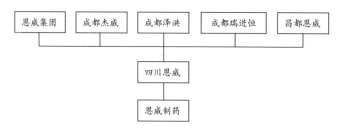

图16　恩威医药原本的股权架构

现在，由于企业上市需要，股权架构必须调整成如图17所示内容：

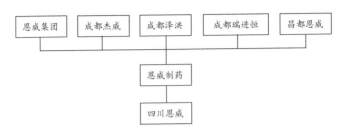

图17　恩威医药调整后的股权架构

这就是前面讲到的母子公司"换位"。那么，恩威制药具体是如何完成的呢？公告继续披露：

2016年11月22日，四川恩威将其持有的恩威有限全部股权分别转让给恩威集团、成都杰威、成都泽洪、成都瑞进和昌都市恩威商务信息咨询有限公司，以上股权转让各方签署《关于西藏恩威医药有限公司之股权转让合同》。本次股权转让经恩威有限股东会审议通过。

这一步完成以后，股权架构就变成如图18所示内容：

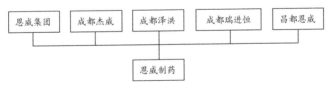

图18　母子公司"换位"后的恩威医药的股权架构

也就是说，恩威制药从四川恩威的子公司变成了平起平坐的兄弟公司。在这一步中，四川恩威作为股权转让方是否要交税呢？

公告中最耐人寻味的一幕出现了。注意细节！

转让方	受让方	转让出资额（万元）	转让出资比例(%)	股权转让价款(元)
四川恩威	恩威集团	2,569.85	51.3970	4,624,638.00
	成都杰威	683.60	13.6720	1,230,190.00
	成都泽洪	683.60	13.6720	1,230,190.00
	成都瑞进恒	683.60	13.6720	1,230,190.00
	昌都恩威商务	379.35	7.5870	682,668.00

是的，您没看错，公告的表格中，前面的单位是万元，后面的单位是元。四川恩威持有股权的投资成本为5,000万元，转让价格约为899.79万元，形成了约4,100万元的投资损失。4,100万元的投资损失啊，您可千万别觉得这是垃圾，这可是打着灯笼都难找的宝贝呀！这就意味着四川恩威未来有4,100万元的亏损可以用来弥补。可能是不想太过明显，公告对这件事进行了技术处理，也就是表格中，前边单位是万元，后面单位是元。通过关联交易造出亏损，此为内功心法之一。

接着，在5家新股东以其持有的成本为4,400万元的四川恩威100%股权投资到恩威制药这步完成后，母子公司"换位"彻底完成，如图19所示：

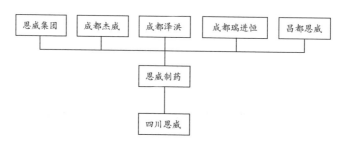

图19　母子公司"换位"彻底完成后的恩威医药的股权架构

这一先将母子公司变成兄弟公司，再将兄弟公司变成反转后的母子公司的操作路径，为内功心法之二。

我们可以将第二步交易看作恩威制药向5家新股东收购四川恩威100%的股权，对价100%为恩威制药自身股权，名副其实的股权收购，完全符合财税〔2009〕59号文件规定的特殊性税务处理条件，参与各方均可以暂不纳税。精准而灵活地选择企业所得税重组优惠政策，此为内功心法之三。

如果我们再仔细分析公告就会发现，此次重组之所以进行得如此顺利，还有两个不可忽视的原因。

其一，整个交易的参与各方，尤其是5家新股东，均为法人股东。正是由于参与各方法人股东的身份，才使整个重组在企业所得税方面完全可以适用特殊性税务处理。而笔者经历过的类似案例中，往往有大量的自然人股东和有限合伙股东参与，这两类股东交的是个人所得税，而个人所得税是没有特殊性税务处理的。

有效利用法人持股平台在企业所得税优惠方面的优势，降低架构调整时的税负，此为内功心法之四。

其二，前述两步交易完成时间为2016年11月和12月，如此重大重组，其烦琐的变更程序在不到2个月时间里完成，一方面让我们看到恩威制药的超高办事效率，另一方面也充分体现出集团在操作之前进行了充分的设计和准备。

充分的设计和准备与超高的办事效率相结合，此为内功心法之五。

总结一下：

为更换上市主体，母子公司"乾坤大挪移"背后的"内功心法"至少有5项。

1. 通过关联交易造出亏损。

2. 先将母子公司变成兄弟公司，再将兄弟公司变成反转后的母子公司。

3. 精准而灵活地选择企业所得税重组优惠政策。

4. 有效利用法人持股平台在企业所得税优惠方面的优势，降低架构调整时的税负。

5. 充分的设计和准备与超高的办事效率相结合。

三、资产划转，集团税制初体验带来的6个问题

首先，请看如下问题：

问题1：假设A公司旗下有一项不动产，账面原值为100万元，公允价值为200万元，若将该不动产交给公司某内设机构使用，请问是否需要交企业所得税？

答：肯定不用交。

问题2：假设A公司还有一个全资子公司，若A公司将这项不动产产权变更到子公司旗下，是否需要交企业所得税？

答：肯定要交。

问题又来了：同样是自己的财产，怎么内设机构使用不需交税，而子公司使用要交税呢？答案很简单，因为资产"出法人圈了"，发生了权属改变。企业所得税是标准的法人税制，按照《关于企业处置资产所得税处理问题的通知》（国税函〔2008〕828号），企业将资产移送他人，若资产所有权属已发生改变而不属于内部处置资产，应按规定视同销售确定收入。

这也是资产重组中所得税问题产生的根源。

但这种母子公司内部的资产调整毕竟不同于真正的买卖，即便按销售处理，也要带上"视同"二字。原因有二：第一，这种投资并没有真正的现金交易，所以投资方是缺乏纳税必要资金的。第二，母公司原本直接控制资产，现在变成了母公司控制子公司，子公司控制资产，等于母公司还能间接控制资产。这也明显不同于真正的买卖。如果完全按销售处理，似乎也有些欠妥。为了保证税收中性原则的贯彻，企业所得税上就有了特殊性税务处理。

但是，这些特殊性税务处理政策都有各自的限制条件。很多时候，这种100%控制的母子公司之间进行的资产重组并不能满足这些限制条件的要求。比如，按照财税〔2009〕59号规定，收购资产必须达到被收购企业总资产的50%以上，这

一项就有一定的难度。再比如，母子公司之间的转移资产通常是连同负债一同转让的，而59号文件明确规定，承担负债属于非股份支付，这就会导致子公司支付的对价很难满足85%以上股份支付的标准。

本就是一家人，资产重组过程中还得交这么多税，而在国企之中，这种划转类重组更多。于是，就有了后来的集团税制，那就是《财政部 国家税务总局关于促进企业重组有关企业所得税处理问题的通知》（财税〔2014〕109号）。该文件提出一些"破天荒"的条文：

对100%直接控制的居民企业之间，以及受同一或相同多家居民企业100%直接控制的居民企业之间按账面净值划转股权或资产，凡具有合理商业目的，不以减少、免除或者推迟缴纳税款为主要目的，股权或资产划转后连续12个月内不改变被划转股权或资产原来实质性经营活动，且划出方企业和划入方企业均未在会计上确认损益的，可以选择按以下规定进行特殊性税务处理：

1.划出方企业和划入方企业均不确认所得。

2.划入方企业取得被划转股权或资产的计税基础，以被划转股权或资产的原账面净值确定。

3.划入方企业取得的被划转资产，应按其原账面净值计算折旧扣除。

这等于正式明确，基于100%控股的前提下，母子公司被视为一个经营主体，资产从母公司划转到子公司，视为一个主体内部调动，不用视同销售。资产账面价值、计税基础全部平移。本文下发，正式荡平了100%控股母子公司间划转资产的税制障碍，对企业内部重组起到了不可估量的推动作用。

然而，109号文件向集团税制迈出的探索困难重重，具体表现在以下6个方面。

1.适用条件严苛。

既然是初体验，步子自然不敢迈太大。109号文件出台后，国家税务总局出台的《国家税务总局关于资产股权划转企业所得税征管问题的公告》（国家税务总局公告2015年第40号）将资产划转的情形分成4类，政策适用条件相当严苛：

《通知》第三条所称"100%直接控制的居民企业之间，以及受同一或相同多家居民企业100%直接控制的居民企业之间按账面净值划转股权或资产"，限于以下情形：

（1）100%直接控制的母子公司之间，母公司向子公司按账面净值划转其持有的股权或资产，母公司获得子公司100%的股权支付。母公司按增加长期股权投资处理，子公司按接受投资（包括资本公积，下同）处理。母公司获得子公司股权的计税基础以划转股权或资产的原计税基础确定。

（2）100%直接控制的母子公司之间，母公司向子公司按账面净值划转其持有的股权或资产，母公司没有获得任何股权或非股权支付。母公司按冲减实收资本（包括资本公积，下同）处理，子公司按接受投资处理。

（3）100%直接控制的母子公司之间，子公司向母公司按账面净值划转其持有的股权或资产，子公司没有获得任何股权或非股权支付。母公司按收回投资处理，或按接受投资处理，子公司按冲减实收资本处理。母公司应按被划转股权或资产的原计税基础，相应调减持有子公司股权的计税基础。

（4）受同一或相同多家母公司100%直接控制的子公司之间，在母公司主导下，一家子公司向另一家子公司按账面净值划转其持有的股权或资产，划出方没有获得任何股权或非股权支付。划出方按冲减所有者权益处理，划入方按接受投资处理。

2.排斥除居民企业以外的其他持股主体。

细心的读者可能发现了，在上述40号公告所提到的4种情况中，股东必须是"母公司"，即在适用资产划转递延纳税优惠政策时，相关方不能存在自然人、有限合伙、非居民企业等。

3. "账面净值"概念令人费解。

公告中多次提到的"账面净值"到底是什么呢？我们经常在会计材料上看到账面净值的概念，意思是资产的账面余额减掉累计折旧后的余额。然而，此账面净值非彼账面净值。109号文件和40号公告里提到的账面净值是完全不同的概念。

为便于理解，下面举例说明。比如此次要划转的固定资产账面余额100万元，累计折旧20万元，资产减值准备计提了10万元，同时还背着20万元银行贷款。那么，本次划转的账面净值=100−20−10−20=50（万元），即此处的账面净值=账面余额−累计折旧−资产减值准备——并划转的与资产相关的负债。（注：此算法文件中并未列明，为笔者从实践中推导而出的结论，所以可能存在争议。）

4. 与其他税种不好协调。

企业重组时，各税种政策之间本就缺乏统一性，在资产划转中的表现则更明显。具体问题如下：

（1）在增值税方面，我们熟悉的2011年第13号公告和财税〔2016〕36号文件中所讲到的"纳税人在资产重组过程中，通过合并、分立、出售、置换等方式，将全部或者部分实物资产以及与其相关联的债权、负债和劳动力一并转让给其他单位和个人，不属于增值税的征税范围"。文件中并未直接出现"划转"字样，那么，资产划转是否可能适用不征增值税政策？

（2）在土地增值税方面，《财政部和国家税务总局发布关于继续实施企业改制重组有关土地增值税政策的公告》（财政部 税务总局公告2021年第21号）里的表述是："单位、个人在改制重组时以房地产作价入股进行投资，对其将房地产转移、变更到被投资的企业，暂不征土地增值税。"同样，该文件中也未直接出现"划转"字样，那么，资产划转是否可能适用不征土地增值税政策？

（3）在房产税方面，按照"账面净值"划转到子公司后，子公司的房产税应该用哪个标准来计算呢？

5.易导致资本公积科目出现负数。

对于划转双方的会计处理，很多时候都用"资本公积"科目进行对冲，这就导致一个很重要的问题出现，即资本公积科目可能被冲成负数。

6.存在一个重大漏洞。

先来看一个公告。中原高速于2018年9月28日发布公告，披露拟将其拥有的郑新黄河大桥、永登高速永城段（原永亳淮高速公路商丘段）相关的资产（39.97亿元）、负债（14.07亿元）一并，以2018年6月30日的账面净值25.90亿元划转至全资子公司河南新永高速公路有限责任公司（简称"新永高速"），划入方新永高速不需要支付对价。

我们假设母公司中原高速对子公司新永高速的原投资成本是1亿元，根据《国家税务总局关于资产股权划转企业所得税征管问题的公告》（国家税务总局公告2015年第40号）：

100%直接控制的母子公司之间，母公司向子公司按账面净值划转其持有的股权或资产，母公司没有获得任何股权或非股权支付。母公司按冲减实收资本（包括资本公积，下同）处理，子公司按接受投资处理。

此次划转双方的会计处理应该是：

母公司中原高速：

借：负债　　　　1,407,000,000

　　资本公积　　2,590,000,000

　　贷：资产　　　　　　　　3,997,000,000

子公司新永高速：

借：资产　　　　3,997,000,000

贷：负债　　　　　　　　　　1,407,000,000

　　　资本公积　　　　　　　　　2,590,000,000

魔鬼都在细节中，您看到了吗？

问题1：中原高速一共向新永高速投入了多少资产？

答：初始投资1亿元，划转追加25.9亿元，共计26.9亿元。

问题2：如果中原高速下一步把"长期股权投资——新永高速"卖掉，则允许税前扣除的计税基础是1亿元，还是26.9亿元？

答：按40号公告的处理方法，应该是1亿元。

然而，后来追加划转的25.9亿元没有计入股权的计税基础，它去哪儿了呢？中原高速啊，你有没有想到这个问题呢？今天看是无偿，直到你把新永高速股权卖掉的那天，你才能明白，当年给自己挖了一个多大的坑。企业在划转时，千万慎用这种母对子的无对价划转！

创新之路注定不会平坦，不平坦之路也绝对阻挡不了创新。109号文件虽有以上问题，但仍不失为一个好政策。尤其是在上市前的内部架构调整时，它更是不可多得的节税利器。

四、为上市资产划转重组，划出方实收资本不够用的3种处理办法

先看一个案例。

天地源股份有限公司下属全资子公司上海天地源企业有限公司拟将其持有的苏州天地源房地产开发有限公司95.45%的股权按账面净值划转至公司名下，本次

交易完成后，上海天地源不再持有苏州天地源股权。具体如图20所示：

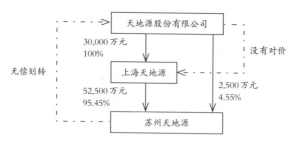

图20　天地源股份有限公司股权划转

子公司上海天地源将自己持有的苏州天地源95.45%的股权无偿划转给母公司天地源股份。划转完成后，其股权结构变为如图21所示：

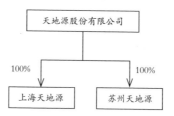

图21　天地源股份有限公司股权结构

在企业集团内部重组中，资产划转算是比较特殊的一种。资产划转的税务处理相关规定见《财政部 国家税务总局关于促进企业重组有关企业所得税处理问题的通知》（财税〔2014〕109号），通知的具体内容见上一节。但该通知只说了资产划转的税务处理，没有解释什么叫资产划转。于是，接下来的《国家税务总局关于资产股权划转企业所得税征管问题的公告》（国家税务总局公告2015年第40号）做出了明确规定，公告的具体内容见上一节。

没错，天地源的内部重组，就是40号公告中所称4种情形中的第三类：全资子公司对母公司划转，母公司未支付任何对价。按40号公告，上海天地源应该冲减实收资本 52,500 万元。可是问题来了，上海天地源的实收资本总共只有 30,000 万元，不够冲减的部分怎么办？

其实，现实工作中，这种实收资本，包括资本公积不够冲减的情况并不少见，处理这种问题有 3 种方法，天地源就给我们演示了其中一种，公告继续披露：

三、股权划转实施步骤：

（一）天地源股份有限公司对上海天地源以现金方式进行增资，将上海天地源注册资本由 30,000 万元增加至 53,500 万元。

（二）公司与上海天地源签订股权划转协议，上海天地源将其持有苏州天地 95.45% 的股权按账面净值 52,500 万元划转至公司名下。根据国家税务总局相关规定，上海天地源作为公司全资子公司，向公司按账面净值划转其持有的苏州天地源 95.45% 股权，上海天地源按冲减实收资本处理，公司按收回投资处理。本次股权划转完成后，上海天地源实收资本由 53,500 万元减少至 1,000 万元。

既然实收资本不够用，找"爸爸"要点儿不就行了！妥妥的"富二代"打法。可是，不是谁都有这样的"富爸爸"的，有些不那么富的"爸爸"就只能象征性意思一下了，于是就有了第二种处理方法。

先对划出方进行增资，增加其资本公积，然后再进行划转。这种增资可以是形式上的增资，即"走资金账"，具体就是通过签订增资协议，将相应增资款拨到资产划出方，同时对此部分增资款约定为增加资本公积；然后资产划出方在收到款项后随即将款项回流，形成对增资方的债权，最终就是在增加权益的同时增加债权。

顺便提醒一下，考虑到资本公积增加会增加印花税，因此，针对上述的路径设计，在增资、划转过程中资本公积的变动尽量在一个纳税期间进行，以免产生印花税的额外负担。

可是，即便只是"走资金账"，也得先有"资金"不是？问题是，还有很多"穷爸爸"连这也做不到，这可如何是好？没关系，"穷爸爸"自有"穷爸爸"的办法，于是就有了第三种处理方法。

针对符合特殊性税务处理的资产无偿划转，产生资本公积不足冲减的，需要依次冲减划出方企业盈余公积和未分配利润。由于双方公司基本都属于同一控制，这部分资本公积在合并层面是不存在的，如果划出方不足冲减时冲减盈余公积和未分利润，这部分合并对抵就无法自动形成，这就涉及发生这种情况下合并报表抵消调整时，需要将冲减的盈余公积与未分利润再等额转回来。

说白了，这第三种方法就是先拿未分配利润抵挡一下，将来在合并报表时再人为地调回来。这像不像"富爸爸"给孩子买了玩具枪，于是"穷爸爸"干脆用木头给孩子削了一把枪？虽然材质不同，但孩子也一样能玩。

五、同一资产，同一月份，两次划转，能不能适用特殊性税务处理？

先看一个案例。香雪制药于2021年1月25日发布公告披露：

全资子公司香雪精准为引进战略投资者，拟将资产及负债按基准日2020年12月31日的账面净值419,577,550.55元划转至香雪生命科学（于2020年12月23日设立于横琴新区，香雪精准持股100%），本次划转涉及债权、债务转移，所涉划转资产及负债将会在相应登记部门办理产权转移手续。公司称，拟申请适用特殊性税务处理。香雪制药在全资孙公司香雪生命科学设立的次月，先后实施两次无偿划转，先是"母对子"无偿划转2.08亿元资产，再由"子对孙"划转全部4.2亿元资产及负债。公司称，两次划转均申请适用特殊性税务处理。

项目	第一次划转	第二次划转
划转时间、金额	2021年1月4日首次划转:"母对子"无偿划转2.08亿元资产	2021年1月25日第二次划转:"子对孙"划转全部4.2亿元资产及负债
划出方与划入方	香雪制药向全资子公司香雪精准无偿划转资产	全资子公司香雪精准划转至孙公司香雪生命科学(香雪精准持股100%,于2020年12月23日新设立)
标的	涉及账面价值2.08亿元的无形资产及固定资产	全资子公司香雪精准截至2020年12月31日的全部资产及负债,账面价值4.2亿元
划转方案	在香雪精准少数股东李懿将持有的香雪精准2.5%股份以零元价格转让给公司,公司持股香雪精准由97.5%工商变更为100%后,公司将相关的无形资产、固定资产以2020年11月30日为基准日的账面价值208,236,673.48元(为无形资产和固定资产两项)划转至子公司香雪精准	全资子公司香雪精准拟将资产及负债按基准日2020年12月31日的账面净值419,577,550.55元划转至香雪生命科学(香雪精准持股100%)
会计核算	按照账面价值208,236,673.48元划转资产,香雪精准取得划转资产不支付对价,增加资本公积	—
税务处理	拟申请适用特殊性税务处理	拟申请适用特殊性税务处理

先是,"母对子"划转,企业所得税依照财税〔2014〕109号适用特殊性税务处理,这个我们都能理解。但是,109号文件也清晰地提出了一个限制条件:

股权或资产划转后连续12个月内不改变被划转股权或资产原来的实质性经营活动。

关于这一条,《国家税务总局关于资产股权划转企业所得税征管问题的公告》(国家税务总局公告2015年第40号)有明确的征管规定,规定的内容可见本章第三节。

问题是,香雪制药在第一次划转当月就进行了第二次划转。第一次划转的资产原来是用于生产经营的,而被划转到子公司后,直接被用于下一次划转。这样一来,等于改变了资产的用途,这将导致第一次划转不适用特殊性税务处理,并存在按公允价值补税的可能性。

也有一种观点认为,这就是集团内的一种资产整合,划转一次和划转两次都是为了整合资产,而不是为了节税,这种交易也没有商业交易实质。所以,全部适用特殊性税务处理也无不妥。

而香雪药业的公告里也讲到,特殊性税务处理需要等待税务机关认可。

其实,本案留下了一个开放式的结局(事实上我们也不知道是什么结果)。各位读者,如果您是香雪制药的主管税务机关,会怎么办呢?

六、资产重组后交易不满12个月即处置的变通方式

"天下风云出我辈,一入江湖岁月催。皇图霸业谈笑中,不胜人生一场醉。提剑跨骑挥鬼雨,白骨如山鸟惊飞。尘事如潮人如水,只叹江湖几人回。"少年时不懂诗歌《江湖行》中所言,直到两鬓斑白才明白,其实自己就是那个世界里的一员。青岛云路的分立案例就颇有几分这首诗的味道。

青岛云路于2021年8月23日发布公告披露:

2020年底，基于主要股东李晓雨和郭克云对云路新能源后续的经营发展规划存在认识差异，为实现未来各自的独立发展，云路新能源进行第二次分立；分立完成后，李晓雨主要负责云路新能源的家电业务板块，郭克云主要负责云路新能源的风电、光伏业务板块。

公告同时披露了两家在分立前的"江湖风云"：

时间	发行人分立历程
2007年12月	云路新能源成立，注册资本为3,000万元。股东李晓雨认缴人民币1,461万元，占注册资本的48.70%；股东郭克云认缴人民币1,458万元，占注册资本的48.60%；股东江志俊认缴人民币81万元，占注册资本的2.70%
2008年11月	沈阳黎明航空发动机（集团）有限责任公司（以下简称"黎明发动机"）增资并实缴第1期增资款，云路新能源成为国有控股企业
2013年4月12日	黎明发动机以存续分立的方式分立为沈阳黎明航空发动机（集团）有限责任公司（存续公司）及沈阳黎明航空科技有限公司（简称"黎明科技"）。并约定，原由黎明发动机持有的云路新能源40%的股权在分立后划归黎明科技
2015年12月	发行人前身云路有限于2015年12月由云路新能源派生分立而来，与非晶业务相关的经营性资产注入发行人，债务由分立后的云路新能源和发行人按照资产划分情况各自分别承担，分立之前与非晶业务有关的人员全部分给发行人
2016年5月	中国航发正式设立；根据国务院批准的组建方案，中航工业将发动机控股及所属企（事）业单位整建制注入中国航发，中国航发成为云路新能源的实际控制人
2017年5月	中国航发与中航工业签署《股权转让协议》，中航工业将发动机控股100%股权无偿转让给中国航发。中国航发成为黎明科技的实际控制人
2017年6月8日	黎明科技以减资的方式退出云路新能源，云路新能源注册资本由5,000万元减为3,000万元
2018年2月	因发动机控股被中国航发吸收合并，黎明科技召开股东会，同意中国航发出资额由5,454.59万元增至28,984.12万元，同意发动机控股退出黎明科技股东会

续表

时间	发行人分立历程
2018年12月	发行人云路有限整体变更设立股份公司
2020年	基于主要股东李晓雨和郭克云对于云路新能源后续的经营发展规划存在差异，为实现未来各自的独立发展，云路新能源进行第二次分立；在分立完成后，李晓雨主要负责云路新能源的家电业务板块，郭克云主要负责云路新能源的风电、光伏业务板块。同时，基于资产交割、业务交接和税务筹划的考虑，李晓雨和郭克云约定了18个月的过渡期，在过渡期结束之后双方各自从对方产业中减资退出

云路新能源分立，曾经的兄弟李晓雨与郭克云分道扬镳。但分立时的税务问题依然让人头疼。

有限公司分立方面的税务问题看上去十分复杂。笔者习惯将其分解为4个步骤，依然以青岛云路案为例：

第一步，云路新能源将要分立出去的资产卖掉换成现金，涉及增值税、土地增值税、印花税、企业所得税。

第二步，将现金交与郭克云用于赎回郭克云持有的云路新能源股权，视为郭克云转让股权，涉及个人所得税。

第三步，郭克云以现金投资形式成立青岛云路投资控股有限公司，新公司涉及记载资金账簿印花税。

第四步，青岛云路投资控股有限公司在市场上将云路新能源卖掉的资产买回来，涉及契税、产权转移书据印花税。

把这4步连起来看，就是一个标准的分立税务问题。

那么，怎样处理这些税呢？一方面它考验李晓雨、郭克云两位的智慧，另一方面更是考验他们之间的配合。以下是这些税的处理方式。

1.增值税。根据《财政部 国家税务总局关于全面推开营业税改征增值税试点的通知》（财税〔2016〕36号）：

在资产重组过程中，通过合并、分立、出售、置换等方式，将全部或者部分实物资产以及与其相关联的债权、负债和劳动力一并转让给其他单位和个人，其中涉及的不动产、土地使用权转让行为不征增值税。

2020年12月22日，李晓雨、郭克云、江志俊与云路新能源签署《分立协议》。根据分立协议约定，按照业务板块对分立前云路新能源的相关资产、负债及人员进行划分，其中与家电业务相关的资产（包括珠海黎明云路新能源科技有限公司全部股权）、负债及人员保留于云路新能源，与风电、光伏业务相关的资产（包括特变智能90%股权、青岛云路聚能70%股权及其持有的合肥云路聚能100%股权）、负债及人员保留于云路投资控股。

增值税搞定！

2.土地增值税。根据《财政部 税务总局关于继续实施企业改制重组有关土地增值税政策的公告》（财政部 税务总局公告2023年第51号）的规定，暂不征收土地增值税：

按照法律规定或者合同约定，企业分设为两个或两个以上与原企业投资主体相同的企业，对原企业将房地产转移、变更到分立后的企业，暂不征收土地增值税。

3.契税。根据《财政部 税务总局关于继续实施企业、事业单位改制重组有关契税政策的公告》（财政部 税务总局公告2023年第49号）的规定，免征契税：

公司依照法律规定、合同约定分立为两个或两个以上与原公司投资主体相同的公司，对分立后公司承受原公司土地、房屋权属，免征契税。

4.企业所得税。根据《财政部 国家税务总局关于企业重组业务企业所得税处理若干问题的通知》（财税〔2009〕059号）的规定，免征企业所得税：

被分立企业所有股东按原持股比例取得分立企业的股权，分立企业和被分立企业均不改变原来的实质经营活动，且被分立企业股东在该企业分立发生时取得的股权支付金额不低于其交易支付总额的85%，可以选择特殊性税务处理。

根据以上文件的表述，要搞定本次分立中涉及的土地增值税、契税、企业所得税，有一个条件：原股东存续，且存续时间不得少于12个月。

问题是，他们已经彻底分家了，还能在对方分立后的公司中存续吗？曾经一起的岁月终成过眼烟云，分道扬镳时，江湖情谊是否还在？

下边公告的表述，让我们看到了江湖儿女最后的情怀：

2020年12月22日，李晓雨、郭克云、江志俊与云路新能源签署《分立补充协议》。基于税收筹划以及稳定分立后主体日常经营的考虑，云路新能源本次分立之后约定了18个月的过渡期，在过渡期结束之后，自然人股东进行减资安排，具体如下：云路新能源和云路投资控股根据减资评估基准日开展减资工作，暂定于2022年4月30日前完成减资协议的签署、2022年5月31日前完成减资工商登记变更；李晓雨通过减资的方式退出对云路投资控股48.70%的全部持股，郭克云通过减资的方式退出对云路新能源48.60%的全部持股。上述减资完成后，李晓雨和郭克云在云路新能源及云路投资控股将不存在共同持股的情况。

约定了18个月过渡期，之后相互撤出对方的公司。

分道扬镳之时，曾经一起打天下的好兄弟最后一次并肩作战，既满足了暂不征收土地增值税、免征契税这两个条件中关于原股东存续的规定，也满足了企业所得税上享受特殊性税务处理时关于12个月的强制要求。更重要的是有"稳定分立后主体日常经营"这一合理的商业目的。一次搞定三大税种。

果然，江湖不是打打杀杀，江湖是人情世故。

七、借壳上市时，自然人股东为何不能享受特殊性税务处理待遇？

二话不说，先上公告。

2018年5月23日，亚夏汽车发布了《重大资产转换及发行股份购买资产暨关联交易报告书（修订稿）》，其中披露：

> 公司收购北京中公教育科技股份有限公司100%股权，本次交易拟置入资产中公教育100%股权的交易作价为1,850,000万元，本次交易构成重组上市。成立于1999年的中公教育是国内非学历教育培训（公考行业）行业最大的机构之一。交易完成后，亚夏汽车的原业务基本被完成剥离。亚夏汽车的控股股东和实际控制人将变更为李永新和鲁忠芳（母子关系），持有上市公司股份的比例将分别为18.16%、40.56%；原控股股东亚夏实业持股比例由18.61%下降至0，不再持有上市公司股份。

这是一个典型的借壳上市案例，众所周知，想要借壳上市，当"寄居蟹"的第一步一定是"买壳"。怎么买呢？总不能真的拿现金买吧？

不，要用自己手中的股权换！

所以，当中公教育买亚夏汽车这个壳时，中公教育原股东就是用自己持有的中公教育的股权投资进入到亚夏汽车中，进而成为亚夏汽车"大股东"的。这个过程就是"买壳"。

自然人股东用自己手中持有的非货币资产——中公教育的股权，向另一个有限公司亚夏汽车投资，这是典型的"非货币性资产投资"，它自有其优惠政策。根据《财政部 国家税务总局关于个人非货币性资产投资有关个人所得税政策的通知》（财税〔2015〕41号）：

个人所得税纳税人一次性缴税有困难的，可合理确定分期缴纳计划并报主管税务机关备案后，自应税行为之日起不超过5个公历年度内（含）分期缴纳个人所得税。

本次交易中，李永新等8名自然人交易对方未获得现金支付对价，缴纳个人所得税存在较大难度，因此他们拟向主管税务机关申请延期缴纳个人所得税，这种安排具有合理性。

按照41号文件规定，纳税人可在5年内缴税完毕，也就是说，按照双方交易的体量计算，中公教育这8名股东要在未来5年内准备数亿元来缴纳个人所得税。如果他们准备不出这些现金交税，很有可能形成欠税或造成其他不利影响，甚至影响整个重大重组进程。

有没有一种可能，中公教育这8名自然股东可以不交这笔个税呢？

有一种可能，那就是按照《财政部 国家税务总局关于企业重组业务企业所得税处理若干问题的通知》（财税〔2009〕59号）里所说的股权收购方式来处理。亚夏汽车向中公教育发起"股权收购"，收购中公教育100%股权，支付的对价100%为亚夏汽车自己的股权，这不就适用特殊性税务处理，交易各方均可暂不缴纳所得税了吗！慢着，我们要留意，59号文件是关于企业所得税的文件，其规定的主体是缴纳企业所得税的法人股东，而不是自然人股东！

59号文件规定的特殊性税务处理不包括自然人股东！因为自然人股东缴纳的是个人所得税，而不是企业所得税。

各位读者可能纳闷，为什么同是所得税纳税人，税收待遇却如此天差地别呢？为什么法人股东可以递延纳税优惠，自然人股东都要5年内缴纳完毕呢？

这还是要用到我们一直提的概念——链条思维！任何税务问题，都不能仅考虑一个交易环节，而是要放到一个完整的交易链条中去考虑。我们都知道，自2010年起，我国开始对重大重组及上市等方式形成的限售股转让征收个人所得税。《财政部 国家税务总局证监会关于个人转让上市公司限售股所得征收个人所得税有关问题的通知》（财税〔2009〕167号）规定：

为进一步完善股权分置改革后的相关制度，发挥税收对高收入者的调节作用，促进资本市场长期稳定健康发展，经国务院批准，现就个人转让上市公司限售流通股取得的所得征收个人所得税有关问题通知如下：

一、自2010年1月1日起，对个人转让限售股取得的所得，按照"财产转让所得"，适用20%的比例税率征收个人所得税。

二、本通知所称限售股，包括：

1.上市公司股权分置改革完成后股票复牌日之前股东所持原非流通股股份，以及股票复牌日至解禁日期间由上述股份孳生的送转股（以下统称股改限售股）。

2.2006年股权分置改革新老划断后，首次公开发行股票并上市的公司形成的限售股，以及上市首日至解禁日期间由上述股份孳生的送转股（以下统称新股限售股）。

3.财政部、税务总局、法制办和证监会共同确定的其他限售股。

本文下发后，税务总局所得税司迅速发文对其中征收个税的限售股范围进行了解释，即《国家税务总局所得税司关于印发〈限售股个人所得税政策解读稿〉的通知》（所便函〔2010〕5号）中所述：

从《通知》规定看，此次明确要征税的限售股主要是针对股改限售股和新股限售股以及其在解禁日前所获得的送转股，不包括股改复牌后和新股限售股、新股发行时的配售股、上市公司为引入战略投资者而定向增发形成的限售股。

由这两个文件可知，如果允许中公教育8位自然人股东在重组当时享受特殊性税务处理，那就得在他们将来转让这部分股票时再征税。但是，按照上述文件，8位自然人股东未来转让这部分限售股并不在征收个人所得税范围内，这会导致永远也征不到这笔税款了。

不在重组环节征上来，未来转让环节想征也征不到了。而法人股东未来在转让股票时，是一定要征收企业所得税的，所以不存在这个问题。这就是借壳上市时，自然人股东为何不能享受特殊性税务处理待遇的根本原因。

使用税法处理问题是要连起来看的，它一边连着商务，一边连着环节。运用链条思维真的很重要。

八、借壳上市：以上海外服为例

讲一个老掉牙的笑话：要把大象装进冰箱，总共需要几步？

答：3步。第一步，把冰箱门打开；第二步，把大象放进去；第三步，把冰箱门关上。

再问：要把长颈鹿装进冰箱，总共需要几步？

答：4步。第一步，把冰箱门打开；第二步，把大象拿出来；第三步，把长颈鹿放进去；第四步，把冰箱门关上。

咦？这不是借壳上市的四步骤吗？

第一步，买壳，把冰箱门打开；第二步，清壳，把大象拿出来；第三步，换壳，把长颈鹿放进去；第四步，更名，把冰箱门关上。

没错！这就是借壳上市的四步骤啊！下面我们以上海外服借壳强生控股的案

例来做说明。先看一个公告。

强生控股于2020年9月29日发布重组公告披露：

拟通过上市公司股份无偿划转、重大资产置换与发行股份购买资产三步骤重组，实现通过上海外服借壳上市。因强生控股实施置出资产归集及重大资产置换过程中所产生的增值税、土地增值税、契税、企业所得税、印花税等税费的最终承担比例由各方另行协商确定相应纳税主体承担并依法缴纳，该等税费不影响置入和置出资产的，不另行从交易价格中扣除。各方应对上述税费实施的税务筹划，应尽最大努力与主管税务机关沟通，并争取本次重组适用上述所有税种的税收优惠。

上面这段话是什么意思呢？

上海国资委旗下有个公司叫作"上海外服"，该公司一直谋求上市，可能是受各种条件限制而不具备条件。这要怎么办呢？没关系，自家手里有个现成的上市公司叫"强生控股"，来个借壳上市算了。

一出"把长颈鹿装进冰箱"的好戏就此上演了。

第一步，买壳，把冰箱门打开：上海外服的大股东"东浩实业"先成为"强生控股"的大股东。如何实现呢？

公告披露：久事集团将其持有的强生控股40%股份无偿划转至东浩实业。这当然是在国资委主导下的国有资产划转方式。

第二步，清壳，把大象拿出来：把强生股份原实质性经营资产全部腾出体外。如何实现呢？

公告接下来披露：

强生控股拟以自身全部资产及负债与东浩实业持有的上海外服100%股权的等值部分进行置换。强生控股拟向东浩实业以发行股份的方式购买置入资产与置出资产交易价格的差额部分，并向东浩实业非公开发行股票募集配套资金。

第三步，换壳，把长颈鹿放进去：把东浩实业的实质性经营资产全部装进强生股份。如何实现呢？

公告继续披露：

拟置入资产为上海外服100%股权——上海外服（集团）有限公司，上海外服及其子公司主要从事人力资源综合服务业务。强生控股被借壳后主营业务由出租车变更为人力资源服务。

第四步，更名，把冰箱门关上：公告上并没有说明这一步。根据网络数据，2021年10月，"上海强生控股股份有限公司"更名为"上海外服控股集团股份有限公司"。

漂亮！"什么鬼魅传说，什么魑魅魍魉妖魔"，当你把它分成若干步骤之后，就会发现，"只有那鹭鹰在幽幽地高歌"。

下边我们来看看这些步骤中涉及的税务问题吧。

第一步，久事集团将其持有的强生控股40%股份无偿划转至东浩实业，东浩实业通过本次重大资产置换取得置出资产后，以国有资产无偿划转方式将置出资产划转至久事集团或其指定主体。这是在国资委主导下的国有资产划转方式，完全可以适用财税〔2014〕109号文件规定的特殊性税务处理。

第二步，强生控股拟以自身全部资产及负债与东浩实业持有的上海外服100%股权的等值部分进行置换。强生控股拟向东浩实业以发行股份的方式购买置入资产与置出资产交易价格的差额部分，并向东浩实业非公开发行股票募集配套资金。

第三步，拟置入资产为上海外服100%股权——上海外服（集团）有限公司，上海外服及其子公司主要从事人力资源综合服务业务。强生控股被借壳后主营业务由出租车变更为人力资源服务。

以上三步是一样标准的"资产收购"，强生控制作为资产转让方，其100%实质经营资产被东浩实业收购，收到的对价100%为上海外服的股权，完全可以适用财税〔2009〕59号文规定的特殊性税务处理。

第四步，"上海强生控股股份有限公司"更名为"上海外服控股集团股份有限公司"。这一步并不涉税。

另外，这个案倒有一个非常特殊的地方：本次交易方案中的股份无偿划转、重大资产置换与发行股份购买资产三步骤同时生效、互为前提，如其中任何一项内容因未获得政府主管部门或监管机构批准而无法付诸实施，则所有步骤均不予实施。

可以看出，上海国资委非常清楚国家关于企业重组方面的优惠政策是比较多的，但口径不一，加之自家的事又比较复杂，所以保持了相当程度的理性。